도道,
길을 가며
길을 묻다

도道, 길을 가며 길을 묻다

동 아 시 아 도道 사 상 의 계 보

장윤수 지음

글항아리

기독교계의 저명한 어떤 목사님은 철학을 전공하고 대학에서 강의까지 하다가 목회자가 되었다. 그의 자전적 고백에 따르면, 어떤 학생으로부터 "도道란 무엇입니까"라는 질문을 받고 도저히 답할 수가 없었다고 한다. 그 자괴감을 이기지 못해 엿장수, 넝마주이를 전전하다 결국 신학대학에 진학하여 목사가 되었던 것이다.

이 책의 집필을 맡으면서 가까이 지내는 분들에게 '도' 관련 도서를 추천해달라고 요청했다. 그러자 너무도 다양한 추천서가 모였다. 도대체 어째서 이렇게 다양한지 곰곰이 생각해보니, '도'에 관한 논의가 보편적이고 총체적인 진리를 추구하지만 역설적이게도 폐쇄적이고 배타적인 구조를 띠기 때문이다. 즉 '도란 무엇인가'라는 질문은 이미 대답하는 사람들 자신의 세계관적 의미를 담고 있기 때문에 답변이 다양해질 수밖에 없다.

노자는 "도를 도라 말하면 참된 도가 아니다" 했으며, 여기에 더하여 "아는 자는 말하지 않고 말하는 자는 알지 못한다" 했다. 도를 말하지 말라는 뜻이다. 말은 도움이 된다. 그렇지만 말은 깨달음이라는 관념에 절대적이지 않은 사람들에게만 도움이 될 수 있다. 그래서 현대철학자 리오타르는 '도' 담론과 같은 '거대 이야기'가 사라진 자리를 '작은 이야기'들로 채우고자 했다.

필자는 이 책에서 '도'에 관해 말해야 한다. 동아시아 철학사의 주요 범주를 체계적으로 정리해보는 총서의 목적에 비추어볼 때 자기 체험에 바탕을 둔 '도'의 생생한 증언은 이 책의 저술 방향에 맞지 않다. 설령 이러한 서술 방식이 허용된다 할지라도 필자에게는 그런 작업을 감당할 만한 능력이 없다. 우리가 이 책에서 의도하는 것은 '도'의 개념화 작업이다. 즉 필자 자신의 체험적 진리관을 피력하려는 것이 아니라, 동아시아 사상사에 있어서 유가사상을 중심으로 한 '도' 개념의 역사적 전개와 그 이론적 특징을 고찰하는 것이 주된 목적이다.

글의 내용 가운데 특히 '총론'을 고민하고 열심히 썼다. 전체 내용을 읽지 못하는 독자들은 이 부분만이라도 정독해주기 바란다. 필자의 의도를 충분히 짐작할 수 있다. 편집 방침상 각론 부분에서는 '도' 관련 원전을 발췌하고 소개하는 것이 주목적이다. 그렇지만 단순히 소개하는 데 그치지 않고 각 사상가(고전)의 특색 있는 내용을 중심으로, 나름대로 독립된 체계를 갖춘 글로 만들고자 노력했다. 그러므로 단순한 원전 소개보다는 원전의 전체적인 내용 특색과 지은이의 사상적 배경을 설명하는 데 주력했다. 다만, '도'에 대한 사전적 내용을 담고 있는 원전에 대해서는 최대한 원문 전체를 소개하고자 배려했다. 예를 들면, 한유의 『원도』, 진순의 『북계자의』, 대진의 『맹자자의소증』이 그러하다. 이 경우에는 원전을 충실하게 해석했고, 필요한 곳에 해설을 덧붙였다. 여타 학자들의 이론을 소개하는 과정에서는 긴 문장을 통째로 인용하지 않고 도론道論의 특징이 분명하게 드러나는 단문을 위주로 하여 내용을 재구성했다.

집필 과정에서 특히 '도'와 관련한 담론 가운데 가장 중요한 두 가지가 '자신'과 '현재'임을 절실하게 자각했다.

톨레Eckhart Tolle는 깨달음에 있어서 가장 중요한 것은 깨닫지 못한 자신을 깨닫는 일이라 했고, 아디야샨티Adyashanti는 우리 자신이 바로 영원불변한 존재이며 모든 변화는 내 안에서 일어난다고 했다. 이러한 주장들은 도가나 불가의 도론을 연상시키는데 '도'의 관건이 자기 자신에 있음을 강조한다. 또한 이러한 사유 방식은 개체의 실체성을 찾기 위해 골몰하는 사변 철학뿐만 아니라 실행 윤리를 강조하는 관계론적 자아론에서 쉽게 확인할 수 있다. 이러한 관념에서 보면 인간은 세계 및 타인과 결코 분리될 수 없는 존재이며, 그러므로 우리는 대아大我, 즉 '참된 나'의 의미를 회복해야 한다. 이러한 주장은 유가적 사유와 일치한다.

그리고 저 유명한 톨스토이의 '세 가지 질문'은 유가의 가르침을 떠올리게 하는데, 특히 '도'를 실천하는 핵심이 '현재'에 있다는 점을 강조한다. 일찍이 톨스토이는 세 가지 질문을 했다. 첫째, 이 세상에서 가장 중요한 시간은 언제인가? 둘째, 이 세상에서 가장 중요한 사람은 누구인가? 셋째, 이 세상에서 가장 중요한 일은 무엇인가? 이 물음에 대한 톨스토이의 대답은 이러하다. 이 세상에서 가장 중요한 시간은 현재이고, 가장 중요한 사람은 지금 내 곁에 있는 사람이며, 이 세상에서 가장 중요한 일은 지금 내 곁에 있는 사람에게 선을 행하는 일이다.

성리학자들이 참 좋아하는 시가 있다. 송나라 유학자 정호程顥가 지은 '추일우성秋日偶成'이다. 일상의 평상심을 즐기는 내용인데, 이것은 곧 공자와 맹자의 낙처樂處를 읊은 것이며, 도를 깨달아 실천하는 사람의 심정을 형용한 글이다. '길을 가면서도 길을 묻고 있는' 이들을 위해 소개해본다.

한가해 일이 없으니 분주하게 쫓아다닐 일 없고
아침에 눈 떠보니 동창이 이미 붉게 물드네
만물을 고요히 살펴보니 모두가 편안하고
사계절의 흥취가 사람과 더불어 하나가 되네

하늘과 땅을 통하는 도는 형체 밖에 있고
생각은 바람과 구름이 변하는 형상 속에 빠져드는구나
부귀에도 흐트러지지 않고 빈천에도 비굴하지 않으니
사내대장부가 이런 경지에 이르면 영웅호걸이라 할 만하네

어느 때보다도 무더웠던
2018년 여름 끝머리에
상록재에서

1장

풀이하는 글

"충분히 사유하면,
길은 우리가 어딘가에 도달하게 해준다."
(하이데거)

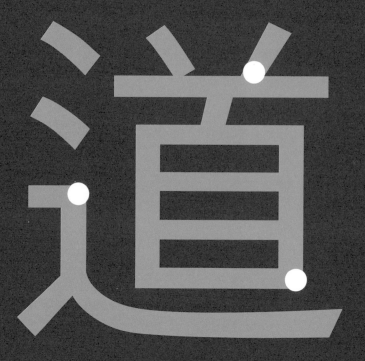

1.
궁극 원리를 찾다

'도道란 무엇인가?'

　동서양의 전통철학자들은 자신의 이론을 개진하기 전에 먼저 '큰 원리'에 대해 일반적인 규정을 전제했다. 그런데 서양 현대철학은 '도'와 같은 큰 원리나 거대 이론에 대한 거부감이 있다.[1] 즉 보편적 원리에 집착하면 구체적인 것들의 의미를 억누르고, 원리 또는 중심을 벗어나는 '타자들'은 소외될 수밖에 없다는 이유에서다.

　특히 포스트모더니즘 계열의 학자들은 거대 담론에 대해 심한 거부감을 표시한다. 그들은 거대 담론에 귀를 기울이면 이념의 굴레에서 벗어날 수 없다고 본다. 그래서 거대 담론을 거부하고 작은 이야기에 집중하여 거대한 이야기 속에서 사라지고 무시되는 것들이 잊히지 않도록 해야 된다고 역설한다. 즉 '사람이라면 당연히 이러하다'는 규정들을 통해 인간을 억압하는 것에서 벗어나 '나는 이러하고, 너는 이러하다'라는 새로운 방식의

프랑스 포스트모더니즘 철학계를 이끈 루이 마린(왼쪽)과 자크 데리다.

도道, 길을 가며 길을 묻다

관계가 이루어져야 한다는 것이다. 이것이 바로 포스트모더니즘에서 강조하는 '차이'에 대한 관심이다.

하나의 원리, 즉 궁극 원리는 그 자체로 일면성이 가져오는 힘과 기세를 느낄 수 있지만, 그렇기 때문에 폐쇄적인 구조의 형식을 띠고 있는 것도 사실이다. 원리를 강조하는 세계에서 이러한 원리에 동의하지 않는 학자들은 비주류 혹은 이단으로 취급받고, 이 원리에 들어오지 않는 이론들은 논리 기반이 허약한 사상으로 저평가되기 십상이다. 바로 이러한 측면에서 궁극 원리 혹은 거대 원리를 강조하는 담론은 충분히 경계할 필요가 있다.

그렇지만 원리가 갖는 지적知的 억압성과 폭력성을 충분히 이해한다 하더라도 원리의 보편성과 법칙성을 전적으로 부정만 하면 세계에 대한 폭넓은 이해, 삶에 대한 일반적인 가치를 기대하기 어렵다. 바로 이러한 이유에서 우리는 여전히 원리를 찾고 논할 수밖에 없다.

그런데 어떠한 원리라 하더라도 이 세계에 존재하는 다양성·불연속성·우연성·개별성 등과 같은 차이의 요소를 모두 담아내기에는 역부족이다. 철학사에 등장했던 모든 원리는 동시대와 후대 학자들에 의해 그 한계를 드러내고, 머지않아 흠이 많은 불완전한 이론으로 비판받곤 했다. 그러한 면에서 우리는 철학사 자체를 거대 이론의 구축과 그에 대한 해체가 길항 관계를 이루어온 과정으로 이해할 수 있다.

철학사에 조금이라도 입문해본 사람이라면 익숙하게 들어온 개념, 즉 도道, 태극太極, 이理, 이데아, 모나드 등이 다름 아닌 원리를 표현하는 철학자들의 대표적인 '개념'이다. 이중에서도 '도道'는 동아시아 철학사에서 가장 널리 사용되어온 원리 개념으로서, 시대의 변천과 학파의 분화에 따라 그 의미가 더욱 풍부해졌다. 이것은 현재까지도 여전히 우리의 사유 방식과 언어 습관에 뿌리 깊은 흔적을 남기고 있다. 동아시아 사회의 지식인들은 자신의 이론을 펼쳐나갈 때 흔히 이 용어를 차용했다. 그러므로 '도' 개념에 대한 의미 추적은 결국 동아시아 사상사를 쓰는 것과 마찬가지의 일이 될 수 있다.

동아시아 철학사상의 거의 모든 주요 개념이 그러하지만, '도' 개념은 특히 '주체적 체험'의 표현이기에 더욱 다의적多義的이다. '도' 연구에 일가견이 있는 학자들의 문헌학적 연구를 참고해보면 이 사실은 좀더 분명해진다. 즉 '도'의 용례는 춘추시대부터 다양한 형태로 등장한다. 그러므로 '도'에 대해 언급할 때는 언제, 누가, 어떠한 상황에서 말한 것인지를 분명하게 밝혀야 한다. 즉 '도'에 대한 연구는 역사적 추적 없이 그 실질적 의미 파악이 불가능한 것이다. 도는 추상적·사변적 개념의 특징이 짙지만 인간·세계·자연을 체계적으로 이해하려는 '세계관'으로서의 성격이 강하다.

'도'를 다룸에 있어서 직접 체험을 한 사람과 그렇지 못한 사람 사이에는 엄청난 차이가 존재한다. 그것은 무엇보다도 지향하는 존재가 직접 경험되어진 존재로서 주어지느냐, 아니면 단지 사변적인 개념으로서만 존재하느냐 하는 차이다. 경험된 존재는 관념 존재와는 달리 존재의 생생함을 직접 간직하고 있다. 존재를 떠올리기 위해 논리적인 장치를 설정하는 대신, 직접 체험 속으로 들어가 존재와 하나가 된 의식 흐름으로서 자기 명증성을 확보하고 있다. 존재로부터 그 존재 지평을 이끌어내기 위해서는 바로 그 존재에 동반되고 있는 '생생함'이 요구된다. 직접 체험을 지닌 자들

도道, 길을 가며 길을 묻다

은 이러한 자기 체험 자체가 생생함을 제공해주는 터전이 된다. 그렇지만 직접 체험이 없는 사람들에게 존재는 다만 설정된 논리적인 장치 속에서 은닉적인 존재로 떠오르게 된다.[2] 그러므로 도에 대한 논의에서 가장 중요한 요소는 바로 '직접 체험' '자기 명증성' '생생함'이다.

2.
도 개념의 기본 의미

　　도道는 본래 사람이 통행하는 '길'이라는 의미다. '길'이란 사람이 그것을 가는 것이므로 여기에서 '간다' '행한다' '행하기 위한 기술' '방법' 등의 의미가 파생된다. 이러한 파생적 의미가 발달하여 '도'의 의미는 후대에 이르러 인간이나 사물이 반드시 그것을 통하게 되는 도리, 법칙, 규범 등의 의미로 확장되었다. 최고의 한자 어원서語源書로 평가받는 『설문해자說文解字』에서는, "도는 다니는 길이다. (…) '곧바로 쭉 통하는 한 갈래의 길'을 도라고 한다所行道也 (…) 一達謂之道"3라고 했다.

　　'도'의 어원적 의미에서 "곧바로 쭉 통하는 한 갈래의 길을 도라고 한다"라는 구절이 중요하다. 이 말에는 일관성·지향성·과정성·반복성 등의 뜻이 담겨 있다. 도를 철학 개념으로 사용하면 이 가운데 어느 것을 강조하느냐에 따라 그 개념의 내용이 달라진다. 단옥재段玉裁는 '다니는 길이다所行道也'라는 구절을 주해하여 "도는 사람이 다니는 바다道者人所行"4라며 도의 궁극적 의미가 '인도人道'임을 강조한다.

❀

道, 길을 가며 길을 묻다

𠕁 十一月陽气動萬物滋人以爲偁象形凡子
之屬皆从子　李陽冰曰子在襁緥
　　　　　中足併也即里切

古文子从
川象髮也

籀文子囜有髮
臂脛在几上也

北宋本挍刊
說文眞本
汲古閣藏板

송대에 찍어낸 『설문해자』의 본문 내용과 표지. 제목은 『설
문진본』으로 되어 있다.

원래 도가사상에 있어서 '도'의 기본 의미는 우주의 근원 또는 본체를 가리킨다. 그래서 노자는 도를 '만물의 근원萬物之宗'[5]이라 하고 또한 '만물의 어머니萬物之母'[6]라고 했다.『설문해자』의 저자 허신許愼은 후한시대의 유학자다. 그는 도의 기본 의미를 도가학파와 달리 인도人道로 해석했다. 이것은 공자를 비롯한 유가학파의 공통된 견해다. '道'자는 '首'(머리 수)와 '辵'(쉬엄쉬엄 갈 착)으로 구성된 회의자會意字다. '首'의 의미에 대해서는 여러 가지 의견이 있지만 대체로 사슴의 머리를 그린 것으로 생각된다. 사슴의 머리는 매년 자라나 떨어지는 뿔을 가졌기에 순환을 상징하기도 한다. 이러한 의미를 유추해보면 도道는 우선 순환적인 '운행 과정辵', 즉 자연법칙을 말하고, 더 나아가서는 사람이 마땅히 따라야 할 '길'을 의미한다. 그리고 이러한 '길道'을 가도록 '잡아寸' 이끄는 것이 '도導'다.[7]

그 외에 '道'는 길을 의미하는 '辵'과 사람을 상징하는 '首'가 합쳐져서 '사람이 가야 할 길'을 의미한다는 풀이도 있다.[8] 이러한 해석들은 모두 '도'자의 의미에 '사람이 마땅히 따라야 할 길', 즉 '인륜성'의 의미가 담겼다고 하는 유가적 세계관을 강조한다.

중국 선진시대에 이루어진 유가의 초기 경전들에서는 '도'의 뜻이 합리·정당·치평治平·도로·이상·방법·통달·공公 등을 포괄했다. 그리고 이러한 기본 의미에서 더 나아가 천도天道, 지도地道, 인도人道, 사도師道, 군도君道, 신도臣道 등으로 발전했으며, 오륜五倫과 같은 인륜적 내용으로 확장되어갔다. '도'의 의미와 관련한 가장 대표적인 사례 몇 가지를 범주화해보면 다음과 같다.

도道, 길을 가며 길을 묻다

(1) 본체론적 의미 : "말로 설명할 수 있는 도는 영원불변의 도가 아니다. 이름 지어 부를 수 있는 이름은 영원불변의 이름이 아니다."[9]

(2) 우주론적 의미 : "도는 천지를 낳고 덕은 현인을 낳는다."[10]

(3) 인륜적 의미 : "인仁이라는 것은 사람이니, 합하여 말하면 도道다."[11]

(4) 정치적 의미 : "도란 다스림의 근간이 되는 이치다."[12]

이러한 네 가지 범주를 다시 두 가지로 유형화해보면, 동아시아 철학사상의 2대 조류인 도가와 유가사상의 도 개념으로 구분해볼 수 있다. 도가사상은 주로 '본체론적 의의'와 '우주론적 의의'를 지니고 있으며, 유가사상은 '인생론적 의의'와 '정치론적 의의'를 함유하고 있다. 즉 노자나 장자는 도를 우주만물의 근원, 말하자면 절대에 가까운 개념으로 사용했고 이것이 그들 학설의 근간이 되었다. 반면 공자와 맹자는 주로 사람이 지켜야할 규범, 즉 인륜의 의미로 사용했다. 그렇지만 송대 신유학자들은 노자와 장자의 도 관념을 원용하여 이론적인 측면을 강화했고, 특히 '이理'라는 개념으로 도를 설명하고 이것을 중심으로 자신들의 이론을 체계화했다.

3.
동양적 사유 방식의 특징

　　여기서 사용하는 '동양'이라는 말은 유교문화권 혹은 한자문화권이라 불리는 '동아시아'를 지칭하는 개념으로서 주로 중국, 한국, 일본을 의미한다. 일반적으로 동양과 서양의 문화를 비교하는 문화 논리는 지나치게 거칠다. 즉 동양과 서양으로 구분되는 내용의 상당수가 대단히 지엽적이거나 어떤 경우에는 서로 중첩되기도 한다. 그렇지만 이러한 어려움을 예견하면서도 서양과 차별화되는 동양적 사유 방식을 설명하려는 의도는 동아시아 '도' 개념의 특징을 좀더 실감나게 그려내고자 하는 목적에서다.

　서양철학에서 '진리'가 차지하는 위상을 동양에서는 '도'라는 개념이 차지하고 있다. 일반적으로 서양철학에 있어서 진리는 존재와 사유의 일치를 의미한다. 서양의 진리 개념 이면裏面에는 생각의 힘을 긍정하는 서양인들의 무의식적인 태도가 전제되어 있다. 그런데 동아시아 사상, 특히 유가사상에 있어서 도는 서양의 진리 개념으로만 규정되기에는 부적절하다.

도에는 진리뿐만 아니라 '실천'이라는 의미가 함께 포함되어 있다.[13] 『노자』 첫머리에서 도는 말로 표현될 수 없는 것이라 했다.[14] 그렇다면 어떻게 해야 할까? 도는 오직 실천을 통해서 드러날 수 있을 뿐이다.

실천적 사유를 강조하는 가장 대표적인 동아시아 사상이 바로 유가사상이다. 그래서 도널드 먼로Donald Munro 같은 학자는 유교적 사고에 있어서 구체적인 행위와 관련되지 않은, 즉 실용적이지 않은 순수한 의미에서의 '지식'이란 없다고 했다.[15] 서양인들이 논리적 사고를 강조한 반면 동아시아인들은 실천을 중시했다. 특히 유가의 경우 논리적 주장의 '내용'은 무시하고 '형식'만 고려하는 '탈맥락주의'에 대해 강한 거부감을 보인다.

고대 중국인들은 변증법적 사유라 부를 만한 사고를 지니고 있었다. 헤겔과 마르크스가 모순을 수용하거나 초월하기보다는 모순을 완전히 극복하기 위해 노력한 것과는 달리, 그들은 타협을 통해 모순이 되는 주장들을 포용하고자 노력했다. 바로 이러한 입장에서 '중용中庸의 도'가 강조되었다. 중용의 도란 극단으로 치우치지 말라는 가르침으로서, 서로 대립되는 의견에도 나름대로 일리가 있다는 관념이다. 유가사상의 관심사는 진리 자체를 추구하는 것보다는 세상을 살아가는 실천의 도를 찾는 것이었다. 이러한 입장에서 중국과 그 문화적 영향을 강하게 받은 주변 국가 사람들은 어떤 대상을 전체 맥락에서 따로 떼어내어 분석하는 일에 거부감을 느꼈다. 바로 이러한 사유 방식에서 개체의 실체성을 찾는 순수한 이론 탐구보다는 실행 윤리를 강조하는 관계론적 사고방식이 발달하게 되었다.

서양의 고대 사상에서도 관계론적 사유를 확인할 수 있다. 예를 들면 개체가 전체 안에서 비로소 행복할 수 있다는 아리스토텔레스의 공동체

사상이라든가 플라톤의 폴리스적 정치철학 또한 관계론적 사유로 볼 수 있다. 그렇지만 근대에 와서 데카르트로부터 실체론적 사유가 제시되고 개인의 자율성을 중시하는 문화가 주류를 이룬 반면, 동아시아 사회에서는 시종일관 조화로운 인간관계를 중시했다. 특히 유교의 영향을 강하게 받은 동아시아인들은 어릴 때부터 자신이 어떤 집단의 구성원이라는 점을 가장 중요한 사실로 교육받는다.

유교 공동체는 크게 세 부분으로 구성되어 있다. 우선 자연적 공동체로서 부모와 자식의 결합을 기준으로 하는 '가정家 공동체'가 있다. 또한 유교적 가치관과 도덕의식을 계승하고 연마하는 문화적 공동체로서, 스승과 제자의 결합을 기준으로 하는 '학문學 공동체'가 있다. 마지막으로, 작게는 향촌 사회로부터 크게는 국가 차원으로 확대되는 '사회鄕·國 공동체'가 있다. 혈연, 지연, 학연이라는 것은 바로 이러한 유교 공동체의 세 부분과 긴밀하게 연결되어 있다. 이중에서도 특히 가정 공동체는 유교 문화에서 모든 도덕규범의 뿌리가 되고 원천이 된다.[16] 유교의 규범 체계는 언제나 가족적 인간관계의 규범을 기준으로 하고, 이를 확산시켜 더욱 넓은 사회 속에서 전개해나가도록 이끌어왔다.

유가사상에 따르면, 모든 사람은 군주와 백성, 부모와 자식, 남편과 아내, 노인과 젊은이, 친구 사이 등 수많은 관계 속에서 마땅히 지켜야 하는 의무를 지니고 있는 관계적 존재다. 사회는 하나의 커다란 유기체이고, 개인은 그 유기체의 한 구성원이다. 그리고 그 유기체 내에서는 서로가 지켜야 하는 의무들이 존재하는데, 이것이 바로 유가에서 강조하는 '도'(인도)다.

❀
도道, 길을 가며 길을 묻다

CXVIJ

PHILOSOPHORUM SINENSIUM
PRINCIPIS
CONFUCII
VITA

1687년 프랑스 파리에 소개된 공자의 일대기 『공자의 삶과 업적』에 실린 공자의 모습. 이탈리아 시칠리아 출신 예수회 선교사 프로스페로 인토르체타Prospero Intorcetta가 지은 책이다.

관계를 중시하는 동아시아인들의 사고방식은 인간과 인간 사이뿐만 아니라, 인간과 자연 사이에도 유기적 관계의 논리가 적용된다. 즉 고대 동아시아인들이 천체를 관찰하는 주된 이유가 하늘에서 일어나는 일들을 관찰하면 인간사人間事에서 일어나는 중요한 사건들을 예측할 수 있다고 믿었기 때문이다. 이러한 사유는 현대 서양철학자들에 의해 사실 판단과 가치 판단을 혼돈한 범주 착오라 하여 '자연주의적 오류naturalistic fallacy'로 비판받기도 했지만, 적어도 이러한 사고방식이 지향하고 있는 관계론적 세계관 자체는 지금도 새겨볼 만한 의미가 있다.

관계론적 세계관에서 바라본 개인은 항상 어떤 구체적인 맥락 속에 있는 존재다. 인류학자 에드워드 홀Edward Hall은 이러한 특징을 가진 동아시아 사회를 '고맥락high context 사회'라고 명명하고, 이러한 사회에서는 인간이 서로 긴밀하게 연결되어 있는 유기적인 존재로 여겨져 주변 맥락의 영향을 크게 받는다고 했다. 반면 그는 서양 사회의 특징에 대해 개인을 맥락에서 떼어내어 이야기하는 것이 가능한 '저맥락low context 사회'라고 했다.[17] 이러한 주장은 상당한 설득력을 갖고 있다. 다만, 이때도 모든 서양인의 사고가 실체성을 강조한다고 봐서는 안 된다. 구조주의의 경우, 개체와 실체성보다는 '관계', 즉 구조를 강조한다. 실체의 의미는 바로 그 실체를 둘러싸고 있는 구조에 의해 결정된다고 하는 것이 구조주의의 기본 주장이다. 그리고 니체의 경우에도 실재가 관계를 규정하는 것이 아니라 관계가 실재를 규정한다고 생각했다.

그렇지만 일반적으로 볼 때 서양인들은 사물을 관찰하면서 우선 '범주'로 묶일 수 있는 실체성에 주목하게 되는데, 이에 반해 동아시아인들은 세상사 관계를 대단히 유동적으로 이해하고 문제의 핵심이 실체보다는 변화하는 양상에 있다고 본다. 그래서 동아시아인들은 시간과 공간이라는 형식 중에서 양상의 변화를 이루어내는 '시간성'을 더 중요하게 생각하고, 반면 서양인들은 실체적 '공간성'에 깊은 관심을 둔다.

　저명한 동양학 연구자 모트Mote는 중국 고대 문명의 가장 주목할 만한 특징으로 '유기적인 성격'을 언급했는데, 그것 또한 동아시아 문명의 '관계론적 세계관'을 강조하는 것이다. 그는 "중국의 진정한 우주 기원론은 일종의 유기적인 성격을 지니고 있다. 즉 우주 전체의 모든 구성 요소가 하나의 유기체 안에 속해 있으며, 그들 모두는 참여자의 신분으로 자연 발생하는 생명의 순환 속에서 상호작용을 한다"[18]라고 했다. 이러한 시각에서 볼 때 '가정'과 '국가'는 절대 분리될 수 없는 관계적 공동체이며, 또한 '부모의 뜻을 잘 계승하고 보존하는 것孝'이 무엇보다도 중요한 '인간의 도리人道'다. 이러한 특징은 가족윤리와 종법질서를 강조했던 유교에 더욱 두드러지게 나타난다.

도는 역사 속에서 어떻게 전개되었나

앞서 언급했다시피 '도道'라는 글자는 본래 사람이 통행하는 '길'을 나타냈지만, 의미가 발전하여 인간이나 사물이 반드시 통하게 되는 도리, 법칙, 규범을 뜻하게 되었다. '도'는 동아시아 사상사에 있어서 줄곧 중요한 개념으로 사용되어왔다. 철학적 개념으로서의 도는 『좌전左傳』이나 『국어國語』에 최초로 등장하는데, 주로 천도天道와 인도人道의 형태로 나타난다. 정鄭나라의 점성술사가 천상天象을 근거로 커다란 화재가 일어날 것이라고 예언했을 때, 자산子産은 "천도는 멀고 인도는 가까우니, 알 수 있는 바가 아니다"[19]라며 그를 비판했다. 여기서의 천도는 다분히 신비성을 띠고 있다. 그리고 그것의 안티테제로서 인도가 제기되었는데 그 내용에 대해서는 구체적인 규정이 없다. 어쨌든 여기서 말하는 '도'는 천天이나 인간에 부속되는 개념이었다.

인도人道의 내용에 구체성을 부여한 인물이 바로 공자다. 『논어』에서 도는 두 가지 의미로 사용된다. "아침에 도를 들으면 저녁에 죽어도 좋

명대의 화가 장로張路가 그린 노자의 모습.

다"[20]라고 할 때의 도는 대상의 한정을 받지 않는 보편적인 진리를 가리킨다. 반면, "나의 도는 하나로 꿰뚫었다"[21]라고 했을 때의 도는 대상이 인간에 한정되는 당위當爲로서의 도를 가리킨다. 두 번째의 도는 존재 개념에서 가치 개념으로 전환하고 있다. 맹자나 순자의 경우에는 '선왕先王의 도'[22] 혹은 '예禮는 인도의 표준'[23] 등과 같이 한층 사회적 차원에 한정시켜서 도를 탐구했다. 즉 유가학파에서는 시대가 흘러갈수록 도의 의미가 존재 개념보다는 가치 개념의 측면이 강화되었다.

이에 반해 도가학파에서는 도의 존재적 의미를 강조한다. 노자는 도의 개념에 다시 존재 개념을 강화한 학자다. 그는 '도'를 '만물의 근원萬物之宗'으로 여겼으며, 또한 '만물의 어머니萬物之母'에 비유하기도 했다. 노자 또한 공자와 마찬가지로 인간 존재의 규범을 추구했지만, 노자는 존재의 근거를 인간 자체가 아니라 대자연에서 찾으면서 세계의 본질을 '도'로 삼았다. 그런데 이러한 노자의 도 관념에는 두 가지의 관점이 있다.[24]

첫 번째 관점은, 우선 시간의 축에서 우주의 시작을 더듬어가서 만나게 되는 최초의 상태를 '도'로 본다. 바로 이러한 관점에서 "도道가 일一을 낳고, 일一은 이二를 낳고, 이二는 삼三을 낳고, 삼三은 만물을 낳는다"[25]라고 하는 도가의 우주 생성론이 생겨났다. 이때 도가 갖는 일관성과 지향성의 함의는 '무엇은 무엇을 낳고' 하는 방식의 유출론流出論으로 이어지게 된다.

두 번째 관점은 반복성의 함의가 가역성可逆性의 이미지와 결합하여 나타난다. 즉 공간의 축에서 반복적·가역적인 현상에 주목하게 되고 그러한 현상을 도의 속성으로 해석한다. 즉 자연의 반복적인 가역성에 주목하여

道, 길을 가며 길을 묻다

"되돌아옴은 도의 움직임이다"[26]라고 했다. 노자는 자연현상의 다양한 반복성을 '도'라는 글자의 연합적 함의로 재구성하고, 그것을 다시 '무위자연無爲自然'의 의미로 총괄하여 인간이 따라야 할 규범으로 삼았다.

중국 사상사에 있어서 도론道論은 당나라 말기 한유韓愈에 이르러 본격적인 논의가 이루어진다. 한유는 이른바 '참된 도의 학문道學'을 제창했다. 그는 이러한 도학 운동을 통해 유가의 도를 계승하고 도가와 불가의 영향을 극복하고자 했다. 한유는 우선 개념적 측면에서 도덕과 인의를 대비시켜 "인仁과 의義는 확정된 내용을 갖지만 도道와 덕德은 빈자리다"[27]라고 했다. 한유에게 이르러 도는 인의를 핵심 내용으로 하는 철학 개념이 되었다. 그렇지만 한유는 형이상形而上과 형이하形而下라는 우주론적 차원에서 도를 해석하지는 않았다.

유종원柳宗元에 와서 도道와 기器, 도道와 물物에 대한 관계가 정식으로 논의되었다. 유종원은 구체적인 명실名實 관계를 도기道器의 관계로 보고, 도와 기는 서로 떨어질 수 없다는 관점을 제기했으며, 이러한 기본 관점에서 도와 사물의 관계를 논의했다. 유종원은 전통 유가의 도덕주의적 입장을 견고하게 지켰다. 그가 말하는 도는 한유가 말한 것처럼 인의를 근간으로 한다. 한유와 유종원의 견해는 송대 신유학자들에게 상당한 영향을 끼쳤다.[28] 신유학자들이 논하는 도 또한 유가적 인의仁義의 도를 근간으로 하고 있다.

송나라는 중국 역사와 학술사에서 특기할 만한 시대다. 송대 이후의 사회가 근세인가 아니면 중세인가 하는 시대구분상의 논쟁이 있기는 하나, 송나라 이전의 사회와 이후의 사회가 정치·사회·경제·문화 등 전반에 걸처 뚜렷이 구분되는 특징을 지녔음은 중국사 연구자들의 일반적인 견해다.[29] 유학사에 있어서도 송나라는 매우 중요한 시기다. 유학의 철학화 시대가 바로 송나라를 배경으로 하고 있다. 그러한 의미에서 송나라의 유학을 제2기 유학의 시대 혹은 신유학의 시대라고 부른다.

'도' 관념의 역사적 전개 과정에서도 송나라 시기는 의미가 크다. 이 시기에 이르러 '도'는 형이상학적 존재의 원리인 이理와 같은 뜻으로 쓰이기도 하고, 또는 현상세계의 질료적 측면을 이루는 기氣와 동일시되기도 했다. 우선 기 철학자인 장재張載는 '기의 운동 변화氣化' 그 자체를 '도'라고 보았다. 이러한 관점에 따른다면, 끊임없이 운동·변화하는 '기'가 실재로 여겨지고, 기의 세계에 내재한 질서나 법칙은 부차적인 것으로 여겨지게 된다. 이와 반대로 정이程頤와 주희朱熹 계열의 성리학에서는 기氣에 앞서 존재하는 근원적 실재로 이理를 상정하고, 기의 운동 변화는 이의 통제를 받는 것으로 본다.

장재 우주론의 특징은 기를 실체로 삼고 기화氣化의 과정을 '도'로 삼는 데에 있다. 그는 "음과 양이 합일하는 것은 도에 달려 있다"[30]라고 했는데, 이것은 곧 음·양 두 기의 통일 방법 혹은 과정을 '도'로 이해한 것이다. 장재가 말한 도는 기와 동일한 것이 아니다. 기는 실체적 존재라는 측면에서 말한 것이고, 도는 기에 갖추어진 작용을 말한 것이다. 즉 장재는 도를 과정이라는 차원에서 말했는데, 이것은 곧 동태적 기능의 개념이다. 그래서 장재는 "기화에서부터 도라는 이름이 생기게 되었다"[31] "도는 행한다는 것이므로 이 때문에 '도'인 것이다"[32]라고 했다. 이것은 도의 본래 의미인 '길'을 강조한 것으로서 전통철학에 대한 계승과 발전으로 볼 수

도道, 길을 가며 길을 묻다

있다.

주희는 중국 근세유학의 대표 학자다. 주희의 이론 형성에 앞 시대 선구적 유학자들의 사상이 많은 영향을 끼쳤다는 점은 분명하다. 그렇지만 주자학파의 연원을 이루는 정이를 제외한 여타 학자의 사상이 주희에게 구체적으로 어떤 영향을 주었는지에 대해서는 크게 알려진 바가 없다. 그런데 장재의 이론이 주자학의 형성에 상당한 영향을 주었다는 점은 분명하다.

장재는 기의 이론을 통해 도가사상과 불가사상의 세계관을 극복하고자 했다. 그렇지만 장재의 주장처럼 모든 것이 흩어져 보이지 않는 기로 돌아갈 뿐이라면, 우리는 자신의 삶을 적극적으로 영위할 필요성을 어디에서 찾을 수 있단 말인가? 이것은 분명 장재 이론의 한계다. 주희는 장재의 철학사상이 갖는 형이상학 체계의 중요성을 인식했지만, 동시에 그 문제점 또한 분명하게 인식하고 있었다. 이러한 문제의식이 주자학의 형성에 상당한 기여를 했을 것으로 짐작된다. 주희는 장재 철학의 맹점을 개선하려고 애썼다. 우선 그는 뭉치고 흩어지는 '기'에다 불변하는 존재 이유나 목적을 집어넣고자 했다.[33] 그는 이러한 존재 이유나 목적을 '도'라고 보아 태극太極 혹은 이理라는 이름으로 불렀다.

한편 심학心學 계열의 사상가들은 도를 마음心 자체와 동일시하기도 한다. 송대의 심학자인 육구연陸九淵은 "도가 자기 마음 밖에 있는 것이 아니다"[34]라고 하여 인간의 본래 마음 안에 깃들어 있는 순수한 본성을 '도'라고 했다. 육구연의 사상을 계승한 왕수인王守仁 또한 "반드시 자기 마음 안에서 도를 체인해야 한다"[35]라고 하여, '도'는 객관세계에 존재하는 질서나 법칙이 아니라 인간의 마음 안에 깃들어 있는 순수한 도덕 의지임을 주장했다.[36] 왕수인은 '심즉리心卽理' '심즉도心卽道'의 입장에서 "육경六經은 모두 내 마음의 주석이다"[37]라고 했던 육구연의 사상을 충실히 계승했다.

주희의 제자 진순陳淳은 『북계자의北溪字義』라는 탁월한 성리학 개념서에서 도道와 이理의 관련성과 차이점을 구체적으로 제시했다. 그는 불교와 노자의 학설이 천지天地와 형기形氣를 초월한 도를 강조한다고 보아 이를 비판했는데, 도가 기를 떠날 수 없으며, 도는 다만 기의 이理일 뿐이라고 강조했다. 진순은 도道와 이理를 모두 당연지칙當然之則이라는 '인륜적' 측면에서 이해했다. 그는 도의 자연 규칙적 측면인 소이연所以然의 의미를 경시하고, 일상에서 마땅히 행해야 하는 윤리적 이理와 당위 규범을 강조했다. 진순 또한 조화근원造化根源의 문제를 언급하기도 하지만, "성현과 사람이 도를 말하는 것은 대부분 인사상人事上에서 말하는 것"[38]이라고 하여, 그가 의도하는 도가 존재적 차원보다는 인륜적 차원에 있음을 분명히 했다.

청나라의 저명한 유학자 대진戴震은 송대 유학자들의 이기이원론理氣二元論을 비판했다. 그는 이理란 모든 사물, 심지어 욕구 속에도 들어 있는 내재적인 구조라고 이해했으며, 이에 따라 이기일원론理氣一元論을 주장했다. 그는 기화氣化를 도라고 여겼다. 음양오행의 기가 세계 만물의 실체이며, 기화氣化·유행流行의 과정이 곧 도라고 하여 "기화·유행은 쉼이 없이 낳고 낳으므로 이를 '도'라고 하는 것이다"[39] "한 번 음이 되고 한 번 양이 되는 끊임없는 유행을 일컬어 도라고 할 따름이다"[40]라고 했다. 이렇게 되면 도기道器의 구분은 다만 기화·유행과 그 결과를 가지고 해석할 수 있을 따름이다. 이러한 해석은 장재나 왕정상王廷相과 비슷하지만, 대진은 주로 생성의 문제를 논했으며 도·기의 문제를 자연철학의 문제로 바꾸었다.[41] 기가 한번 이루어지면 변하지 않는다는 그의 관점은 서양의 근대 기계론적 사유와도 유사한 부분으로서 충분히 주목해볼 만하다.

도의 이론은 근현대 시기에 이르러서도 지속적인 발전을 하게 된다. 무술변법戊戌變法의 대표적 인물이었던 캉유웨이康有爲는 본체론적 천도의 의미에 대해서는 크게 주목하지 않고, 근대적인 민주정치 사상으로서 '인도 진화론'을 피력했다. 장지동張之洞과 같은 보수파들이 여전히 전통적 입장을 견지하여 근본적인 대도大道는 변할 수 없다고 주장하며 "하늘도 변하지 않고, 땅도 변하지 않으니 '도' 또한 변하지 않는다"[42]고 역설함에 반해, 캉유웨이는 "변하는 것이 천도다"[43]라는 주장을 군건하게 유지했다. 캉유웨이의 이러한 도론은 도 개념의 발전사에서 있어서 뚜렷한 특징을 지닌다.

옌푸嚴復는 다윈의 『종의 기원』을 언급하면서 생물의 도는 생물 진화의 법칙을 말한다고 했다. 그런데 그는 여기서 한 걸음 더 나아가 "자연 진화의 도가 동식물의 법칙일 뿐만 아니라 인간 또한 그러하다"[44]라고 했다. 중국의 국부로 불리는 쑨원孫文도 진화를 자연의 보편적 법칙으로 바꾸어 이것으로써 모든 우주의 발전을 서술했다. 쑨원은 비록 진화의 도로써 물질의 기원과 인류의 발전에 대해 과학적인 설명을 하지는 못했지만, 철학적으로는 오히려 보편적 진보 발전의 법칙을 제기할 수 있었다. 쑨원의 도론道論에 있어서 동아시아 고대사상의 철학적 사변성은 많이 희석되었다. 그의 사상에 있어서 본체에 대한 규정은 생원生元, 에테르Ether와 같은 과학적 개념으로 대체되었고, 법칙과 규범성의 의미도 조례條例, 공례公例, 율령律令 등의 의미로 바뀌었다.[45] 한마디로 도론의 철학성은 묽어지고 과학성이 강화된 시기였다고 말할 수 있다.

'도'는 명확한 이론 분석의 대상으로 파악하기 힘들다. 그 이유는 도란 것이 동아시아 전통사회의 발전과 맥락을 같이해온 역사적 개념이기 때문이다. 도가 실천적·사실적 개념이든 아니면 순수하게 이론적·사변적 개념이든 간에 사회적 상황과 개인적 체험을 위시한 여러 여건을 충분히 고려하여 생겨난 다의적인 개념이기 때문에 '도' 이론의 완성 혹은 종말이란 말은 그 자체가 모순이다. '도'란 인간 자신과 대자연을 체계적으로 해석하는 데에 있어서 하나의 종합적이고 유기적인 안목을 제공해주는 일종의 세계관이다. 즉 도에 대한 논의는 인류의 사유가 계속되는 한 지속적으로 이어질 것이다.

❀
도道, 길을 가며 길을 묻다

5.
천도天道와 인도人道, 상관적 균형관계

'도'는 우주의 운동·변화에 내재한 법칙성을 뜻한다는 점에서 대자연의 '법칙' 또는 '원리'라고 할 수 있다. 그러나 다른 한편으로 도는 인간이 마땅히 따라야 할 당위 법칙을 가리킨다는 점에서 규범적 지시를 뜻하기도 한다. 동아시아 철학사상에 있어서 천도가 전자라면 인도는 후자를 가리킨다. 이러한 두 가지 도의 의미 중에서 전자의 의미를 강조하는 대표 학파가 도가이고, 후자의 의미를 역설하는 대표 학파는 유가다.

도가학파의 사상가들은 현상세계의 배후에 존재하는 궁극 원리, 즉 천도를 파악하고자 노력했다. 그들은 인간 또한 존재계의 궁극 원리인 도에 따라 살아야 한다고 주장함으로써 인도의 궁극적 원천을 천도에 귀속시켰다. 반면 유가학파에서는 도를 주로 윤리적·정치적 영역에서 보편적으로 실행되어야 하는 당위 규범, 즉 인도의 의미로 사용했다. 춘추시대의 혼란기를 살았던 공자는 '인간이 마땅히 걸어야 할 길', 즉 인도를 구현하고

자 애썼다. 이러한 의미에서의 도는 우주의 존재 원리에 주목하기보다는 인간의 행위세계를 이끄는 당위 원칙을 강조한다.

그런데 동아시아인들에게 천도와 인도는 각각 분리된 별개의 도가 아니라, 긴밀하게 연계되어 있는 상관적 존재라고 여겨졌다. 이러한 총체론적 사유를 천인합일天人合一 또는 천인교감天人交感이라고 표현하는데, 동아시아인들은 이것을 인생 최고의 이치로 여겼다.

『주역』에 오면 천도와 인도를 역동적인 상관적 관계에서 이해하려는 시도가 중국 사상사에서 거의 처음으로 분명한 형태를 드러낸다.『주역』「계사전」에서는 "천지의 도는 인仁이란 형태로 나타나지만, 작용에 있어서는 드러나지 않고 만물의 생동을 고무한다. 그렇지만 성인이 중생을 대하는 경우처럼 걱정을 하지 않는다"[46]라고 했다. 여기서는 '천지天'의 무위함과 '성인人'의 유위함을 구분해서 말하고 있다. 이 구절의 의미에 대한 해석 중 송대 성리학자인 정이의 해석이 가장 멋지다. 정이는, "천지 자체는 무심하지만 만물을 생성하게成化 되고, 성인은 유심하지만 무위循理하게 된다"[47]라고 했다. 천지자연은 자연의 필연법칙에 따라 순행하므로 무심[필연]하지만 만물의 생성을 이루어내고, 성인[인간]은 자연의 도를 따르고자 의지[유심]를 갖고 있지만 결과적으로 무위[순리]하게 된다는 말이다. 이러한 정이의 말은 천도와 인도, 무심과 유심의 상관적 균형관계, 다시 말해 길항관계를 적절하게 표현한 것이다.

그런데 이러한 사유와 유사한 형태를 서양 현대철학자 하이데거의 이론에서도 찾아볼 수 있다. 주지하다시피 하이데거는 동양적 사유, 그중에서도 특히 노자의 사유세계와 많은 점에서 유사하다. 하이데거는 우리의

도道, 길을 가며 길을 묻다

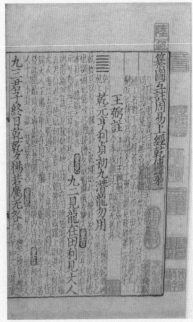

동아시아 고대인들은 갑골문(왼쪽)에 점괘를 새겼다. 이것을 오랜 세월 체계화시킨 것이 바로 『주역』이다. 오른쪽 사진은 송대에 출판한 『주역』의 본문이다.

삶을 가능하게 하면서도 스스로는 지배하지 않는 것, 이것이 다름 아닌 도道에 내재하는 '길의 성격'이라고 생각했다.[48] 그런데 이때의 도는 동양의 천도와 유사하다. 우선 "우리 삶을 가능하게 한다"는 말은 "만물을 생성한다"는 말과 대비되고, "스스로는 지배하지 않는다"는 말은 "천지 자체는 무심하다"는 말과 대응된다. 이것은 곧 "만물을 낳지만 소유하지 않는다"[49] "도는 항상 아무것도 함이 없지만, 하지 않는 것이 없다"[50]라고 하는 『노자』의 말과 동일한 맥락에 있다.

하이데거의 주장을 『주역』 「계사전」에 대한 정이의 해석과 비교해보면 맥락적 의미가 더욱 유사하다. 하이데거는 현존재의 근원적인 존재방식과 관련하여 '무위자연Gelassenheit'[51], 즉 '의욕하지 않음Das Nicht-wollen'을 강조한다. 그는 온갖 종류의 의지에서 완전히 벗어난 채, 모든 표상적 연관으로부터 풀려나 그대로 머물고 있는 그런 사태가 바로 현존재의 근원적 존재방식이라고 보았다.

그렇지만 그는 이러한 '무위자연'을 향한 수행이 역설적이게도 '의욕하지 않음'이라는 방식의 '의욕'을 통해서 이루어진다고 주장했다. 이러한 수행은 곧 인도人道의 영역에 해당하는 것으로서 "성인은 유심하지만 무위[순리]하게 된다"고 하는 정이의 설명과 정확히 일치한다. 즉 초연超然[무위자연]하기 위한 수행 의지는 "성인은 유심하다"는 말에 해당하고, 그러한 수행이 '의욕하지 않음'이라는 방식으로 이루어진다는 말은 곧 "성인은 무위[순리]하게 된다"는 말과 맥락이 같다.

천도와 인도를 상관적으로 해명하려는 시도가 동아시아 철학사의 수많은 학자에 의해 제기되었는데, 그중 가장 정교한 이론체계로 다듬은 사람 중 하나가 바로 주희다. 주희는 천도와 인도의 매개를 성性으로 보았다. 그는 천도를 천리 자연의 본체로 보았고, 인도는 성性에 내재한 천리의 추구라고 보았다. 그래서 그는 "성性은 사람이 품부받은 천리天理요, 천도天道는 천리 자연의 본체이니 그 실은 하나의 이理다"[52]라고 했다. 주희의 주장에 따르면, 성은 인간이 선천적으로 갖춘 천리이고, 천도는 자연적이고 필연적인 천리의 본체다. 그리고 성과 천도는 하나의 이理다. 바로 이러한 면에서 천도와 인도는 상관적으로 대응하게 된다.

주희를 비롯한 성리학자들에게 있어서 성性은 본래성으로 돌아가는 '길잡이'이자 '방법'으로 이해할 수 있다. 성론性論은 주희 이전 북송北宋시대 유학자들에 의해 다양한 방식으로 개진되었으며, 더 거슬러 올라가면 당나라의 대문호 한유韓愈와 이고李翺에게서 이미 송대 성리학의 사상적 맹아를 찾을 수 있다. 한유는 「원성原性」이라는 글에서 유가적 성性의 의미가 도가·불가의 성性과 다름을 주장했다. 특히 이고는 「복성서復性書」 세 편을 지어 『중용』의 사상을 중심으로 한 유학의 성론性論을 체계화했다. 이고의 학문 경향은 이후 송나라 유학자들에게 많은 영향을 주었고, 특히 그의 성론은 후대 성리학자들의 사상 형성에 있어서 중요한 단초가 되었다.

주희는 종래의 성론을 집대성함으로써 천도와 인도의 상관 이론을 체계화했다. 그는 천도와 인도가 하나의 이理로 관통되었다고 보았다. 그렇지만 천도와 인도를 구별하여 말하기도 하는데, 이때 천도는 '이'의 본래성·자연성·필연성을 의미하고, 인도는 '이'를 추구하는 행위로 해석했다. 주희에게 있어서 천도는 진실무망眞實無妄한 성誠으로서 인간에게 내재한

'이'다. 그는 사람들이 각자의 능력에 따라 자기 본래성인 천도로서의 '이'에 복귀할 수 있다고 보았다. 그리고 천도로서의 이理, 성性, 본래성에로 잘 되돌아가는 것이 인도라고 주장한다.[53] 그러므로 우리가 천도인 본래성을 잘 회복하게 되었을 때 비로소 천도와 인도는 합치되며, 하나의 동일한 '이'로 관통되었다고 할 수 있다.

그렇다면 구체적으로 어떻게 천도의 본래성을 회복할 수 있는가? 즉 인도의 실현이 어떻게 가능한가?

주희를 비롯한 성리학자들은 인도의 본질을 일상 사물이 마땅히 행해야 하는 '이'로 여기며, 이러한 '이'가 모든 사람의 마음에 갖추어져 있다고 보았다. 그래서 그는 "도는 단지 눈앞의 분명한 도리다"[54]라 하고, 또한 "도는 단지 날마다 사용하는 당연한 이理다"[55]라고 했다. 주희는 도란 일상생활에서 벗어나지 않는다고 보았다. 그래서 도는 몸에 가까우며 구체적인 일상생활에서 구해야 한다고 보았던 것이다. 바로 이러한 이유 때문에 주희를 비롯한 신유학자들은 자신과 가장 가까운 관계에 있는 부모, 형제들과의 관계 윤리, 즉 효제孝悌의 도리가 인도의 핵심이라고 생각했다.

중국의 현대철학자인 평유란馮友蘭은 중국 철학의 주요 흐름을 그 나름의 기준, 즉 극고명極高明(높고 밝은 도를 극진히 하다)과 도중용道中庸(적절하고 일상적인 일들로부터 말미암다)이라는 두 개념을 적용하여 서술했다.[56] '극고명'과 '도중용'이라는 말은 『중용』에서 나온 것인데, 평유란은 이 두 개념 간의 대비를 초월성 대 일상성, 출세간出世間 대 즉세간卽世間, 이상 대 현실, 성인 대 현인, 천도 대 인도의 대비로 이해했다. 그는 중국 철학의 최대 정신이 이러한 두 대립을 극복하는 데에 있다고 생각했으며, 우리가 추구하는 최고의 경지는 인륜일용[일상성]과 단절된 세계가 아니라, 인륜일용과 함께하는 경지라고 주장했다. 펑유란의 주장 또한 천도와 인도의 상관적 균형관계를 강조하는 것과 다르지 않다.

6.
도와 길, 그 영원한 물음

한자어 '도道'는 '길'이라는 의미를 지닌다. 그러므로 '도'와 '길'의 의미를 묻는 질문은 자칫 동어 반복적인 물음처럼 들리기도 한다. 그런데 '도'와 '길'의 개념은 상당 부분 공통적인 속성을 지니기도 하지만, 무시할 수 없는 차별성도 있다. 길이란 어딘가의 목적지에 도달하게 해준다. 그렇다면 이때 도달해야 할 목적지를 '도'라고 한다면, 목적지에 도달하게 하는 경로를 '길'이라고 할 수 있다. 즉 도가 존재라면 길은 존재의 양식이고, 도가 목표라면 길은 과정이다. 그러한 의미에서 도를 'Truth'라고 번역한다면 길은 말 그대로 'Way'로 표기할 수 있다.

'도'가 근원성, 항상성[지속성], 진실성[성실성]을 속성으로 한다면, '길'은 인륜성, 실천성, 일상성을 속성으로 한다. 이처럼 '좁은 의미에서의 도'는 길과 차별적 의미를 띠지만, '넓은 의미에서의 도'는 길과 도의 의미를 함께 포함하고 있다. 즉 넓은 의미에서의 도는 존재[도]와 존재의 속성[길]이라는 이중적 구조의 균형관계를 이룬다. 그런데 상당수 철학자가 자신

✿
도道, 길을 가며 길을 묻다

의 철학적 사유에 있어서 '길'을 강조했다. 헤겔의 '변증법적 사유의 길', 후설의 '선험 현상학적 길', 하이데거의 '존재 사유의 길'이 대표적인 사례다. 앞서 지적했듯이, 하이데거의 사유 특징은 유별나게 동아시아적 사유 방식과 긴밀한 유사성을 갖는다.

하이데거의 사유는 특히 노자의 사유와 대단히 가깝다. 이 점을 제대로 해명하려면 우선적으로 '존재Sein'와 '도Tao'의 의미를 설명해야 한다. 하이데거가 말하는 도는 단순히 인과율의 법칙에 따른 물리적 운동이 아니며, 근본적으로 우리가 세계와 관계를 맺을 수 있도록 하는 존재의 운동이다. 그는 인간과 존재가 서로에게 자기의 것으로 일어나게 하는 운동을 '근본 생기生起Grund-geschehen'라 했고, 이러한 '근본 생기'에로 진입해 들어가는 것을 '근원으로 되돌아감Rückkehr in den Ursprung'이라 했으며,[57] 근원으로 되돌아가는 일에 익숙해지는 것을 '귀향歸鄕Heimkunft'이라고 했다. 하이데거는 우리가 무엇보다도 가장 먼저 알고 가장 먼저 배워야 할 것이 '근원으로 되돌아감'이라고 강조했다.

하이데거 사유의 동아시아적 경향성에 대해 연구하는 학자들은 흔히 그의 존재 사유가 노자의 '도' 사상을 풀어낸 것이라고 이해한다. 예를 들면, '존재' 그 자체를 부정할 수 없다 할지라도 '존재'를 정의내릴 수 없다고 하는 하이데거의 사유 방식은 '참된 도常道'를 정의하거나 규정할 수 없다고 보는 노자의 생각과 크게 닮아 있다. 또한 '근원으로 되돌아간다'는 사상도 "되돌아가는 것은 도道의 움직임이다"[58]라고 하는 노자의 사유 방식과 제대로 일치한다. 그렇지만 지식이나 인식이 아니라 사유 행위 자체에 더 큰 관심을 갖고, 또한 사유를 할 때마다 자신의 사유를 언제나 하나의

하이데거는 독일의 조그만 마을 메스키르히에서 농부의 아들로 태어났다. 그의 사유는 노자의
사유와 대단히 가깝다. 그는 사진에 보이는 메스키르히의 들길을 자주 걸어다니곤 했다.

도道, 길을 가며 길을 묻다

길을 가는 것, 즉 길 위의 사유로 이해하는 하이데거의 방식은 도가사상보다는 '유가적' 사유 방식에 훨씬 더 가깝다. 이러한 의미에서 볼 때, 하이데거의 도 이론은 도가적 '천도론'과 유가적 '인도론'을 모두 수렴한 것으로 평가할 수도 있다.

하이데거는 '길weg'의 철학적 의미를 음미하고서 그것을 자신의 철학적 사유의 과제로 끌어들인다. 그는 근원으로 되돌아감이 언제나 '길 위'에서 이루어진다고 보아 '길-사유' 혹은 '길 위에서의 사유'를 강조한다. 하이데거에게 사유의 길은 출발점으로서 어떤 지점이나 최종 목표가 존재하는 것이 아니다. 언제나 "서 있으며 선 채 걸어가고, 또 걸어가면서 길 위에 머물러 있는 사람만이 사상을 변경시킬 수 있다"[59]고 보았다. 하이데거에 따르면, 우리는 언제나 이미 이러한 길 위에 머물러 있으며, 또한 길 위에서만 이러한 사유가 가능하다.

하이데거가 강조하는 '길'은 어떠한 목표에 도달하게 하는 단순한 수단이나 방법의 의미가 아니라, 사유자를 통해 스스로를 드러내는 사태 자체의 부름에 따라 '길을 놓아가는weg-bahnen' '길-사유weg-Denken'를 의미한다. 하이데거의 사유에 있어서 출발점으로서의 어떤 지점이나 최종 목표가 큰 의미를 갖지 못한다. 어떤 점에서 보면 길 자체가 곧 목표일 수 있다.[60] 이러한 '길-사유'는 유가적 사유 방식과 기본적으로 관점을 같이한다. 유가사상의 고전 『중용』에서는 "진실함誠 자체는 하늘의 도이고, 진실하려고 노력하는 것誠之者은 사람의 도다"라고 했다. 이 말은 곧 인도의 핵심이 진실함에로 나아가려는 '길 위'에 있음을 분명히 하고 있다. 유가철학의 목표는 진리의 발견보다는 진리를 실행하는 '길'이다. 그래서 유학자들은 구체적 행동으로 이어지지 않는 추상적인 사고를 무의미한 것으로 간주했다. 유학적 세계관에 있어서 결과나 목표보다는 노력하는 '과정'이 중시된다.

칸트는 평소 학생들을 향해 "철학을 배우지 말고, '철학함'을 배우라"[61]고 강조했다. 이때 '철학함'이라는 말은 『중용』의 "진실하려고 노력하는 것은 사람의 도다"[62]라는 말과 하이데거가 강조하는 '길-사유'와 함께 동일한 맥락에 있다. 이 말들은 모두 사변적 관념 철학을 벗어나서 문제가 되는 사태를 직접 고민하고 스스로 길을 놓아가는 '길 위'의 철학을 강조한다. 물론 이때 칸트와 하이데거의 경우 '사유'의 실행을 강조하고, 유가 사상은 '도덕' 실천을 강조한다는 차이점이 존재한다. 그렇지만 적어도 '길 위의 철학'을 강조한다는 공통점이 있다.

자전거를 타면 계속 가야 한다. 가지 않으면 넘어진다. 목적지가 있든 없든 페달을 계속 밟아야 쓰러지지 않는다. 서양적 '사유 존재'이든 유가적 '도덕 존재'이든 간에 길을 가지 않는 인간 존재는 의미가 없다. "자전거를 타는 것이란 무엇인가" "어떻게 하면 자전거를 잘 탈까" "자전거를 타고 어디를 갈까"라고 하는 사변적 논의는 모두 자전거를 타기 위한 전제일 뿐이다. 자전거는 타고 가기 위한 존재 이유를 지니고 있다. 그러므로 길을 가지 않는 자전거란 스스로의 존재 이유에 위배된다.

인간의 삶 또한 마찬가지다. 삶이라는 말 자체가 '살다'라는 동사적 의미와 '살아가다'라는 과정적 의미를 함께 지니고 있듯이, 인간은 그 자체로 '길 위'의 존재다. 존재[도]와 존재 양식[길]은 서로 분리될 수 없다. 양식을 떠난 존재가 있을 수 없고, 존재하지 않는 것의 양식이란 무의미하기

도道, 길을 가며 길을 묻다

때문이다. 이런 점에서 '도'는 곧 존재이며, 존재 양식이기도 하다. 우리에게 주어진 도와 길의 접점은 '지금' '여기'에 있다. 해탈의 열정을 지닌 불교인들에게 해탈의 가능성이 현실 속에서 찾아지듯이, 참된 도를 찾기 위해 갈구하는 구도자의 삶에 있어서 자신의 삶 밖에 존재 이유가 따로 있을 수 없다.

> 종일토록 봄 찾아 헤맸지만 봄 찾지 못했네
> 짚신 신고 농산 꼭대기 구름까지 밟았노라
> 집에 돌아와 빙그레 웃으며 매화 향기 맡아보니
> 봄은 이미 매화나무 가지 끝에 무르익어 있네
> (한 승려某尼, 「오도시悟道詩」, 『학림옥로』)

道

원전과 함께 읽는 도

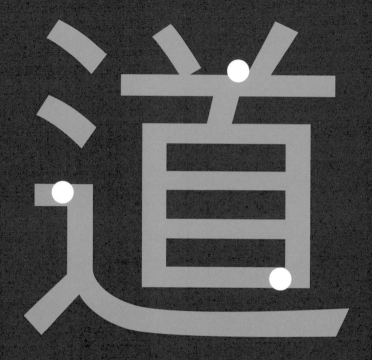

01
단계

『주역』『서경』

맥락 ◉ '길'이라는 의미로부터 발전하여 법칙, 원칙, 규칙 등으로 확대
된다

의미 ◉ 길, 이치, 방법, 형이상자形而上者, 일음일양一陰一陽

구절 ◉ 형이상形而上의 것을 일컬어 '도道'라 하고, 형이하形而下의 것
을 일컬어 '기器'라 한다

'도'는 동아시아 철학사에서 가장 기본적인 개념이다. 은殷·주周 시기에
최초로 형성된 '도'자의 의미는 '길'이었다. 그런데 인간의 사회적 활동 범
위가 확대되고 사유 능력이 높아짐에 따라 '도'의 의미도 점차 확대되었다.
중국 역사상 가장 이른 시기의 사유를 담고 있는 것으로 평가받는『주역
周易』과『서경書經』에도 '도'의 의미는 '길'이라는 최초의 의미로부터 발전하
여 법칙, 원칙, 규칙 등으로 확대되었다. 즉 인간의 지혜 성장과 사회 발전
에 따라 도 개념이 구체적·직관적인 데에서부터 추상적·원리적인 차원으
로 상승했다.

『주역』원문에서 '도'자는 모두 '길'이라는 가장 기본적인 의미로 사용

되었다. 반면 『서경』에서는 의미가 확대되어 '황천皇天의 도道' '왕도王道' 및 구체적인 이치와 방법이라는 의미를 보인다. 『좌전左傳』과 『국어國語』에서는 한 걸음 더 나아가 천도天道와 인도人道의 개념을 제기했으며, 양자 사이의 관계를 초보적으로나마 탐색하여 '도' 개념의 발전사에 큰 영향을 끼쳤다.

【주역 1】 원문 1

자신의 '길'로 되돌아오니 무슨 허물이 있으리오, 길하다.

『주역』「소축괘小畜卦」의 효사

밟아가는 '길'이 평탄하니, 고요하고 안정된 마음을 지닌 사람이라야 바르고 길함을 얻을 수 있다.

『주역』「이괘履卦」의 효사

따르게 하여 얻음이 있으면 바르게 할지라도 흉하나, 믿음이 있고 '길'을 가며 밝음으로써 행하면 무엇을 허물하리오.

『주역』「수괘隨卦」의 효사

그 '길'을 되돌아 이레 만에 다시 온다. 갈 바가 있어 이롭다.

『주역』「복괘復卦」의 괘사

『주역』에는 '도'자가 네 번 나오는데, 여기서 사용되는 용례는 모두 '길'의 의미다. 그래서 일부 학자들은 『주역』에서 말하는 '도'가 한결같이 구

체적인 '길'을 말하는 것이지, 추상적인 철학 개념은 아니라고 주장한다. 『주역』이 이루어질 당시의 인간 생활 범위가 좁고 사유 수준 또한 낮았기 때문에, 도 개념으로써 자연과 사회현상의 다양한 관계를 개괄하여 법칙으로까지 발전시키지는 못했다고 한다.[1] 그렇지만 위의 예문에서 보듯이, 『주역』의 '도'자는 단순히 현상적인 '길'을 의미하는 것이 아니라, 우리가 가야 할 길, 올바른 길, 자신에게 주어진 길 등의 다양한 의미를 지닌다. 겉 보기에 모두 '길'을 말하지만, 내면적으로는 '길'이 지향하고 있는 가치론적 의미를 상당 부분 포함하고 있다.

【주역 2】 원문 2

형이상形而上의 것을 일컬어 '도道'라 하고, 형이하形而下의 것을 일컬어 '기器'라 한다.

한 번 음이 되고 한 번 양이 되는 것을 '도'라 한다.

『주역』 「계사전」

『주역』은 엄밀하게 말하여 '역경易經'과 '역전易傳'으로 구분해야 한다. 후대 학자들에 의해 강조되는 『주역』의 '도' 개념은 대부분 '전傳', 그중에서도 「계사전繫辭傳」의 용례다. 그렇지만 「계사전」을 포함한 '역전'은 모두 경전을 풀이하는 글로 공자 이후에 이루어진 저작들이다. '도'는 원래 도가철학의 기본 개념으로서 '실체'와 '법칙'이라는 의미를 지니고 있으며, 이러한 의미들은 후대 신유학자들에 의해 계승된다. 그렇지만 「계사전」의 "형이상形而上의 것을 일컬어 '도'라 하고, 형이하形而下의 것을 일컬어 '기器'라 한다"라는 말과, "한 번 음이 되고 한 번 양이 되는 것을 '도'라 한다"라는 구절 또한 후대 유학자들에게 많은 영향을 주었다. 「계사전」의 이 두 구절을 자세히 살펴보면 그 뜻이 각각 다르다. 즉 앞의 '도'자는 실체 존재를 의미하는 관념론적 체계를 나타내고, 뒤의 '도'자는 변화와 과정을 의미하는 변증법적 의미를 나타낸다. 그래서 정이와 주희 같은 성리학자들은 한 번 음이 되고 한 번 양이 되는 '까닭所以'을 '도'라고 해석하여 앞뒤 '도'자의 의미와 균형을 맞추려고 했다. 일음일양一陰一陽, 즉 한 번 음이 되고 한 번 양이 되는 그 자체는 현상적인 변화와 생성으로서 형이하의 '기氣'이지만, 일음일양하게 하는 까닭·이유·원리는 형이상의 '도', 즉 '이理'라고 보았다. 그렇지만 장재와 육구연을 비롯한 상당수 학자는 이러한 해석에 이의를 제기했다. 그들은 한 번 음이 되고 한 번 양이 되는 변화와 과정 자체를 '도'라고 해석했다.

【서경 1】 원문 3

하늘이 그 '도'를 가리켜 천하를 맡기시고, 이에 명하여 제후를 세우고 울타리를 만드심은 그 뜻이 우리 후손을 위하는 데에 있다.

「서경」「강왕지고康王之誥」

한 번 음하면 한 번 양한다는 것이 동양 사상의
기틀이었다.

하늘이 덕행에 근거하고 천수天數의 법칙에 비추어 천하를 문왕과 무왕에게 주어 다스리게 했으니 이를 바꿀 수 없다는 말이다. 따라서 제후와 신하들은 주周나라 왕실에 충성을 다하고, 주 왕조가 백성을 잘 다스려 오랫동안 지속될 수 있도록 도와주라고 했다. 여기서 말하는 '도'는 천수의 법칙을 의미한다.

> 치우침이 없고 비탈짐 없이 하여 임금의 의로움을 따르고, 좋아함을 만들지 아니하여 임금의 도道를 따르며, 미워함을 만들지 아니하여 임금의 길路을 따르라. 치우침이 없고 무리지음이 없으면 왕도王道가 드넓으며, 무리지음이 없고 치우침이 없으면 왕도가 평탄하며, 돌이킴이 없고 기울어짐이 없으면 왕도가 바르고 곧으리라.
>
> 『서경』 「홍범洪範」

이 말은 기자箕子가 무왕에게 나라를 다스리는 아홉 가지 큰 법칙을 강론할 때 한 것이다. 기자는 사람들에게 어떠한 치우침과 사사로이 좋아하거나 미워하는 행위를 하지 말고, 주왕周王이 정한 원칙·방향·길을 엄격히 준수하라고 요구했다. 여기서 말하는 '왕도王道'는 기본적으로 원칙과 법도를 의미하는데, 주나라 천자天子가 확정한 사상과 행위의 원칙을 가리킨다.

> 하늘은 믿을 수가 없으나, 나의 '도'는 나라를 편안케 한 무왕의
> 덕을 길게 펴고 하늘로부터 문왕이 받으신 명을 잃지 않게 하는
> 데에 있다.
>
> 『서경』 「군석君奭」

　　이 말은 주공이 소공석召公奭에게 내린 훈계다. 은나라 사람들이 나라를 잃은 교훈을 되돌아보아 왕업을 지키는 일의 어려움을 지적했고, 아우 소공에게 자신과 힘을 합쳐 함께 나라를 다스리고 문왕의 덕을 발양하여 주 왕조가 오랫동안 지속될 수 있도록 하자는 권유다. 여기서 말하는 '도'는 국가를 다스리는 방법과 수단을 의미한다. 『서경』은 우虞 · 하夏 · 상商 · 주周 시대의 문헌을 모은 책인데, 여기에는 중국 고대 사상의 맹아가 깃들어 있다.

『노자』 『장자』

맥락 ⊙ 도는 만물의 근간이고, 천지를 생성한다

의미 ⊙ 대자연의 법칙, 무규정성, 되돌아옴, 무위자연, 무소부재

구절 ⊙ 말로 설명하는 도는 영원불변의 도가 아니다

　'도가'는 학파의 명칭이 시사하듯 '도' 개념과 관련하여 가장 대표적인 학파다. 도가는 참된 길, 즉 '도'의 체득을 강조하며, 참된 길은 인위를 배제한 무위자연의 속성을 지닌다고 주장한다. 유가사상이 선천적인 도덕 원리를 지적知的으로 인식할 수 있다고 생각하는 반면, 도가에서는 이러한 합리주의적 도덕론을 강하게 비판한다. 그래서 도가 사상가들은 유가에서 '도'라고 여기는 인仁이나 예禮조차 인위적인 비도非道의 문화라 보고 이에 구속되어서는 안 된다고 강조한다. 그들은 '도'가 주체와 타자뿐만 아니라 세상 만물 간의 절대적 매개라고 생각했다. 그래서 도를 만물의 근간이자 천지를 생성하는 근원으로 여겼으며, 또한 우리 삶을 가능하게 해주는 최종 근거라고 주장했다. 도가는 노자와 장자를 대표로 한다. 노자는

천도자연의 본체론을 전개하며, 도가 '만물의 근간萬物之宗'이라는 사상을 제기했다. 그리고 장자는 노자의 '도' 본체론을 계승 발전시켜 도를 체득하고 도의 경지를 실현하는 '도' 인생론을 펼쳤다.

말로 설명하는 도는 영원불변의 도가 아니다. 이름 지어 부를 수 있는 이름은 영원불변의 이름이 아니다. 이름이 없는 것은 천지의 시작이요, 이름이 있는 것은 만물의 어머니다. 그러므로 항상 무욕無欲함으로 그 본체의 오묘함을 살펴보고, 항상 유욕有欲함으로 순환하는 현상의 끝을 본다. 이 두 가지는 같은 근원에서 나오지만 그 이름을 달리 부른다. 둘 다 현묘한 것이라고 한다. 현묘하고 현묘하다. 이것은 모든 오묘한 변화의 문門이다.

『노자』, 제1장

나는 그 이름을 알지 못하니, 자字를 붙이자면 도道라 하고, 억지로 이름을 지어 대大라고 한다.

『노자』, 제25장

도는 항상 이름이 없다. 통나무와 같다. (…) 그것을 다듬으면 이름이 있게 된다.

『노자』, 제32장

도는 숨어서 이름이 없다. 오직 도라 함은 잘 빌려주고 또한 잘 이루게 하는 것이다.

『노자』, 제41장

"말로 설명하는 도는 영원불변의 도가 아니다道可道, 非常道"라고 하는
『노자』제1장 첫 구절은 동아시아 도 개념 논의에 있어서 가장 유명하다.
노자에게 있어서 도는 '이름 붙일 수 없는無名' 그 어떤 것이다. 도는 이름
붙일 수 없는 것이기 때문에 말로 표현될 수 없다. 그러나 우리는 그것에
대해 말하고 싶어하므로 억지로 거기에다 이름을 붙여 '도'라고 부를 뿐이
다. 어떠한 사물이든 다 이름을 가지고 있지만, 도는 사물이 아니므로 무
명이며 마치 통나무처럼 있는 그대로의 상태일 뿐이다.

　도에 이름 붙일 수 없다는 말은 도를 개념으로 정확하게 규정할 수 없
다는 말과 같다. 그렇다면 도는 존재하지 않는단 말인가? 이 물음에 대해
하이데거는 도가 존재하기는 하지만 존재자의 방식으로는 존재하지 않는
다고 말한다. 말하자면 하이데거에 있어서 '사유의 길'은 존재자와 같이
표상되는 것이 아니라 존재와 같이 사유될 수 있을 뿐이다. 예를 들어 하
이데거가 『존재와 시간』에서 언급했듯이, 우리가 존재를 정의할 수 없다
고 하여 존재 자체를 부정할 수는 없다. 이와 마찬가지로 우리는 도를 이
런저런 개념으로 그것의 본질을 규정하거나 정의할 수 없다고 하여 그것
이 존재하지 않는다고 말할 수 없다. 『노자』에서 말하듯이, "도의 본체는
비어 있다. 그러나 아무리 써도 고갈되지 않는다."[2] 이처럼 도는 근본적으
로 규정할 수 없는 것으로서, 하이데거의 표현 방식을 빌리자면 '하나의

비밀ein Geheimnis'인 것이다. 그래서 노자는 "크게 모서리가 난 것은 마치 모퉁이 진 곳이 없는 것 같고, 큰 그릇은 마치 늦게 이루어지는 것 같고, 큰 소리는 마치 울림이 없는 것 같고, 큰 모습은 마치 형체가 없는 것 같다"³라고 했다.

이러한 사고방식은 인간의 문제를 인도人道의 입장에서 다루고 있는 유가에서처럼 개별적·차별적·부분적인 관점을 견지하는 것이 아니고, 천도天道의 입장에서 전체적·우주적인 관점을 견지하는 것이다. 그렇기 때문에 노자는 유가에서 최고의 가치로 숭상하는 효孝, 충忠, 인仁, 의義의 가치마저도 이미 차별적인 현실세계를 두고 하는 말이기 때문에 상대적인 것이어서 영원불변한 도가 될 수 없다고 한다.

'비움虛'을 이루어 극진히 하고, 고요함을 지켜 돈독히 한다. 만물이 함께 일어나는데, 나는 그 '돌아가는 것復'을 본다. 만물이 풀처럼 쑥쑥 자라지만 각각 그 뿌리로 돌아간다.

『노자』, 제16장

큰 것은 가는 것이며, 가는 것은 멀어지고, 멀어져간 것은 '돌아온다反.'

『노자』, 제25장

천하의 모범이 되면 항구한 덕이 어긋나지 않고, 무극無極에 돌아간다復歸. 영광을 알면서도 욕됨을 지키면 천하가 모여드는 골

짜기가 된다. 항구한 덕이 충족되어 다듬지 않은 통나무 같은 소박함으로 돌아간다.

『노자』, 제28장

'되돌아가는 것反'은 도의 움직임이다.

『노자』, 제40장

그 빛을 써서 그 밝음으로 '돌아가면復歸' 몸에 재앙을 남김이 없다.

『노자』, 제52장

아득한 덕은 깊고 멀다. 만물과 더불어 '되돌아간다反.'

『노자』, 제65장

도의 '무궁함'이란, 도가 시간상 어느 사물보다 선재先在해 있음과 동시에 공간상 어떠한 제한도 받지 않는다는 사실을 나타낸다. 이것은 곧 '도'가 초월성을 가진 존재임을 의미한다. '도'는 형상이 없어서 볼 수 없지만 그 운동이 만물에 적용될 때에는 만물이 이로 인해 서로 대립적으로 전화轉化한다. 그리고 순환 운동을 하는 규율성을 내포하고 있다. 즉 모든 사물은 상반된 방향을 향해서 운동 발전하면서도 언제나 본래의 상태로 되돌아오는 것이다.

고대 중국인들에게 있어서 세상은 늘 변하며 모순으로 가득 찬 곳이다. 따라서 어떤 일의 경과를 이해하기 위해서는 반드시 그 반대 경우도 함께 고려해야 한다. 음과 양은 서로 반복된다. 음은 양 때문에 존재하고, 양은

남송 말엽의 화승畫僧 목계牧溪가 그린 「어촌석조도」. 도교의 영향을 진하게 받았다. 일본 네즈根津미술관 소장.

음 때문에 존재하며, 세상이 현재 음의 상태에 있으면 곧 양의 상태가 도래할 것이라는 징조다. 도는 자연과 사람이 공존하는 길을 의미한다. 음양의 원리, 즉 도는 서로 반대되면서 동시에 서로를 완전하게 만드는 힘, 서로의 존재 때문에 서로를 더 잘 이해할 수 있는 힘의 관계다.[4] 그래서 『노자』 제36장에서는 말하기를, "무언가를 구부리기 위해서는 먼저 펴야 하고, 약화시키고자 하면 먼저 강화시켜야 하며, 없애려고 하면 먼저 풍성하게 해주어야 하고, 빼앗기 위해서는 먼저 주어야 한다"[5]라고 했다.

인간의 존재 가치 역시 도의 속성인 대립 요소를 함유하고 있는 동시에, 그 대립 요소로 인해 상호의 가치를 더욱 다져나간다. 예를 들면 우리가 고난의 상태에 빠져 있을 때에도 분발하여 고난을 점차 극복하고 행복한 길로 나아갈 수 있다. 이러한 사실은 바로 노자가 사물의 '정면正面' 작용과 '반면反面' 작용을 매우 중시한 이유가 된다. 노자는 선후先後, 고하高下, 유무有無 등의 개념을 써서 '도'에 있어서 사물의 대립 전화轉化의 규율을 나타내고 있다. 즉 사물의 '말미後'를 얻기 위해서는 먼저 그 사물의 '단서先'를 쟁취해야 하고, 건축물의 '기초下'가 견고해야 그로부터 세워질 건축물의 '상부 구조上'가 붕괴되지 않을 것이며, 유有의 작용이 있기 위해서는 먼저 무無의 작용이 전제되어야 한다는 것 등이 사물의 대립 전화 법칙의 사례다.

『노자』 원문에서는 '반反' '환還' '복復' '복귀復歸' 등으로 표현되는 '되돌아가다'라는 표현이 자주 등장하는데, 이러한 말은 『노자』 전체를 통해 일관성 있게 유지되는 중요한 개념이다. 노자는 사물의 발전이 모종의 극한에 도달했을 때, 그 사물은 반드시 원래 상황으로 돌변하거나 아니면 그 반대 작용으로 전화됨을 관찰했던 것이다. 사물의 극성極盛이 바로 그 사물이 쇠락衰落하는 전환점이 된다는 것이 대립 전화의 법칙이다. 그래서 『노자』에서는 "만물이 강성하면 노쇠하게 된다"[6]라고 했다. 이러한 노자의 사상은 후대 동아시아인들의 사상에 많은 영향을 주었다. 그래서 『사기』에서도 "달은 차면 기울고 만물은 성하면 쇠한다月滿則缺, 物盛則衰"라고 했다. 이러한 자연의 법칙은 인간사에 있어서도 동일하게 적용된다. 즉 모든 일이 잘 풀려나갈 때에도 교만하지 않고, 어려운 일에 봉착하더라도 실망하지 않아야 한다는 삶의 교훈을 준다.

가장 좋은 다스림은 백성이 통치자가 있다는 존재만 느끼게 하는 것이다. (…) 공功이 이루어지고 일이 끝나면, 백성은 다 일컬어 내 '저절로 그렇게 했다'라고 말한다.

『노자』, 제17장

들어도 들리지 않는 말은 '저절로 말하는 것'이다.

『노자』, 제23장

사람은 땅을 본받고, 땅은 하늘을 본받고, 하늘은 도를 본받고, 도는 '저절로 그러함'을 본받는다.

『노자』, 제25장

도의 높음과 덕의 귀함은 명령한 것이 없으나 항상 '저절로 그러한 것'이다.

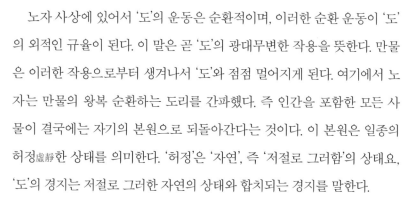

『노자』, 제51장

만물의 '저절로 그러함'을 돕고 감히 작위하지 않는다.

『노자』, 제64장

노자 사상에 있어서 '도'의 운동은 순환적이며, 이러한 순환 운동이 '도'의 외적인 규율이 된다. 이 말은 곧 '도'의 광대무변한 작용을 뜻한다. 만물은 이러한 작용으로부터 생겨나서 '도'와 점점 멀어지게 된다. 여기에서 노자는 만물의 왕복 순환하는 도리를 간파했다. 즉 인간을 포함한 모든 사물이 결국에는 자기의 본원으로 되돌아간다는 것이다. 이 본원은 일종의 허정虛靜한 상태를 의미한다. '허정'은 '자연', 즉 '저절로 그러함'의 상태요, '도'의 경지는 저절로 그러한 자연의 상태와 합치되는 경지를 말한다.

이러한 노자의 논리에 비추어보면, 만물은 '도'와 멀어지게 될수록 저절로 그러한 자연의 상태와 어긋나게 되어 혼란함이 생겨난다. 즉 모든 혼란함은 저절로 그러한 자연의 상태와 어긋난 자기모순에서 생겨난다. 그래서 노자는 인간이 인간 본연의 상태로 돌아가려면 곧 저절로 그러한 '허정'의 상태가 되어야 한다고 본다. 그는 이렇게 되어야만 인간이 자연, 즉 저절로 그러한 상태와 일치하게 되고 마침내 모든 번뇌와 우환에서 벗어날 수 있다고 생각했다.

큰 덕의 모습은 도를 따라 나온다.

『노자』, 제21장

높은 덕은 덕스럽지 않으니 그래서 덕이 있고, 낮은 덕은 덕을 잃으려 하지 않으니 그래서 덕이 없다. 높은 덕을 지닌 사람은 무위하기 때문에 일부러 작위하지 않고, 낮은 덕을 지닌 사람은 작위하되 일부러 한다. 높은 인仁은 작위하지만 했다고 여기는 것은 없고, 높은 의義는 작위해서 했다고 여기는 것이 있다. 높은 예禮는 하려 할 뿐만 아니라 그에 응함이 없으면 팔을 걷어붙이고 끌어당긴다. 그러므로 도를 잃은 뒤에 덕이 있고, 덕을 잃은 뒤에 인이 있고, 인을 잃은 뒤에 의가 있고, 의를 잃은 뒤에 예가 있다. 그러므로 저 예라고 하는 것은 속마음의 '진실함忠信'이 점점 없어져서 어지러워지는 첫머리다. 세상을 미리 내다보는 지식은 도道의 헛된 형식이고, 어리석음의 시작이다. 그래서 대장부는 후덕하게 행동하고 각박하지 않으며, 그 열매를 취하고 형식에 머무르지 않는다. 그러므로 저것(형식)을 버리고 이것(실질)을 취하는 것이다.

『노자』, 제38장

통상 『노자』의 1~37장을 상편이라 하고, 38~81장을 하편이라 한다. 상

편은 '도'에 대해서 언급하고, 하편에서는 '덕'에 대해 말한다. 그런데 탁월한 『노자』 주석가인 왕필王弼(226~249)은 "덕德은 득得이다"라고 하여, 덕의 의미를 득으로 해석했다. 즉 도라고 하는 원리를 개별 사물들이 얻어 가졌다는 '얻음得'의 의미로 해석한 것이다. 노자는 '도'가 인간 생활의 규범이 된다고 보았다. 즉 형이상학적 '도'는 우리의 감각과 지각 작용을 통해서는 도저히 접근할 수 없지만, 이것이 현실세계에 적용되면 인간 행위의 준칙인 '덕'이 된다고 보았다. 인간에 있어서 '덕'은 '도'의 작용이요, 또한 '도'의 현현顯現인 것이다. 결국 '도'와 '덕'은 둘이면서 하나인 관계가 되어 체體와 용用의 논리로 발전하게 된다.

일반적으로 말하여 '도'가 만물에 내재하고 사물의 속성이 되어 경험의 세계에 적용된 것이 '덕'이다. '도'는 인위 작용이 전혀 없는 저절로 그러한 자연의 상태이며, '덕'은 인위적 활동에 참여하더라도 여전히 저절로 그러한 자연으로 되돌아갈 수 있는 상태다. 그러므로 '도'와 '덕'은 인간 생활에 적용되어 실제 생활의 준칙이 된다. 이것은 만물이 그 자체의 상황에 순응하여 자유롭게 발전해나가는 것을 의미하기 때문에, 구체적인 사물은 그 자체의 성질, 즉 잠재성과 가능성에 적응하면서 발전해나간다. 여기에서 바로 '자연'과 '무위'의 개념이 도출된다. 인간의 자각심이 외물의 어떤 힘에 이끌리지 않는 정신 상태를 '무위'라고 한다. 이것은 곧 인위 작용이 없이 저절로 그러한 자연 상태에만 순응하는 것을 의미한다. 그러므로 '자연'이라는 말은 구체적인 특정 존재를 가리키는 것이 아니라 인과 법칙을 떠난 그 자체로서의 정신 상태를 뜻함을 알 수 있다. 즉 노자에게 있어서 인간 행위를 지배하는 '도'와 '덕'의 정신은 자연과 무위의 정신을 토대로 하

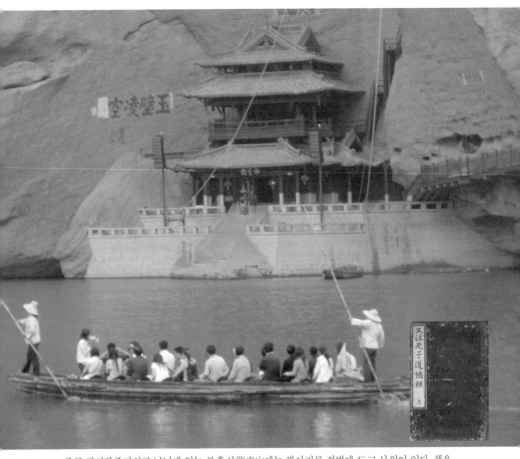

중국 광시좡족자치구 난닝에 있는 룽후산龍虎山에는 깎아지른 절벽에 도교 사원이 있다. 책은
왕필이 주석을 단 『도덕경』이다.

2장 원전과 함께 읽는 도

고 있는 것이다.

【장자 1】 원문 10

도란 귀로 들을 수 없는 것이니, 들었다면 도가 아니다. 도는 눈으로 볼 수 없는 것이니, 보았다면 도가 아니다. 도는 말할 수 없는 것이니, 말했다면 도가 아니다. 만물에 형체를 베풀면서도 그 스스로는 형체가 없음을 안다. 그 도는 의당 뭐라 이름 붙이지 못한다.

「장자」「지북유」

장자는 노자와 마찬가지로 '도'를 숭상하고 저절로 그러한 자연 상태로 돌아가기를 요구한다. 그에게 있어서 '자연'은 곧 '도'를 가리키고 '도'는 만물의 주재가 된다. 장자의 본체론은 노자의 경우와 같이 도를 '우주의 본체' 혹은 '만물의 근원'으로 삼는 '도일원론道一元論'이지만, 그 설명은 노자보다 훨씬 분명하고 자세하다.

【장자 2】 원문 11

'도'란 실제 바깥으로 드러나는 작용이 있고, 그것이 존재한다는 믿을 만한 증거가 있으나 행동도 없고 형체도 없다. 그것을 전할

수는 있으나 물건처럼 주고받을 수는 없고, 터득할 수는 있으나 볼 수는 없다. 스스로 모든 존재의 근본이 되고, 천지가 아직 생기기 전의 옛날부터 본래 존재한다. 귀신이나 상제上帝를 영묘靈妙하게 하고, 하늘과 땅을 낳는다. '가장 높은 곳太極'보다 더 위에 있으면서 높은 척하지 않고, '가장 깊은 곳六極'보다 더 밑에 있으면서 깊은 척하지 않는다. 천지보다 먼저 생겨났으면서 오랜 세월이라 여기지 않고, 까마득한 옛날보다 더 오래되었으면서도 늙었다고 생각하지 않는다.

『장자』「대종사」

노자는 "나는 그 이름을 알지 못하니, 자字를 붙이자면 '도道'라 하고, 억지로 이름을 지어 '대大'라고 한다"[7]라고 했다. 장자 또한 '도'란 상대가 없고 지극히 큰 이름 붙일 수 없는 존재라고 말하며, 그러므로 천하의 '어미母'가 된다고 했다. 이는 '도'가 천지 만물의 본체가 되는 까닭을 말한 것이다. 도에서 천지 만물이 생겨난다는 것은 곧 "천지 만물은 '유有'에서 생겨나고, '유'는 '무無'에서 생겨난다"[8] "이름이 없는 것은 천지의 시작이요, 이름이 있는 것은 만물의 어머니다"[9]라고 하는 것과 모두 비슷한 의미를 지니는데, 이것은 곧 도가 만물의 시원始原이 되는 까닭을 명시한 것이다.

노자 철학에 있어서 '도'는 우주의 본체로 이해된다. 장자 철학 역시 이러한 관념을 계승 발전시켜 "처음도 없고 마침도 없으며, 형체도 없고 모양도 없는 것無始無終, 無形無象"을 만물의 본원으로 삼아 그것을 '도' '진군眞君'

'진재眞宰' '명명冥冥'이라 이름 짓고 우주의 본체로 간주했다. 노자는 '무명'의 도를 천지 만물을 생성하는 근원으로 여겼는데, 장자 역시 도를 '스스로 모든 존재의 근본이 되는 것自本自根'으로 삼고 이를 천지 만물의 본체로 간주했다. 이것은 장자의 '도' 이론이 노자의 이론을 계승하고 있음을 말해준다. 노자는 "그 도 가운데에 믿을 만한 증거가 있다"[10]고 했으며, 장자 역시 "도란 실제로 겉에 드러나는 작용이 있고, 그것이 존재한다는 믿을 만한 증거가 있다"[11]라고 했다. 그리고 노자는 "'도는' 천지보다 먼저 생겨났다"[12]고 했으며, 장자 역시 "스스로 모든 존재의 근본이 되고, 천지가 아직 생기기 전의 옛날부터 존재한다"[13] "천지보다 먼저 생겨났으면서도 오랜 세월이라 여기지 않는다"[14]라고 했다. 이러한 사례는 노자와 장자가 다 같이 도를 우주의 본체로 여겼음을 보여주는 증거다.

【장자 3】 원문 12

동곽자가 장자에게 물었다. "이른바 '도'란 어디에 있습니까?" 장자가 대답했다. "없는 곳이 없소." 동곽자가 다시 물었다. "분명히 가르쳐주십시오." 장자가 대답했다. "땅강아지나 개미에게 있소." 동곽자가 "어째서 그렇게 낮은 것에 있습니까" 하고 물으니까 장자는 다시 "돌피稗나 피稗에도 있소" 하고 대답했다. 동곽자가 "어째서 그렇게 점점 더 낮아집니까" 하고 묻자, 장자는 "기와나 벽돌에도 있소" 하고 대답했다. 동곽자가 다시 "어째서 그렇게 차츰 더 심하게 내려갑니까" 하고 묻자, 장자는 "똥이나 오줌

에도 있소" 하고 대답했다. 동곽자는 말문이 막혀 더 이상 아무

대꾸도 하지 못했다.

『장자』 「지북유」

'도'를 우주의 본체로 여긴다면 천지 만물은 도가 아닌 것이 없을 것이며, 또한 도가 존재하지 않는 곳이 없을 것이다. 도의 '소재所在'는 인간뿐만 아니라 생물에 있어서도 제한되어 있지 않다. 도는 천지자연의 근본 원리이기 때문에 만물 속에 언제나 내재한다. 그래서 장자는 "똥이나 오줌에도 있소"라고 한 것이다.

【장자 4】 원문 13

도는 모든 것을 보내고 모든 것을 맞아들이며, 모든 것을 파괴

하고 모든 것을 이룩한다. 이를 두고 '변화 속의 안정攖寧'이라

한다. 변화 속의 안정이란 변화가 있은 뒤 비로소 이루어지게

된다.

『장자』 「대종사」

여기에서 '영녕攖寧'이란 말은 겉으로는 혼란스러운 듯하면서도 안으로는 자신의 근본을 유지하고 안정을 취하는 상태를 형용한 말이다. 장자는

곽상郭象이 주석한 『장자』와 고려
시대에 만들어진 청자 도교 인물
모양 주전자(국립중앙박물관 소
장).

도道, 길을 가며 길을 묻다

도를 '정신'으로 해석하여 이를 '진군眞君' 또는 '진재眞宰'라고 했다. 그는 육체가 멸해 없어져도 도는 여전히 소멸되지 않는다고 주장한다. 여기에서 장자가 도를 '진군'과 '진재'의 이름으로 형용한 것은 도 이외에 어떤 다른 영적인 존재도 인정하지 않음을 의미한다. 즉 장자는 저절로 그러한 자연적 존재인 도 이외에 그 어떤 우주의 주재신主宰神도 말하지 않았다.

【 장자 5 】 원문 14

만약 천지 본연의 모습을 따르고 자연의 변화에 순응하여 무한의 세계에 노니는 자가 되면 대체 무엇을 의존할 게 있으랴. 그래서 지인至人에게는 사심이 없고, 신인神人에게는 공적功績이 없으며, 성인聖人에게는 이름이 없다.

『장자』「소요유」

여기서 말하는 지인, 신인, 성인은 도를 체득한 사람, 즉 절대 행복을 달성한 사람이다. 이러한 사람들은 세간사世間事의 잡다한 구분을 초월했을 뿐만 아니라 자기와 세계, 아我와 비아非我의 구분도 초월했기 때문에 절대 행복을 누린다. 또한 이런 사람은 '도'와 합일되었기 때문에 '자아가 없다無己.' 도는 아무것도 하지 않으면서도 하지 않는 일이 없다. 도는 아무것도 하지 않기 때문에 공적이 없고, 성인은 도와 합일되었기 때문에 역시 공적이 없다. 성인은 천하를 다스릴 수 있다. 그렇지만 그의 다스림은 백성이 스스로 본래 타고난 능력을 자유롭게 발휘할 수 있도록 한다. 그래서 공적이 없다고 한다. 도는 이름이 없기 때문에 도와 하나가 된 성인도 이름이 없다.

장자의 도론道論은 기본적으로 노자의 사상을 계승하고 있다. 다만 차이점은 노자가 무위자연을 도의 구현이라고 여겼던 것에 비해, 장자는 무위자연뿐만 아니라 천지와 정신적으로 합일되는 경지에 도달하는 인간 정신의 초월과 절대 자유를 강조했다는 점이다. 이러한 점은 장자가 노자의 도론을 발전시킨 중요한 특징이다.[15] 노자와 장자의 도론은 도가학파의 기본적인 이론으로서 중국 철학사에 있어서 큰 영향을 끼쳤다.

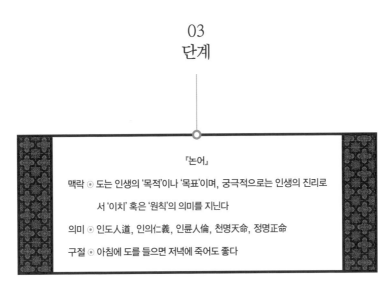

03
단계

> 『논어』
>
> 맥락 ⊙ 도는 인생의 '목적'이나 '목표'이며, 궁극적으로는 인생의 진리로
> 서 '이치' 혹은 '원칙'의 의미를 지닌다
> 의미 ⊙ 인도人道, 인의仁義, 인륜人倫, 천명天命, 정명正命
> 구절 ⊙ 아침에 도를 들으면 저녁에 죽어도 좋다

『논어』에서 '도'는 핵심 개념 가운데 하나로서 총 여든아홉 차례나 언급되고 있다. 그렇지만『논어』에는 도의 본질적인 의미가 구체적으로 드러나지 않는다.『논어』에서 사용하는 도의 용례는 다음 몇 가지로 구분할 수 있다.**16**

【 논어 1 】 원문 15

내가 죽어 성대한 장례는 못 받을지라도 '길'에서 죽기야 하겠는가?

『논어』「자한」

내가 '길'에서 듣고 '길'에서 말하면 덕을 버리게 될 것이다.

『논어』 「양화」

첫째, 언어의 본래적인 의미 그대로 '길'을 의미한다.

【논어 2】 원문 16

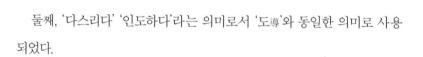

백성을 법으로 인도하고 형벌로 규제하면, 그들은 형벌을 피하고자 할 뿐이요 부끄러워하는 마음이 없게 된다. 백성을 덕德으로 인도하고 예禮로 규제하면, 그들은 부끄러워하는 마음을 가질 뿐 아니라 또한 바르게 될 것이다.

『논어』 「위정」

둘째, '다스리다' '인도하다'라는 의미로서 '도導'와 동일한 의미로 사용되었다.

【논어 3】 원문 17

현재의 백성은 삼대三代에 걸쳐 '바른 길'로 나아간 사람이다.

『논어』 「위영공」

증자가 말했다. "선비는 크고 굳센 마음을 가져야 할 것이니, 그
것은 그의 책임이 무겁고 '도'가 원대하기 때문이다."

『논어』「태백」

'도'가 같지 않으면 서로 더불어 도모하지 않는다.

『논어』「위영공」

셋째, 적용 대상이 '길'의 의미로부터 인간에까지 확장되어 '인생의 길'
을 의미하게 되었으며, 이것은 다시 추상화되어 인생의 '목적'이나 '목표'
등의 의미로 사용되었다.

【논어 4】 원문 18

유자有子가 말했다. "군자는 근본에 힘써야 하는데, 근본이 바로
서야 '도'가 생겨난다."

『논어』「학이」

삼參아! 내 '도'는 하나로 꿰뚫어져 있느니라.

『논어』「이인」

넷째, 인생의 '목적'이나 '목표'의 의미뿐만 아니라, 인생의 진리로서 '이
치'나 '원칙'의 의미로 발전되었다. 이러한 의미의 '도'는 인간의 '품성'을 의

증삼(증자)이 공자 앞에 무릎을 꿇고 가르침을 받고 있다. 송대에 그려진 그림.

도道, 길을 가며 길을 묻다

미하는 '덕'과 밀접한 관련을 맺고 있다.

【 논어 5 】 원문 19

부유함과 고귀함은 사람들이 원하는 것이지만 그 '도'로 얻은 게
아니라면 거기에 머물지 마라. 빈곤함과 천함은 사람들이 싫어
하는 것이지만 '도'가 아니면 애써 벗어나려 하지 않는다.

『논어』「이인」

유자有子가 말했다. "예禮의 쓰임은 조화가 중요하다. 선왕의 '도'
는 이것을 아름답게 여기므로, 작은 일이거나 큰일이거나 모두
이에 말미암았다."

『논어』「학이」

영무자甯武子는 나라에 '도'가 있으면 지혜롭게 행동하고, 나라에
'도'가 없으면 어리석은 척했다.

『논어』「공야장」

다섯째, 정치사회적 차원의 정당한 '방법'이나 '명분'을 의미한다.

공자의 도론道論은 인도에 핵심이 있다. 『좌전』과 『국어』에 등장하는 철
학적 개념으로서의 '도'는 주로 천도와 인도의 형태로 나타나는데, 이때 천
도는 상당 부분 신비성을 띠고 있다. 그래서 『논어』에서는 제자들이 증언
하기를 스승 공자가 평소 성性과 천도天道에 대해 말한 바가 드물다고 했

083
2장 원전과 함께 읽는 도

다. 공자의 관심은 어디까지나 인도에 있었다. 공자는 인간 현실을 떠난 상제上帝 신앙이나 내용 없는 형식만의 예제禮制가 아닌 인간의 존귀성을 재발견했으며, 인도의 내용에 구체성을 부여했다. 그리고 선왕의 도를 계승하여 이를 자신의 인격 안에서 승화시켜나갔다. 그는 인仁을 따르는 것이 곧 하늘의 뜻이며, 그것이 도덕의 객관적 근본이라고 생각했다. 그렇지만 공자가 성과 천도에 관해 아예 침묵한 것은 아니다. 그 또한 인도의 전제로서 천도를 염두에 두고 있었다.

【논어6】원문20

자공이 말했다. "선생님의 문장은 들을 수 있었지만, 선생님이 성性과 천도天道를 말한 것은 들을 수 없었다."

『논어』「공야장」

아침에 도를 들으면 저녁에 죽어도 좋다.

『논어』「이인」

군자는 위로 통달하지만, 소인은 아래로 통달한다.

『논어』「헌문」

공자께서 자공에게 말했다. "아무도 나를 알아주지 않는구나." "어째서 아무도 선생님을 알아주지 않는다고 하십니까?" "하늘도 원망하지 않고, 사람도 탓하지 않는다. 아래로 인간사를 공부하여 위로 통달할 따름이다. 나를 알아줄 이는 아마도 하늘일 것이다."

공자는 당시에 일반적으로 사용되던 '도'의 개념과는 내용이 다른 자신만의 고유한 도 개념을 확립했다. 그는 천명과 인성을 융합하여 구체적인 실천윤리로 나아갔다. 즉 보편적 진리와 구체적 현실성의 결합이 공자의 사상적 기반에 자리 잡고 있는 것이다. 그래서 공자는 인간의 구체적 일상생활에 입각한 '도'에서 출발하여 초월적인 '천도'에까지 이를 수 있다는 하학이상달下學而上達의 공부론을 주창했던 것이다.

공자는 혼란함이 극치에 달했던 시대를 살았다. 인간 사회에서의 혼란이란 서로 간에 삶의 규칙, 즉 도가 통용되지 않는 것을 의미한다. 그래서 공자는 자신의 시대를 도가 없는 시대라고 규정했다. 그가 자주 언급했던 '천하무도天下無道'라는 표현은 글자 그대로 "하늘 아래 길이 없다"라는 의미를 담고 있다. 공자는 도를 회복하는 데에 있어서 기본적으로 보수적인 입장을 취했다. 그는 춘추시대 이전에 통용되던 주나라의 예를 회복하는 것이 곧 도를 회복하는 요체라고 보았다. 즉 주나라의 예를 회복하고 이를 새롭게 할 수만 있다면 갈등을 피하고 조화로운 관계를 회복할 수 있다고 확신했다. 공자가 꿈꾸었던 도는 주체와 타자를 매개하는 원리, 즉 주체와 타자에 대한 적절한 관계 맺음의 원리를 의미한다.[17] 인간 간의 이러한 관계 맺음의 원리가 바로 '인仁'이다. 그래서 맹자는 공자의 말을 인용하여 "도가 둘이니 어진 것과 어질지 않은 것일 뿐이다"[18]라고 했다.

공자가 강조한 인仁은 유교의 가장 중요한 덕목인 동시에 유가적 인간이 지향하는 공동체적 자아상의 본성이기도 하다. 이 개념은 동일한 지향과 보편적 일관성도 지니고 있지만, 시대와 학자에 따른 차별성도 있다. 그 중 가장 대표적인 몇 가지를 보면, 공자에게 있어서는 수기修己와 안인安人의 결합으로서 '사람다움'을 의미했고, 맹자의 경우에는 내재적인 도덕 감정으로서 측은지심惻隱之心을 말했다. 그리고 신유학에 이르러서는 우주 가족, 만물 일체로서의 인仁의 의미가 강조되었다. 그렇지만 인仁의 시대적 다양성은 '사람다움'이라는 말 하나에 모두 수렴된다고 할 수 있다.

『논어』에서는 '도'와 관련된 문구가 자주 나오지만 그 의미가 다종다양하여 한마디로 정의내리기 어렵다. 그런데 공자가 말하는 도의 핵심이 '인仁에 관한 도'라는 점에 있어서는 학자들 간에 이견이 없다. '인仁'은 모든 덕을 함축하고 있는 종합적인 개념이다. 그렇기 때문에 인간의 순수하고 선량한 언행이 '인仁'과 관계없는 것이 없다. 유교에서는 인간의 본성, 즉 '사람다움'의 본질을 '인'으로 보았다. 인은 도덕적 실체이며, 동시에 만물이 모두 하나임을 확인하는 공동체적 자아의 본성이기도 하다. 그리고 인은 그 자체로 의미를 갖는 형이상학적 실체라기보다는 '관계' 속에서 자신의 정체성을 드러내는 '관계의 윤리성'이다.

【 논어 7 】 원문 21

사람이 어질지 못하면, 예禮가 무슨 소용이 있겠는가? 사람이 어질지 못하면, 음악이 무슨 소용이 있는가?

인仁이라고 하는 것은 자기가 서고자 하면 남도 서게 하며, 자기가 달성하고자 하면 남도 달성케 해주는 것이다. 능히 가까운 데서 자기 몸으로 깨달을 수 있는 것을 취할 줄 알면, 가히 '인'을 실천하는 방법이라 일컬을 만하다.

『논어』「팔일」

켄트 키스Kent M. Keith 교수는 저서 『그래도Anyway』에서 '열 가지 진리'를 말했다.[19] 그는 "세상이 미쳐가고 있지만 개인이 변하면 더 나은 세상을 만들 수 있다"고 제안하는 과정에서 열 가지 진리를 말했다. 그런데 이중에서 상당수가 인의仁義의 도를 강조하는 공자의 언설과 유사하다. 공자의 가르침을 현대적으로 표현해보면 이와 비슷하게 말할 수 있다. 열 가지 중에서 주요 부분을 살펴보자.

"첫 번째 진리, 사랑하라": 사람들은 논리적이지도 않고 이성적이지도 않다. 게다가 자기중심적이다. 그래도 사람들을 사랑하라.

"두 번째 진리, 착한 일을 하라(1)": 당신이 착한 일을 하면 사람들은 다른 속셈이 있을 것이라고 의심할 것이다. 그래도 착한 일을 하라.

"세 번째 진리, 착한 일을 하라(2)": 오늘 당신이 착한 일을 해도 내일이면 사람들은 잊어버릴 것이다. 그래도 착한 일을 하라.

"다섯 번째 진리, 정직하고 솔직하라": 정직하고 솔직하면 공격당하기 쉽다. 그래도 정직하고 솔직하게 살아라.

"일곱 번째 진리, 약자를 위해 분투하라": 사람들은 약자에게 호의를 베푼다. 하지만 결국에는 힘 있는 사람 편에 선다. 그래도 소수의 약자를 위해 분투하라.

"아홉 번째 진리, 도움이 필요한 사람을 도와주라": 물에 빠진 사람을 구해주면 보따리 내놓으라고 덤빌 수도 있다. 그래도 도움이 필요한 사람을 도와라.

공자는 도의 근원성과 보편성을 지지한다. 그는 모든 것이 하나로 통하며, 하나의 이치가 모든 것에 통한다는 통체론적 세계관을 피력했다. 그래서 그는 "~는 결국 하나다"라거나 혹은 "하나로써 모든 것에 통한다"라는 식의 논법을 자주 사용했다.

【논어 8】원문 22

나는 하나의 이치로 모든 일을 꿰뚫는다.

『논어』「위영공」

이러한 이념에서 공자는 지식의 형식을 어떻게 가르칠 것인가에 관한 것도 '하나의 조건'으로 요구하고 있다. 지식은 하나의 형식이나 구조를 가지고 있다는 생각은 공자를 비롯한 유가학파의 중요한 사고가 되어왔다. 즉 유가의 교수 철학에서는 모든 학습자가 공유해야 할 기본적 내용이 있

다고 믿는다. 그리고 이러한 믿음은 학습자들이 반드시 배워야 한다고 생각하는 내용을 수렴하여 항목화하는 작업으로 연계된다. 이러한 유가적 교수 철학에서 보자면 인간 정신은 오직 광범위한 기본 지식과 이해력을 획득함으로써만 개발될 수 있고 또한 자유로워진다고 할 수 있다. 그러므로 유가학파에서는 지식과 이해력으로 간주되는 것, 예를 들면 교육과정에 적절한 것으로 간주되는 것을 엄격하게 통제했다.

공자는 자신이 강조하고자 하는 내용을 수렴하고, 이를 '항목화'하여 제자들에게 가르치고자 하는 방식의 수렴적 발문을 즐겨 사용했다. 예를 들면, "천하에 통달한 도가 다섯이고, 그것을 행하게 하는 것이 셋이다. (…) 그런데 이것을 행하게 하는 길은 하나다. (…) 무릇 천하와 국가를 다스리는 데 아홉 가지 상도常道가 있다"[20]라는 방식으로 도의 내용을 수렴하고 항목화하는 일에 힘썼다.

공자께서 자산子產에 대해 말하기를 "그에게는 군자君子의 도道 네 가지가 있었다. 행실은 공손했고, 윗사람 섬김에 공경스러웠으며, 백성을 보살핌에 은혜로웠고, 백성을 부림에 도리에 맞게 했다"라고 했다.

『논어』「공야장」

군자의 도가 세 가지 있는데 나는 그것을 행하지 못하고 있다. 어진 사람은 근심하지 않고, 지혜 있는 사람은 미혹되지 않고,

용감한 사람은 두려워하지 않는다.

『논어』「헌문」

공자께서 말씀하시기를, "유由야! 너는 육언六言과 육폐六蔽를 들어보았느냐"라고 했다.

『논어』「양화」

공자는 '도'를 말하면서 특히 '명命'을 강조했다. 그래서 그는 명을 알지 못하면 군자가 될 수 없다고 했다. 이때의 '명'은 '천명'과 '운명'으로 구분할 수 있다.

【논어 10】 원문 24

공자는 "명命을 알지 못하면 군자가 될 수 없다"고 했다.

『논어』「요왈」

'천명'은 공자가 관심을 둔 궁극 목적이지만, '운명'은 주어진 환경을 있는 그대로 자연스럽게 받아들이기 위한 전제다. 우리는 스스로의 운명을 제어할 수 없다. 예를 들면 우리 스스로 빈부귀천이나 수명을 정할 수는 없다. 이런 것들에 대해서는 앙앙불락할 것이 아니라 주어진 대로 받아들이는 순명順命의 자세가 필요하다.

죽고 사는 것은 명命에 달려 있고 부유해지고 귀하게 되는 것은
하늘에 달려 있다.

『논어』「안연」

여기서 말하는 '명'은 운명 또는 숙명으로서 인간의 의지와 상관없는
일이다. 이러한 일에 대해서는 주어진 여건에 순응하며 언제나 안심입명安
心立命하는 태도로 살아가는 것이 중요하다.

이익이 될 만한 일을 보면 옳은지 그른지를 생각하고 위태로운
일을 보면 목숨命을 바친다.

『논어』「헌문」

우주 만물을 지배하는 하늘의 명령을 '천명'이라고 한다. 위 예문에서
자신의 목숨을 바치는 것은 개인의 목숨보다 더 중요한 하늘의 사명을 완
수하기 위해서다. '운명' 사상이 소극적 순응을 요구한다면, '천명' 사상에
는 적극적 실천 의지가 따른다. 이러한 두 가지 '명命'의 의미에 따라 유가

에서 제시하는 긍정적인 죽음을 '좋은 죽음'과 '옳은 죽음'으로 구분할 수 있다. 먼저 좋은 죽음이란 수명을 다하고 자신에게 주어진 죽음을 편안하게 받아들이는 순명의 죽음을 말한다. 일찍이 공자의 제자인 증자는 임종 때에 제자들을 불러놓고 다음과 같이 말했다.

【논어 13】 원문 27

증자가 병이 들어 제자들을 불러 말했다. "내 발을 펴보아라, 내 손을 펴보아라. 『시경』에 이르기를 '전전긍긍 조심하기를 깊은 못 가에 서 있듯 얇은 얼음판을 밟고 가듯 한다' 했지만, 이제부터는 나도 걱정을 면하게 되었음을 알겠구나, 그대들이여."

『논어』 「태백」

그는 죽음에 임하여 제자들에게 자기 신체의 각 부분을 점검시키고 있다. 행여 상처 난 곳은 없는가, 흉터는 없는가, 잘못된 뼈마디는 없는가 하고 면밀히 살펴본 것이다. 내 몸은 나만의 것이 아닌 부모로부터 받은 선조 이래의 연속적인 유기체이니 한평생 고이 지니고 있어야 효도를 다하는 것이 된다. 여기에서는 비록 몸을 가지고 말했지만, 더 나아가서 자기에게 주어진 책무와 사명을 다했는지 반성하는 일도 당연히 포함되어 있다. 그러므로 유가의 죽음은 모든 것을 귀결시키는 완성의 의미를 지닌다. 그러므로 유가에서는 올바른 유학자의 죽음을 '사死'와 구분하여 '종終'이라 했다.**21** 사死는 단순한 생물학적 죽음으로서 끝·단절·소멸을 의미하지만, 종終은 완성·성취·승화를 의미한다. 그래서 퇴계 이황은 '자명自銘'에서 자신의 죽음을 형용하여 "조화 타고 돌아가니 더 바랄 것 무엇이랴乘化歸盡, 復何求兮"라고 했다.

『논어』에는 증자의 죽음과 관련한 이야기가 한 가지 더 소개되어 있다. 증자는 문병 온 노나라의 대부 맹경자孟敬子에게 이렇게 말했다.

【 논어 14 】 원문 28

증자가 말하기를, "새가 죽을 즈음에는 그 우는 소리가 슬프고, 사람이 죽을 즈음에는 그 말이 착하다"라고 했다.

『논어』「태백」

이 말에 대해 주희는 "새는 죽음을 두려워하기 때문에 우는 것이 슬프지만, 사람은 끝에 가서는 근본으로 돌아가기 때문에 말이 착하다"**22**라고 했다. 이 말은 곧 사람의 본성은 선한데, 태어난 후에 악에 염습되어 선한 본성이 잘 드러나지 못했으나 근본으로 돌아갈 무렵에는 역시 선한 본성을 회복하게 된다는 의미다. '죽음'을 '본래의 상태로 돌아간다'는 의미로 이해한 점에서는 도가사상과 유가사상이 동일하다. 그렇지만 도가에서는 본래의 상태를 말 그대로 자연 그대로의 기氣의 상태로 이해했으나, 유가에서는 인의仁義의 도덕적 세계로 이해했다. 바로 이 점에서 유교는 죽음마

저 도덕적으로 통제하려 한다는 평가를 받게 된다.

유학자들은 인생 자체를 하나의 중대한 사업이라는 관념으로 대하고, 실제의 삶 역시 그 사업의 성취를 위해서 영위하고자 노력한다. 그러므로 유가에서는 죽음에 대해 사업을 마치고 돌아간다는 의미로 '종終'이라고 표현했다. 자신의 명命을 온전히 누리고 일상적인 상태에서 의연히 죽음을 맞이하는 이러한 죽음을 '고종명考終命'이라 하는데, 유가에서는 이것을 이상적인 죽음으로 여긴다. 그래서 『서경』「홍범」에서는 고종명을 오복五福의 하나로 언급했다. 유가에서는 자신의 몸을 소중히 여긴다. 자해나 자살은 대단한 불효로서 곧 부모의 몸을 손상시키고 죽이는 행위와 마찬가지로 받아들여졌다. 그렇지만 유가에서도 스스로가 죽음을 받아들이는 경우가 있다. 그것은 바로 정명正命에 의한 죽음이다.

【 논어 15 】 원문 29

> 공자가 "지조 있는 선비와 어진 사람은 목숨을 구하기 위해 인仁을 해치지 않으며, '자신의 몸을 죽여서라도 인을 이룬다殺身成仁'"라고 했다.
>
> **『논어』「위영공」**

이 말은 '죽음이 무엇인가' 하는 문제보다는 '어떻게 죽음을 맞이할 것인가', 달리 말하면 '어떻게 살 것인가' 하는 문제를 강조한다. 즉 죽음 자체가 무엇인가를 논하지 않고 어떤 것이 옳은 죽음인가를 말한 것이다. 이것은 유가의 죽음관이 갖는 중요한 특징이다. 그래서 공자는 "아침에 도를 들으면 저녁에 죽어도 좋다"[23]라고 했던 것이다. 이 구절에 대해 주희는 "도라는 것이 사물의 당연한 이치다. 진실로 얻어 들는다면 곧 삶이 순조로워지고 죽는 것이 편안하여 또다시 남은 한이 없을 것이다"[24]라고 풀이했다. 이처럼 유가에서는 삶과 죽음을 인의仁義의 관점에서 이해했다. 유가인들은 제대로 사는 삶은 곧 제대로 죽는 죽음과 연관되어 있다고 보며, 옳은 죽음과 좋은 죽음은 곧 옳은 삶과 좋은 삶에 연계되어 있다고 보았다.

유가에서는 '도'를 위한 자발적 죽음을 '정명正命'으로 간주한다. 그래서 『맹자』에서는 "그 도를 다하고 죽게 되는 것을 정명正命이라고 한다"[25]라고 했다. 즉 도의적인 자기완성을 위해 형기적形氣的 생명마저 버릴 수 있는 유일한 존재가 인간이라고 생각한다. 자연스럽게 생물학적 죽음을 받아들이는 것은 운명에 따르는 것이고, 덕을 위해 혹은 덕에 반하는 현실에 맞서 과감하게 죽음을 선택하는 것은 천명을 따르는 것이라고 본다. 그래서 천명을 따르는 이러한 죽음을 '명을 바르게 하는正命' 죽음이라고 했으며, 이러한 죽음은 도를 실현한 죽음이라고 생각했다.

삶과 죽음에 대한 유가인들의 태도는 어떻게 하면 장생불사長生不死할 것인가에 있지 않았다. 어떻게 해야 '도'에 어긋나지 않고 진실하게 살 것인가가 바로 유가인들의 진정한 고민이었다. 그래서 이들은 죽음을 슬퍼하기보다는 진리가 무엇인지 제대로 알지 못하거나 진실한 삶을 살지 못하고 죽는 것에 대해 한스러워했다.

04
단계

「중용」

맥락 ⊙ 천도와 인도의 의미를 상관적으로 이해하면서, 도의 핵심을 성性과 성誠으로 설명한다

의미 ⊙ 천명天命, 솔성率性, 중용中庸, 성誠, 성인聖人

구절 ⊙ 성실함은 하늘의 도이고, 성실히 하는 것은 사람의 도다

『중용』에서는 천도天道 혹은 천지지도天地之道 등의 개념이 발견된다. 천제天帝 등으로 표현되는 상제上帝 개념이 우주 자연의 이법理法을 의미하는 본체론적 개념으로 전환된다.『중용』은『역전』과 더불어 유가의 형이상학을 깊이 있게 발전시켰는데, 천지 변화의 도에서 원리를 도출했다. 즉 천지 변화의 현상을 주의 깊게 관찰해서 그 변화의 원리를 인간사에까지 적용했다.

【중용 1】 원문 30

천지의 도는 가히 한마디 말로써 다 표현할 수 있는 것이니, 그

물건됨이 두 마음이 없다는 것이다. 그러한즉 그것이 만물을 생성함이 무궁하여 이루 다 헤아릴 길이 없다. 천지의 도는 넓고 두텁고 높고 밝고 멀고 오래도다. 하늘은 반짝반짝 작게 밝은 모양이 많지만, 그 무궁함에 이르러서는 해와 달과 별들이 달려 있으며 만물이 덮여 있다. 땅은 한 줌의 흙이 많이 모인 것인데, 그 넓고 두터움에 이르러서는 화악華嶽을 등에 업고도 무겁게 여기지 않으며, 강과 바다를 흘러내리게 해도 새지 않으며 만사 만물을 싣고 있다. (…) 『시경』에 이르기를 "오직 하늘에서 내려준 천명이시여, 아! 깊고 멀어서 그치지 않는다"고 했으니, 이것은 모두 다 하늘이 하늘 된 까닭을 말함이다. 그리고 "아! 뚜렷이 나타나지 않는가? 문왕의 덕의 순수함이여!"라고 했으니, 이것은 모두 다 문왕이 문왕 된 까닭을 말한 것이니 순수함이 또한 그치지 않는다.

『중용』, 제26장

『중용』의 성性은 『논어』의 '성'의 구체적 개념 내용이 발전한 것이다. 즉 『중용』에 이르러 성性과 천도天道의 관계는 구체적으로 형상화된다. 『중용』에서는 인간의 성품이 하늘로부터 주어진 것이라고 하여 '천명지위성天命之謂性'이라는 대전제를 제시했다. 유가사상의 전통적인 '천天'에 대한 관념을 암암리에 전개하고 있다. 전통적인 유가사상은 '천'이 모든 사물과 사건을 주재할 수 있는 전지전능한 능력을 가졌으며, 모든 사물의 생의生意

2장 원전과 함께 읽는 도

를 실현시키려는 호생지덕好生之德을 가지고 있다고 본다. 이러한 '천' 관념
은 전지전능하면서도 지선지미至善至美한 것이다.

『중용』에서는 이러한 '천'이 곧 인간 본성의 근원이며, 인간 내면세계의
근원자로서 존재한다고 본다. 그리고 '천'으로부터 주어진 인간 본성 역시
모든 사물과 사건을 통솔할 수 있는 능력과 지혜를 갖추고 있으며, 도덕적
으로는 지극히 선하다고 보았다. 그래서 인간의 도는 이러한 본성을 따르
는 것이며, 가르침의 목적은 이러한 도를 밝히는 것이라고 했다. 그런 의미
에서 볼 때 『중용』에서 말하는 도道와 이理, 이理와 성性, 성性과 도道는 두
가지 사물이 아니라 일체다.

【중용 2】 원문 31

> 하늘이 품부한命 것을 일러 성性이라 하고, 성에 따르는 것을 일
> 러 도道라 하고, 도를 닦는 것을 일러 교敎라 한다. '도'라는 것은
> 잠시도 떠날 수 없는 것이니, 떠날 수 있으면 도가 아니다. 그렇
> 기 때문에 군자는 그 보지 못하는 바도 경계하고 삼가며, 그 듣
> 지 못하는 바도 두려워하고 무서워하느니라.
>
> 『중용』, 제1장

『중용』의 첫 구절은 '천天(이理)-성性-도道-교敎'의 구조를 잘 보여준다.
그런데 『소학』의 제일 첫 편인 「입교立敎」 첫 구절에서도 『중용』의 첫 구절

을 인용한다. 이것은 곧 『소학』과 『중용』의 관계가 '학學'과 '교敎'의 유기적 연계성을 가지고 있음을 암시한다. 이러한 점은 『대학』과 『중용』의 관계에 있어서도 마찬가지로 적용된다.

그렇다면 『중용』에서 말하는 도란 무엇인가? 『중용』에서는 '성을 따르는 것이 도'라고 했다. 그런데 『주역』 「계사전」에서는 '한 번 음하고 한 번 양하는 것이 도'라고도 했다. 『중용』은 '천天-성性-도道'의 구조를 말하며, 『주역』 「계사전」은 '도道-선善·성性'의 구조를 말한다. 호병문胡炳文(1250~1333)은 두 가지 차이를 한마디로 통체태극統體太極과 각구태극各具太極에서 찾았다.

> 『주역』에서 말하기를, "한 번 음하고 한 번 양하는 것을 도라고 이르니, 이 도를 잇는 것이 선善이고 이루는 것이 성性이다"라고 했으니, 자사子思의 이론이 아마 여기에 근본을 두었을 것이다. 그러나 다만 『주역』은 먼저 도를 말하고 뒤에 성을 말했으니, 『주역』의 '도'자는 곧 전체를 통괄하는 하나의 태극을 말한 것이고, 자사는 먼저 성을 말하고 뒤에 도를 말했으니, 여기의 '도'자는 곧 사물이 각기 갖추고 있는 하나의 태극을 말했을 뿐이다.[26]

즉 『주역』의 도는 전체를 통괄하는 통체태극으로서의 도이고, 『중용』의 도는 각 사물이 갖추고 있는 내재적 태극으로서의 도라는 것이다. 호병문의 이러한 지적은 대단히 정확하다. 『중용』에서는 각구태극의 의미를 지닌 도를 중심으로 성性과 교敎의 의미를 풀이하고 있다. 솔성率性의 의미로서 도는 자연스럽게 수도修道의 의미를 지닌 교敎와 연결된다. 도를 성과 교의 의미와 연결하여 풀이하고 있는 설명을 좀더 들어보도록 하자.

> 하늘이 명령한 것을 성性이라 이른다면 겉만 화려한 것은 성이 아니며, 성
> 을 따르는 것이 도道라고 한다면 억지로 하는 것은 도가 아니며, 도를 마름
> 질한 것을 교教라 이른다면 도에 지나치거나 미치지 못하는 것은 교가 아
> 니다.27

즉 성을 자연스럽게 따르는 것이 도다. 주희는 '솔성지위도率性之謂道'에
서 '솔率'자의 뜻이 '따라감'이고, '도'는 '길'과 같다고 했다. 그는 사람과
사물이 각기 그 성품의 자연스러움을 따르면, 곧 날마다 쓰는 일과 사물
들 사이에서 각각 마땅히 가야 할 길이 없는 것이 없으니, 이것이 이른바
'도'라고 했으며,28 하늘이 명한 '성性'은 인의예지일 뿐이라고 했다. 그는
성이란 한 가지 이치도 갖춰지지 않음이 없으며, 그러므로 '도' 또한 바깥
에서 구하지 않고도 구비되지 않은 것이 없다고 여겼다.29 결국 주희가 말
하는 도는 인도人道로서, 인간이 본래부터 구유하고 있는 본연의 성을 의
미한다.

"도라는 것은 잠시도 떠날 수 없다"라는 말은 도의 항상성과 일상성을
강조하는 것이다. 이 구절에 대해서도 주희의 설명이 자세하다.

> 도라는 것은 일상생활 속의 사물에서 마땅히 행해야 하는 이치이니, 모두
> 가 본성性의 덕이고 마음에 갖추어져 있으니, 사물마다 있지 않은 것이 없
> 고 때마다 그렇지 않은 때가 없다. 그래서 잠시도 떠날 수 없는 것이다. 만

약 그것이 떠날 수 있다면 사물에 대해 도가 될 수 없다.[30]

그런데 이러한 주희의 설명을 비판하는 학자가 있다. 바로 조선시대 반주자학적反朱子學的 경학자로 유명한 박세당朴世堂(1629~1703)이다. 박세당은 주희의 '도' 개념이 다의적이라고 지적한 뒤에 그 문제점을 비판했다.

[주자가 도에 대해서 말하기를] 일상생활 속의 사물에서 마땅히 행해야 하는 도리라고 하면서, 또한 모두가 본성性의 덕으로서 마음에 갖추어져 있는 것이라고 하니 앞뒤 두 말이 서로 일치하지 않는다. (…) 대저 도란 명칭이 생긴 것은 사람이 인성에 따라 행하는 것이 마치 길道과 같기 때문에 이렇게 부르는 것인데 이제 또한 '본성의 덕으로서 마음에 갖추어져 있는 것'을 '도'라고 한다면, 그것은 '따름循'도 아니고 '행함行'도 아니니, 어찌 이러한 것에 '도'란 명칭을 붙일 수 있겠는가. (…) 성性을 따라서 사물에 행하는 '도'가 심중에 갖추어져 있다면 비록 떠나고자 해도 떠날 수 없을 것이다.[31]

박세당은 주자의 '도' 개념이 두 가지 의미로 쓰이고 있음을 지적하고 있다. 첫째는 길道과 같은 의미로서, 우리가 마땅히 따라가야 할 이치·도리라는 의미요, 둘째는 우리 마음에 본래부터 갖추고 있는 내재적인 본성性과 같은 의미라는 것이다. 박세당은 이 두 개념이 서로 모순적이어서 양립할 수 없다고 보고서, 그중 후자(둘째)의 개념을 부정한다. 그 이유는, 『중용』에서 솔성率性의 도를 강조하는 것은 사람들이 때때로 '도'에서 이탈하는 것을 전제로 하고 있기 때문인데, 만약 '도'가 본래부터 사람들의

「박세당 초상」, 한국학중앙연구원 장서각 소장.

도道, 길을 가며 길을 묻다

마음 가운데 갖추어져 있는 것이라고 한다면(둘째 의미), 수도修道 자체가 무용해지는 것이 아니냐는 까닭에서다. 그래서 박세당은 도의 의미를 철저하게 낮고 가까운 곳, 즉 하학下學에서부터 풀이하고자 했다.

군자의 도는 넓고 크고도 은밀하다. 부부의 어리석음으로도 알 수 있지만, 그 지극한 데 이르러서는 비록 성인이라도 또한 알지 못하는 바가 있다. 어리석은 부부의 지혜로도 능히 행할 수 있지만, 그 지극한 데 이르러서는 비록 성인이라도 능히 할 수 없는 바가 있다. 하늘과 땅의 위대함에도 사람들이 오히려 유감스러운 바가 있다. 그러므로 군자의 도는 큰 것으로 말하면 천하도 능히 실어낼 수 없으며, 그 작은 것으로 말하면 천하도 이를 쪼갤 수 없느니라. 『시경』에 이르기를 "솔개는 날아 하늘에 오르고 물고기는 연못에서 뛰논다"라고 했으니, 그것이 바로 도가 위아래로 밝게 드러남을 말함이다. 군자의 도는 그 단서가 부부에서 이루어지는 것이니, 그 지극한 데 미치게 되면 하늘과 땅에 밝게 드러나느니라.

『중용』, 제12장

도가 무엇인지 사람들이 알 수 있는가? 이에 대해 『중용』에서는 양면성의 논리를 펼친다. 즉 군자의 도는 넓고 크면서도 은밀하다는 것이다. 넓고 크기 때문에 어리석은 사람이라도 알 수 있지만, 그 지극한 이치에 이르러서는 도가 은밀하기 때문에 지혜가 많은 성인이라도 알지 못하는 것이 있다고 했다. 그러므로 행함에 있어서는 어리석은 사람이라 할지라도 행할 수 있지만, 그 지극한 이치에 이르러서는 지혜가 많은 성인이라 하더라도 행하지 못할 것이 있다고 했다. 그래서 『중용』에서는 이러한 천지의 도를 본받아 생활의 원리를 삼은 군자 또한 그 큰 것으로 말하면 이 세상에서 실을 물건이 없고, 작은 것으로 말하면 이 세상에서 깨뜨릴 물건이 없다고 했다.

주희는 비費와 은隱의 의미를 형이상학적 개념인 체體와 용用으로 파악한 데 반해서, 박세당은 좀더 현실적으로 '비'를 '낮고 가까움'으로, '은'을 '높고 심원함'으로 풀이했다. 즉 박세당은 군자의 도가 처음에는 천근賤近한 데 지나지 못하지만, 그 극치에 이르러서는 성인도 알지 못하는 바가 있을 만큼 심원深遠하다고 했다. 그러나 이러한 심원한 경지도 결코 천근함을 떠나서 별도로 존재하는 도가 아니라, 천근함에 즉해서만이 얻을 수 있는 것이라고 했다.[32] 이러한 박세당의 생각은 『중용』과 『유학』의 정신에 일치하는 것으로서 도론道論에 있어서 실체보다는 과정, 이상보다는 현실 수양을 강조하고 있다.

도道, 길을 가며 길을 묻다

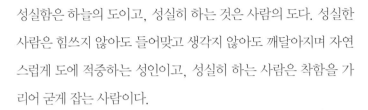

성실함은 하늘의 도이고, 성실히 하는 것은 사람의 도다. 성실한
사람은 힘쓰지 않아도 들어맞고 생각지 않아도 깨달아지며 자연
스럽게 도에 적중하는 성인이고, 성실히 하는 사람은 착함을 가
리어 굳게 잡는 사람이다.

『중용』, 제20장

『중용』에서는 인간이 밝혀내야 하고 따라야 할 인간의 본성을 두 가지
측면에서 논했다. 하나는 본성의 상태를 묘사한 것이며, 다른 하나는 그
본성의 도덕적 성격을 규정한 것이다. 『중용』은 본성의 상태를 '중中'이라
하는데, '중'은 인간의 심리현상이 나타나기 이전의 상태로서 모든 사물의
근원이다. 다른 한편으로 『중용』에서는 인간의 본성을 '성실함', 즉 '성誠'이
라고 한다. '성'은 진실무망한 것으로서 다분히 도덕적인 의미를 지니고 있
다. 이 '성'은 인간의 본성일 뿐만 아니라 천지만물의 공통된 근원이다. 그
러므로 인간은 '성'과 관련하여 그렇게 살아가려고 노력해야 하는 도덕적
의무를 지니게 된다.

『중용』에서는 수신의 본질인 성실함의 의미를 궁극적으로 우주 자연에
까지 귀속시키고 있다. "성실함은 하늘의 도다誠者, 天之道也"라고 하는 말에
서 '하늘의 도天道'를 곧이곧대로 받아들이면 '하늘의 길', 즉 '하늘의 운행'
을 말하는 것으로 해석할 수도 있다. 고대 중국인들은 자연을 관찰하면서

자연의 쉼 없는 운행을 보고 경탄하며 그러한 사실 자체에 대해 '성실하다'는 가치를 부여했다. 해와 달과 별, 그리고 주야와 사시의 움직임이 일순간의 오류도 없이 정확하게 움직이는 모습을 보고 그러한 모습이 인간 도덕의 최후 보루라고 느꼈을 것이다. 그래서 『중용』에서는 그러한 대자연의 경지를 일컬어 "힘쓰지 않아도 들어맞고 생각지 않아도 깨달아지며 자연스럽게 도에 적중한다"(『중용』, 제20장)라고 했다. 이것은 곧 우주 자연과 합일된 성인의 경지이기도 하다.

그러나 인간의 현실은 그렇지 않다. 누구나 성인의 가능성은 지니고 있으나, "발현하여 모두 상황에 척척 들어맞는"(『중용』, 제1장) 것도 아니고, "힘쓰지 않아도 들어맞고 생각지 않아도 깨달아지는"(『중용』, 제20장) 그러한 현실도 아니다. 그러므로 인간은 누구나 성실함에 가까워지려는 노력을 해야 한다. 이처럼 노력하는 모습을 『중용』에서는 '성지자誠之者'라고 했다. 즉 '성지자'란 이상적인 인간이 되기 위해 끊임없이 노력하고 고민하는 인간의 존재 양식 그 자체다.

『주역』「계사전」에서, "형이상자를 도道라 하고, 형이하자를 기器라 한다"라고 말한 이래로 원리적인 것과 실제적인 것, 천天에 속한 것과 인人에 속한 것이 이분법적으로 이해되어왔다. 그렇지만 『중용』에서는 이러한 이분법적 사고방식이 존립 근거를 상실해버리고 만다. 왜냐하면 중용의 기본적 이론 구조가 바로 '천리=인성' '천=인'이라는 '이원적 일원론'의 형식으로 구성되었기 때문이다. 『중용』의 내용과 체계 속에 집약되어 있는 이러한 유가적 인생관과 세계관을 한마디로 '천인합일天人合一' 사상이라고 할 수 있다.

동아시아인들의 기본적인 세계관은 우주가 상호 독립적이고 개별적인 사물들의 단순한 조합이 아니라 서로 연결되어 있는 하나의 거대한 존재라는 것이다. 그래서 유가, 도가, 불가사상은 모두 부분보다는 전체에 관심이 있고, 사물들의 상호 관련성에 주목했다. 유·도·불 세 사상에 공통적으로 존재하는 이러한 '총체론적' 사고는 우주의 모든 요소가 서로 관련되어 있다는 기본적인 믿음에 기초하고 있다.

　　솔성率性과 수도修道를 통해 천인합일의 경지에 이른 사람은 정신적·도덕적·인격적으로 가장 원숙한 사람이 된다. 이러한 사람은 천인동리天人同理의 이상을 실현할 수 있는 사람이며, 바로 그러한 사람을 성인이라고 한다.『중용』에서는 이러한 성인의 도와 덕이 얼마나 위대한지에 대해 자세하게 설명했다. 그리고 도와 덕을 지닌 역사적이며 현실적인 인물로 공자를 제시했다.

【 중용 5 】 원문 34

위대하도다! 성인의 도는 넓고 넓어서 끝이 없구나! 만물을 발육케 하여 높고 큰 하늘에까지 지극하구나! 충족하고도 남음이 있게 위대하구나! 큰 예절이 삼백 가지요, 작은 예절이 삼천 가지로다! 그처럼 훌륭한 사람이 있은 다음에라야 그러한 덕이 실행된다. 그러므로 만일 지극한 덕이 아니면 지극한 도가 집중되지 않는다. 그러므로 군자는 덕성을 존중하면서 학문에 근거를 둔다. 넓고 크게 확충하면서 정밀하고 극진하게 한다. 고명高明에

극진하면서 중용中庸에 근거를 둔다. 옛것을 익히면서 새것을 안다. 돈독하고 순후함으로써 예의를 숭상한다. 그러므로 윗자리에 있으면서 교만하지 않고 아랫자리에 있으면서 윗사람을 배반하지 않는다. 나라에 도가 있으면 여론을 일으킬 수 있고, 나라에 도가 없으면 침묵을 지킴으로써 용납될 수 있다. 『시경』에서 "이미 총명하고 이미 현철함으로 그 몸을 보전한다"라고 했는데, 바로 이것을 두고 한 말이다.

공자는 요임금과 순임금을 조종祖宗으로 삼고 문왕과 무왕을 본받아 밝게 드러났다. 위로는 천시天時를 본받고 아래로는 지리地理를 답습했다. 비유하면 천지가 만물을 싣지 않는 것이 없고, 덮지 않는 것이 없는 것과 같다. 또한 비유하면 춘하추동 사계절이 서로 운행하는 것과 같고, 일월日月이 대체로 밝게 비추는 것과 같다. 만물이 함께 육성되어도 서로 방해되지 않고, '도가 함께 운행되어도 서로 배반하지 않는다.

『중용』, 제27장

유교는 어떻게 보면 '상식'의 종교라 할 수 있다. 유교에서는 중용의 도가 가장 중요한 행위 규범이다. 중용의 도란 절대 극단으로 치우치지 말아야 하고, 서로 대립되는 의견이나 입장에도 제각각 일리가 있다고 생각하는 관념이다. 도가의 핵심 사상인 '모순에 대한 포용'은 유가사상에 있어서도 중요한 요소로 자리 잡게 된다. 유교의 진정한 관심사는 진리 자체를 탐구하는 존재론적 물음보다는 어떻게 살아갈까 하는 윤리적 도를 찾는 데 있다. 이 점에서 '중용'은 유교의 중요한 행위 규범이 된다.

【중용 6】 원문 35

공자께서 말씀하셨다. "군자는 중용을 하고, 소인은 중용에 반대로 한다. 군자가 중용을 함은 군자이면서 때에 맞게 하기 때문이요, 소인이 중용에 반대로 함은 소인이면서 기탄이 없기 때문이다."

『중용』, 제2장

공자께서 말씀하셨다. "중용의 도리는 지극하도다. 사람들 중에서 이러한 도에 능한 이가 적은 지 오래되었다."

『중용』, 제3장

공자께서 말씀하셨다. "도가 행해지지 못하는 이유를 내가 알았으니, 지혜로운 자는 지나치고, 어리석은 자는 미치지 못하기 때문이다. 도가 밝아지지 못하는 이유를 내가 알았으니, 어진 자는 지나치고 어질지 못한 자는 미치지 못하기 때문이다. 사람들이 음식을 먹고 마시지 않는 이가 없건만 맛을 아는 이가 드물구나."

『중용』, 제4장

공자께서 말씀하셨다. "그 도가 행해지지 못하는구나."

『중용』, 제5장

공자께서 말씀하셨다. "순임금은 큰 지혜를 가지신 분이다. 순임금은 묻기를 좋아하시고 가깝고 가벼운 말도 살피기 좋아하시고, 악함을 숨기고 선함을 드러내셨다. 양 극단을 잡으시어 그 중간을 백성들에게 쓰셨으니, 이것이 바로 순임금이 순임금 된 까닭이다."

『중용』, 제6장

공자께서 말씀하셨다. "사람들은 모두 스스로 지혜롭다고 말하나 그물이나 덫이나 함정 가운데로 몰아넣어도 그것을 피할 줄 모른다. 사람들은 모두 스스로 지혜롭다고 말하나 '중용'을 택하여 한 달 동안도 지켜내지 못한다."

『중용』, 제7장

공자께서 말씀하셨다. "안회顔回의 사람됨은 중용을 택하여 한 가지 선을 얻으면 받들어 가슴에 꼭 지니고 그것을 잃지 않는구나."

『중용』, 제8장

공자께서 말씀하셨다. "천하의 국가도 고르게 할 수 있고, 벼슬도 사양할 수 있고, 날카로운 칼날도 밟을 수 있다 하더라도 중용의 도리에 능하기는 어렵다."

『중용』, 제9장

자로子路가 굳셈强의 의미에 대해 물으니, 공자께서 말씀하셨다. "남방의 강함인가? 북방의 강함인가? 그렇지 않으면 너의 강함

인가? 너그럽고 부드러움으로 가르치고 무도함에 보복하지 않는
것은 남방의 강함이니 군자가 그렇게 산다. 창검과 갑옷을 깔고
죽어도 한탄하지 않는 것은 북방의 강함이니 강포強暴한 자가 그
렇게 산다. 그러므로 군자는 화합하되 시류에 영합하지 아니하
니 강하도다, 꿋꿋함이여! '중中'에 서서 기울어지지 아니하니 강
하도다, 꿋꿋함이여! 나라에 도가 있으면 옹색함을 변치 아니하
니 강하도다, 꿋꿋함이여! 나라에 도가 없으면 죽게 되더라도 변
치 아니하니 강하도다, 꿋꿋함이여!"

『중용』, 제10장

공자께서 말씀하셨다. "은벽한 것을 찾고 괴이한 짓을 행함은 세
상 사람들로부터는 칭찬받을지 모르겠으나, 나는 그런 짓을 하
지 않겠다. 군자가 도를 좇아 행하다가 중도에 그만두는데 나는
그만두지 못하겠다. 군자는 '중용'에 의지하여 세상에서 숨어 있
어 알아주지 않는다 하더라도 후회하지 않으니, 오직 성인聖人이
라야 그렇게 할 수 있다."

『중용』, 제11장

고대 동아시아인들은 서로 다른 주장들 중 좀더 타당한 것을 결정하는
합리적 절차를 만드는 것보다, 불협화음을 없애고 서로 간에 합의점을 찾
는 '중용의 도'를 실천하는 데 더 큰 관심을 기울였다. 그렇다면 '중용'이란
무엇인가? 그 의미에 대해 정이程頤는 "어느 한쪽으로도 치우치지 않음을

중中이라 하고, 바꾸어 고칠 수 없음을 용庸이라 한다. '중'은 천하의 바른 도리이며, '용'은 천하의 정한 이치다"[33]라고 했으며, 주희는 "중中이란 어느 한쪽으로도 치우치지 않고 넘치거나 모자라지도 않는 것을 말하며, 용庸이란 평상시와 같음을 말한다"라고 했다.[34] '중용'의 명칭에 관한 정이와 주희의 해석은 어구상의 차이만 있을 뿐, 근본적인 내용은 같다. 그런데 박세당은 이러한 의미 풀이에 대해 불만족스러워했다. 즉 그는 정이와 주희의 '중용' 의미 풀이가 분명치 못하다고 생각하여 자신의 새로운 견해를 제시했다.

박세당은 '중中을 항상恒 지니는 것'이 '중용'의 의미라고 풀이했다. 이러한 주장은 정이와 주희의 주장에 비해 훨씬 더 명료하다. 또한 박세당은 구체적으로 『서경』의 '유정유일唯精唯一'과 『중용』의 '도야자불가수유이야道也者不可須臾離也'라는 말을 '중용'이라는 단어에 결부시켜 풀이했는데, 독창적인 견해라 할 수 있다.

중中	용庸
유정唯精	유일唯一
도야자道也者	불가수유이야不可須臾離也

'중中을 항상 지니는 것'이 '중용'의 의미임을 설파한 박세당의 말을 좀 더 부연해본다면 "어느 한쪽으로도 치우침이 없으며 평범 속에 들어 있는 천하의 정리定理인 '중'을 잠시라도 잃어버리지 않게 잘 유지해나가는 것"이 바로 '중용'의 진정한 의미다. 그러한 의미에서 '중용'이라는 말은 곧 천도天道에 근거한 인도人道의 실천이라고 할 수 있다.

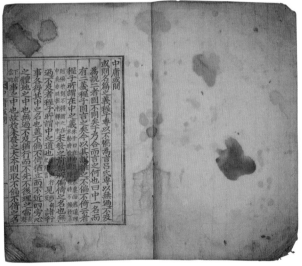

조선시대에 간행된 『중용혹문中庸或問』. 주희가 『중용』에서 논란이 될
만한 부분을 문답 형식으로 모아 엮은 책이다. 국립중앙박물관 소장.

> **『맹자』**
>
> 맥락 ⊙ 인도人道가 중요하며, 그 핵심 내용은 인仁이다
>
> 의미 ⊙ 인仁, 의義, 사단四端, 인정人政, 호연지기浩然之氣
>
> 구절 ⊙ 인仁은 사람이라는 뜻이니, 합하여 말하면 '도'다

고대 중국의 '성인' 개념은 하늘의 도, 즉 우주의 이법理法을 체득하여 이에 근거해서 사람이 마땅히 따라야 할 규범을 세운 사람을 의미했다. 요임금과 순임금이 그 대표적인 인물이고, 비록 임금은 아니었지만 주공周公 같은 사람이 바로 성인이다. 그래서 공자는 몸이 쇠약해지기 전에는 꿈에서까지 주공을 그리워했다.[35] 그렇지만 공자의 시대만 하더라도 이러한 성인의 경지는 보통 사람으로서는 도저히 도달할 수 없는 이상적인 경지일 뿐이었다. 즉 현실 속에서 그 완전한 실현은 거의 불가능하다고 보았다. 그래서 공자는 "성인의 경지를 실현한다는 것은 요임금이나 순임금 또한 오히려 힘들게 생각했다"[36]라고 했다.

그런데 이러한 성인 개념은 맹자에 이르러 큰 변화를 맞게 된다. 즉 보

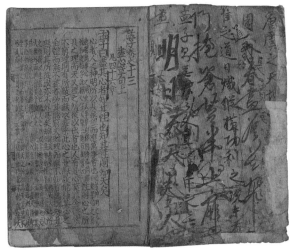

조선 전기에 유통된 『맹자』 표지와 본문. 국립중앙박물관 소장.

통 사람으로서는 도저히 도달하기 힘든, 저 멀리 떨어져 있는 이상적인 인간으로서의 성인 개념이 맹자에 와서는 누구나 노력하면 현실적으로 도달 가능한 개념으로 변화하게 된다. 맹자는 노력하기만 하면 누구나 요임금·순임금 같은 성인이 될 수 있다고 보았다. 그래서『맹자』에서는 안회顔回의 말로 "순임금은 누구이고 나는 누구인가? 누구나 노력하면 순임금처럼 될 수 있다"[37]라고 했다. 즉 맹자에 이르러 성인 개념의 내포적 의미가 변화를 맞게 되는 것이다. 이러한 맹자의 성인 개념은 그의 도론道論에도 상당한 영향을 미친다. 맹자는 추상적 인간을 사랑하면서 '이상'을 추구한 것이 아니라, 현실 속에서 일상을 영위해나가는 '구체적 인간'으로서의 성인을 강조했다.

맹자는 공자의 인의지도仁義之道를 발전시켜서 인도仁道와 인정仁政의 사상으로 구체화했다. 그가 말하는 도는 인도人道이고, 그 핵심 내용은 인仁이다. 그래서 그는 인仁이 곧 사람이라 했고, 또한 이 두 가지를 합하여 말하면 '도'라고 했다.

【맹자 1】 원문 36

맹자께서 말씀하셨다. "인仁은 사람이라는 뜻이니, 합하여 말하면 도道다."

『맹자』「진심 하」

주희는 이 구절을 풀이하여 "인仁은 사람이 사람된 까닭의 이치다. 그런데 '인'은 이치요 사람은 사물이다. '인'의 이치로써 사람의 몸에 합해 말하게 되면 이것이 이른바 도道다"라고 했다. 그리고 정이는 "『중용』에서 '성性을 따르는 것을 도道라 한다'는 것이 바로 이것이다"라고 했다. 항간에서 유행하는 말로, "사람이면 사람이냐, 사람이라야 사람이지"라는 것이 있다. 이는 곧 유가의 정명正名 사상과 비슷한 의미를 담고 있다. 즉 사람은 사람다워야 한다. 사람이 사람다울 때에 비로소 사람이라 할 수 있다는 말이다. 그렇다면 문제는 사람이 사람일 수 있는 본질이 무엇이냐 하는 데 있는데, 이에 대해 주희와 정이는 모두 그 본질을 인仁에서 찾았다. 이는 맹자의 의도를 정확하게 해석한 것이다. 맹자는 "인仁과 사람을 합하면 도가 된다"라고 했고, 주희는 이것을 해석하여 "인仁의 이치가 사람의 몸에 더해진 것이 도"라고 했다. 즉 인을 갖추지 못한 사람은 사람다운 사람이 될 수 없으며, 도의 핵심은 '인'에 있다는 것이다.

공자는 '인'에 대해 다양하게 해석했지만, 맹자는 시종일관 사람을 사랑하는 것을 '인'으로 해석했다. 그리고 그는 모든 사람은 마음속에 다른 사람을 사랑하는 선한 마음, 즉 선한 본성을 가지고 있다고 보았으며, 이러한 선한 본성은 밖으로부터 주어지는 것이 아니라 내재적임을 확신했다. 맹자는 이러한 내재적 본성으로 자신을 충만케 하고, 다시 이것을 이웃과 사회로 확충해나가는 것이 바로 인도人道의 핵심이라고 생각했다. 이러한 맹자의 생각 바탕에는 누구나 성인이 될 수 있다는 신념이 깊게 자리 잡고 있다.

인仁이란 다른 사람을 사랑함이고, 예禮가 있다는 것은 다른 사람을 공경함이다. 다른 사람을 사랑하는 자는 다른 사람이 그를 항상 사랑해주고, 다른 사람을 공경하는 자는 다른 사람이 항상 그를 공경해준다.

『맹자』「이루 하」

측은히 여기는 마음은 인仁의 단서요, 부끄러이 여기는 마음은 의義의 단서요, 사양辭讓하는 마음은 예禮의 단서요, 옳고 그름을 분별하는 마음은 지智의 단서다.

『맹자』「공손추 상」

인仁은 사람의 마음이요, 의義는 사람의 길이다. 그 길을 버리고 따르지 않으며, 그 마음을 잃어버리고 찾을 줄을 모르니, 애처롭구나. 사람들이 닭과 개가 도망가면 찾을 줄을 알되, 마음을 잃고서는 찾을 줄을 알지 못하니, 학문하는 방법은 다른 것이 없다. 그 방심放心을 찾는 것일 뿐이다.

『맹자』「고자 상」

인仁의 핵심은 어버이를 섬기는 것이요, 의義의 실제는 형에게 순종하는 것이다. 지智의 실제는 이 두 가지를 알아서 버리지 않는 것이요, 예禮의 실제는 이 두 가지를 절문節文하는 것이요, 악樂의 실제는 이 두 가지를 즐거워하는 것이다. 즐거워하면 이러한 마음이 생겨날 것이니, 생겨난다면 이러한 행실을 어찌 그만

둘 수 있겠는가?

『맹자』「이루 상」

맹자는 천도를 논하면서 단지 천도의 특성인 성誠을 거론했을 뿐 천도 자체에 대해서는 언급하지 않았다. 맹자가 천도를 거론한 의도는 천도 자체에 대해 언급하려 했다기보다는 천도의 특성으로서 '성'을 전제하여 인도를 논증하는 데 있었다. 그는 사람이 마땅히 '성'의 덕성을 갖추어 성실히 인의仁義의 도를 실행해야 천도 또한 진실되고 망령되지 않을 수 있다고 보았다.

【맹자 3】 원문 38

성실함이란 하늘의 도이고, 성실하려고 생각하는 것은 사람의 도다. 지극히 성실하고서 남을 감동시키지 못하는 자는 있지 않으니, 성실하지 못하면 능히 남을 감동시킬 자가 있지 않다.

『맹자』「이루 상」

맹자 또한 공자의 사상을 계승한 대표적인 유가 사상가였기 때문에 가족주의와 효孝를 강조했다. 즉 그는 사람을 사랑하는 인仁의 행위 중에서도 어버이를 섬기는 일孝이 가장 중요하다고 했다. 그는 이러한 관점에서

邹國亞聖公 孟軻

맹자 초상. 타이베이 국립고궁박물원 소장.

양주楊朱와 묵적墨翟의 도가 결국 '아버지도 부정하고無父' '임금도 부정하는無君' 바르지 못한 사상이라고 비판했으며, 양주와 묵적의 학설이 인의仁義의 도에 위배된다고 생각했다.

성왕聖王이 나오지 않아 제후가 방자하며 초야의 선비들이 멋대로 의논하여 양주와 묵적의 말이 천하에 가득하여, 천하의 말이 양주에게로 돌아가지 않으면 묵적에게 돌아간다. 양주는 자신만을 위하니 이는 군주가 없는 것이요, 묵적은 똑같이 사랑하니 이는 아버지가 없는 것이니, 아버지가 없고 군주가 없으면 이는 금수다. (…) 양주와 묵적의 도가 종식되지 않으면 공자의 도가 드러나지 못할 것이니, 이는 부정한 학설이 백성을 속여 인의仁義의 정도를 꽉 막는 것이다. 인의가 꽉 막히면 짐승을 내몰아 사람을 잡아먹게 하다가 사람들이 장차 서로 잡아먹게 될 것이다.

『맹자』 「등문공 하」

『논어』의 정신이 「학이」 첫 구절 세 마디에 잘 표현되어 있듯이 『맹자』의 근본 정신도 「양혜왕」 첫머리에 잘 드러나 있다.

> 맹자께서 양혜왕을 뵈니, 왕이 말씀하셨다. "어르신께서 천리를
> 멀리 여기지 않고 오셨으니, 또한 장차 내 나라를 이롭게 함이 있
> 겠습니까?" 맹자께서 대답하셨다. "왕은 하필 이로움을 말씀하
> 십니까? 또한 인의仁義가 있을 뿐입니다."
>
> **『맹자』「양혜왕 상」**

양혜왕의 물음에 "인의가 있을 뿐입니다"라고 대답한 맹자의 말이 바로
『맹자』전편의 핵심이라고 할 수 있다. 세상 사람들이 모두 욕심에 눈이 어
두워 각자 자신의 이익을 추구할 때, 맹자는 사람이 사람답게 살기 위해서
는 남을 사랑하는 마음과 올바르게 살려는 마음이 있어야 한다고 강조했
다. 그러므로『맹자』의 가장 핵심 사상은 인의라고 할 수 있다.『맹자』에서
는 이러한 인의의 정신이 인간관계에서 어떻게 나타나며, 또한 나라를 다
스리는 데 있어서는 어떻게 드러나며 나라와 나라 사이에서는 어떻게 실
현되는지를 설명하고 있다.

한편, 맹자는 호연한 기운을 키워 대자연과 혼연히 일체가 되는 경지를
강조했다. 즉 그는 천지의 도와 하나가 되는 인격체를 완성하고자 했다. 호
연한 기운에 대해 맹자는 구체적으로 설명하기 어렵다고 말했다. 자신이
스스로 경험한 것을 남이 알아들을 수 있도록 설명하는 것이 어렵다는 말
이다. 그러나 분명히 체험한 것이라면 남이 손쉽게 느끼지는 못한다 할지

라도 비슷하게는 설명할 수 있을 것이다.

[공손추가 물었다.] "감히 묻겠습니다. 선생님께서는 어디에 장점이 있습니까?" 맹자께서 말씀하셨다. "나는 말을 알며, 나는 나의 호연지기浩然之氣를 잘 기르노라." [공손추가 물었다.] "감히 묻겠습니다. 무엇을 호연지기라 합니까?" 맹자께서 말씀하셨다. "말하기 어렵다. 그 기氣됨이 지극히 크고 지극히 강하니, 정직함으로써 잘 기르고 해침이 없으면 [호연지기가] 천지의 사이에 가득 차게 된다. 그 기氣됨이 의義와 도道를 따라 길러지며, 이것을 잃으면 시들게 된다. 이 호연지기는 의(리)를 많이 축적하여 생겨나는 것이다."

『맹자』「공손추 상」

호연지기란 하늘과 땅 사이에 가득 찬 넓고 큰 정기精氣를 말하는 동시에 도의道義에 근거를 두고 굽히지 않고 흔들리지 않는 바르고 큰마음을 의미한다. 즉 맹자가 말하는 호연지기는 천지간에 넘치는 기운이면서 또한 우주 자연과 합일하는 인간의 바르고 떳떳한 기상이기도 하다. 결국 맹자가 말하는 호연지기는 천도와 인도가 합일된 기상을 말한다. 그렇지만 맹자가 강조하려는 것은 천도로서의 호연지기보다는 인도로서의 호연지

기다. 그래서 맹자는 호연지기의 '기'가 의와 도를 따라 길러지며 이것을 잃으면 시들고 만다고 했던 것이다. 맹자는 마음공부를 통해 호연한 기운을 키우고, 본성의 세계를 넓혀 높은 인격의 세계를 구축하고자 했다. 그가 추구하고 실천한 이상적인 인간상이 바로 '대장부'다.

【맹자 7】 원문 42

천하의 '넓은 집仁'에 거처하며, 천하의 '바른 자리禮'에 서며, 천하의 '대도義'를 행한다. 뜻을 얻으면 백성들과 함께 도를 행하고, 뜻을 얻지 못하면 홀로 그 도를 행한다. 부귀가 마음을 방탕하게 하지 못하며, 빈천이 절개를 옮겨놓지 못하며, 위무威武가 지조를 굽히게 할 수 없다. 이러한 사람을 일컬어 대장부라고 한다.

『맹자』「등문공 하」

맹자는 인도人道의 핵심인 인仁의 원리를 도덕 수양의 영역으로부터 정치의 영역에로까지 확장시켰다. 이것이 바로 나라를 다스리고 백성을 편안케 하는 인정仁政 사상이다. 맹자는 서로 인애仁愛하고 안정된 태평사회를 이룩할 것을 주장했다. 그는 인도仁道를 실천하고 인정仁政을 실행하는 것이 이상사회를 구현하는 유일한 길이라고 생각했다.

맹자께서 말씀하셨다. "도道가 가까운 곳에 있는데도 먼 곳에서 구하며, 일이 쉬운 데 있는데도 어려운 데서 찾는다. 사람마다 각기 그 어버이를 친히 하고 그 어른을 어른으로 섬기면 천하가 태평해질 것이다."

『맹자』「이루 상」

맹자께서 말씀하셨다. "선생(송경宋牼)께서 인의仁義를 가지고 진 秦나라와 초楚나라의 임금을 달래면 진나라와 초나라의 임금이 인의를 좋아하여 삼군三軍의 군대를 파할 것이니, 이는 삼군의 군사들이 파함을 즐거워하여 인의를 기뻐하는 것입니다. 신하된 자가 인의를 생각하여 그 군주를 섬기며, 자식된 자가 인의를 생 각하여 그 부모를 섬기며, 아우된 자가 인의를 생각하여 그 형을 섬긴다면, 이는 군신과 부자와 형제가 이익을 버리고 인의를 생 각하여 서로 대하는 것이니, 이렇게 하고서도 임금 노릇하지 못 하는 자는 있지 않습니다. 그런데 하필 이익을 말씀하십니까?"

『맹자』「고자 하」

맹자께서 말씀하셨다. "천하에 도가 있을 때에는 도로써 몸을 따르고, 천하에 도가 없을 때에는 몸으로써 도를 따르는 것이 니, 도를 가지고 남을 따른다는 것은 내 들어보지 못했다."

『맹자』「진심 상」

중국 산둥성 쩌우청에 있는 맹자의 사당.

도道, 길을 가며 길을 묻다

인정仁政의 실행을 통해 태평사회를 이룩하는 것이 맹자 도론의 귀결점이다. 맹자의 도는 인仁을 기본 내용으로 하는 인도人道다. 그는 인도 실행의 당위성을 강조하기 위해 천도를 언급했다. 공자가 도를 논의하면서 인仁과 예禮의 의미에 중점을 두었음에 반해, 맹자는 인도를 강조하여 그 범위를 정치사회의 영역에까지 확장시켰다. 바로 이러한 측면에서 맹자는 인도를 인정仁政의 의미로까지 발전시켰던 것이다.

06
단계

한유(「원도原道」)

맥락 ⊙ 인의仁義를 도의 실제 내용으로 인식하고, 도덕실천의 문제에
서 도를 논의한다

의미 ⊙ 인의, 군신과 부자의 도리, 도통道統, 도학道學, 성왕

구절 ⊙ 널리 사랑하는 것을 '인'이라 한다. 행하여 마땅한 것을 '의'라 한
다. 이것으로 말미암아 행하는 것을 '도'라 한다

한유韓愈(768~824)는 중국 철학사에서 처음으로 도학道學을 제창했다.
그는 유가의 도통론道統論을 제기했으며, 인의를 핵심 내용으로 하는 도의
이론을 전개했다. 그의 이러한 입장은 이고李翺와 유종원柳宗元에 의해 더
욱 발전되며, 후대 송·명시대 신유학자들에게 많은 영향을 주었다. 한유
는 우선 도를 천도天道, 지도地道, 인도人道로 나누었다.

그러므로 천도가 어지러우면 일월성신이 제대로 운행하지 못하고, 지도가
어지러우면 산천초목이 균형을 잡지 못하고, 인도가 어지러우면 오랑캐와
짐승들이 그 성정대로 살아갈 수 없다.[38]

도道, 길을 가며 길을 묻다

광둥성 차오저우潮州에 위치한 한유의 사당.

2장 원전과 함께 읽는 도

여기서 말하는 천도, 지도, 인도는 천체의 정상적인 운행과 산천초목의 균형과 사회의 일정한 질서를 유지하는 법칙을 의미한다. 그러므로 도는 천·지·인 세 가지 도의 개괄이다. 그렇지만 한유가 의도했던 가장 중심이 되는 도는 바로 '인도'다. 인도에 대한 한유의 입장은 「원도原道」라는 글에서 집중적으로 드러난다.

여기서 말하는 '원도原道'라고 할 때의 '원原'은 '본本'의 의미와 같다. 즉 사물의 근본에 대해 논하는 글이란 뜻이다. 이러한 형태의 글은 한유에서부터 시작되었는데, 현대에 와서도 자주 활용된다. 예를 들면, 중국 현대철학자인 탕쥔이唐君毅는 그의 중요 저서 세 권의 명칭을 『원도原道』 『원인原人』 『원성原性』이라 명명했고, 펑유란馮友蘭도 『신원도新原道』와 『신원인新原人』을 저술했다. 한유는 '원原' 류의 글을 다섯 편 지었는데 「원도原道」 「원성原性」 「원훼原毀」 「원인原人」 「원귀原鬼」다. 이중에서 「원도」는 도를 논한 것으로서 유가의 도덕을 추론하여 도가와 불가사상이 흥성했던 당시의 사상적 경향을 비판한 글이다. 그러므로 「원도」에서는 인의仁義의 본질, 정치의 의의를 설명하며, 또한 『논어』 『맹자』 『대학』 등 유가의 말을 많이 인용하여 유가사상의 핵심 전통을 밝혀내고 있다. 이 글은 당나라 시대에 있어서 유가의 부흥에 기여했던 한유 사상을 가장 잘 드러내주고 있으며, 유가적 도학파의 기원을 더듬어볼 수 있는 좋은 자료가 된다.

【한유 1】 원문 44

인·의·도·덕이란 무엇인가[39]

널리 사랑하는 것을 '인'이라 한다. 행하여 마땅한 것을 '의'라 한다. 이것으로 말미암아 행하는 것을 '도'라 한다. 스스로 충족해 있어서 다른 것을 기다릴 필요가 없는 것을 '덕'이라 한다. 인과 의는 '정해진 이름定名'이다. 도와 덕은 '빈자리虛位'다. 그러므로 도에는 군자와 소인의 구별이 있다. 그리고 덕에도 흉한 것이 있고 길한 것이 있다.

한유, 「원도」

노자가 말하는 인·의·도·덕의 문제점

자가 인의仁義를 작은 것이라 비난하는 것은 그 보는 바가 작기 때문이다. 우물 속에서 하늘을 보고 "하늘이 작다"고 말하는 것은 정말로 하늘이 작기 때문이 아니다. 그 사람은 아주 작은 혜택으로써 '인'을 삼고, 아주 조그마한 것으로써 '의'를 삼으니 그러한 사람에게는 그것을 작다고 하는 것이 마땅하다 하겠다. 그들이 말하는 도는 자기네들이 도로 삼은 것을 도라고 여기는 것이지, 내가 말하는 도가 아니다. 그들이 말하는 덕은 자기네들이 덕으로 삼은 것을 덕이라고 여기는 것이지 내가 말하는 덕이 아니다. 무릇 내가 말하는 도·덕이란 인과 의를 합하여 말한 것으로서 천하의 '떳떳한 말公言'이다. 노자가 말하는 도덕이란 인과 의를 없애버리고 말하는 것으로서 한 개인의 사사로운 말에 지나지 않는다.

한유, 「원도」

여기서 한유는 유학의 가치 관념이 불교나 도교와 같지 않음을 분명하
게 밝혔다. 노자 또한 도와 덕을 말하고 있기는 하나, 인과 의를 저버렸으
므로 유학이 긍정하는 도덕이 될 수 없다고 한다.

【한유 3】 원문 46

유가사상의 쇠퇴와 인·의·도·덕의 혼란

주나라의 도가 쇠퇴하고 공자가 세상을 떠나니 진나라 때에 서
적이 불타고 한나라는 황로黃老사상에 가려졌고, 위·진·양·수
나라 시대에는 불교가 유행했다. 그래서 도·덕·인·의를 말하는
자들은 양주楊朱에로 들어가지 않으면 묵적墨翟에로 들어갔으며,
노자에로 들어가지 않으면 불교에로 들어갔다. 이단에 들어가게
되면 유가에서는 반드시 나와야 된다. 이단에 들어가는 자는 이
단을 주인으로 여기게 되고, 유가에서 나가는 자는 유가를 노예
로 삼게 된다. 그래서 들어간 이단사상에는 부화뇌동하지만, 나
온 유가사상은 더럽다고 욕한다. 아! 먼 훗날 사람들이 유가의
인·의·도·덕의 설을 들고자 하나 과연 그 누구를 따라서 들을
수 있겠는가?

한유는 진·한秦漢 이후의 사상들은 모두 잘못된 길을 가고 있으며, 또한 비뚤어진 학설이라고 비판했다. 즉 진나라의 분서갱유와 한나라의 황로사상 유행, 그리고 남북조시대의 불교 성행 등이 대표적인 사례라는 것이다. 그런데 자세히 살펴보면 노·장의 학설은 위진시대에는 성행했지만 한나라 때에는 그렇지 못했고, 불교사상은 당나라 때에 크게 성행했기 때문에 한유의 비판과 차이가 있다. 그렇지만 한유의 언설이 사실인가 아닌가를 따지기보다는, 그가 진정 무엇을 말하고자 했는지에 대해 주목해야 한다. 한유는 유가의 쇠퇴로 인해 불가와 도가의 사상이 성행하게 되었고, 이로 말미암아 세상 사람들은 불가와 도가의 가르침을 '도'로 잘못 알게 되었다고 주장한다. 그는 진정한 도는 인·의·도·덕을 근간으로 하는 유가의 도라고 확신했다.

【한유 4】 원문 47

사람들은 괴이함을 좋아함

노자학파의 사람들은 "공자가 우리 스승(노자)의 제자다"라고 말하며, 불가학파의 사람들 또한 "공자는 우리 스승(석가모니)의 제자다"라고 말한다. 그런데 공자학파의 사람들조차도 그러한 설을 익혀 듣고 그 허탄한 말을 즐겨 사용하여 스스로 작은 존재가 되어버린다. 그래서 말하기를 "우리 스승(공자)도 일찍이 노자와 석가모니를 스승으로 삼았다"라고 한다. 그리고 이러한 사실을 입에 올릴 뿐만 아니라 글로 쓰기까지 한다. 아! 후세 사람들이 비록 인·의·도·덕의 설을 듣고자 해도 그 누구를 좇아서 이를 구하랴. 심하구나, 사람들이 괴이함을 좋아함이여! 그 단서를 구하지 않고, 그 전말을 신문하지도 않으며 오직 괴이한 것만 듣고자 하는구나.

한유, 「원도」

【한유 5】 원문 48

지금은 가르치는 자가 셋(사士·노老·불佛)이다

옛날에는 백성된 자가 넷(사士·농農·공工·상商)이더니, 지금은 백성된 자가 여섯(사士·농農·공工·상商·불佛·노老)이다. 옛날에는 가르치는 자가 그중 하나(사士)에 처했으나, 지금은 가르치는 자가 셋(사士·노老·불佛)이다. 농사짓는 집은 하나인데 곡식을 먹는 집은 여섯이다. 물건 만드는 집은 하나인데 기물을 사용하는 집은 여섯이다. 장사하는 집은 하나인데 도움을 받는 집은 여섯이다. 이를 어찌하랴. 이에 백성들이 곤궁해져서 도둑질하지 않겠는가?

한유, 「원도」

옛 성인들의 공로

옛날에는 사람들이 당하는 피해가 많았다. 성인들이 나신 이후
에야 서로 생양生養하는 도로서 가르치게 되었다. 이러한 사람들
이 군주가 되고 스승이 되어 곤충과 금수를 물리쳐서 그 중간 땅
에 살게 되었으며, 추위를 막기 위해 옷을 만들고 굶주림을 면하
기 위해 음식을 만들었다. 나무에서 살다가 떨어지고, 흙에서
살다가 병들게 되었기 때문에 집을 만들었다. 그리고 도구를 만
들어서 기물器物의 쓰임새를 충당하고, 장사함으로써 그 있고 없
음이 서로 통하게 되고, 시신을 매장하고 장사 지냄으로써 그 은
애恩愛의 마음을 길러주게 되고, 예禮를 만들어서 그 선·후를 질
서 짓게 되었고, 음악을 만들어서 마음의 답답한 것을 풀어주게
되고, 정치를 하여 백성들의 게으름을 깨우쳐 인도하게 되고, 형
벌을 줌으로써 법규를 어기는 강포한 자들을 제거하게 되었다.
서로 속이는 일이 있어서 부符·새璽·두斗·각角·권權·형衡을 만
들어 서로 믿게 했고, 서로 빼앗는 일이 있어서 성곽과 갑병甲兵
을 만들어 지키게 했다. 해로운 것을 대비하게 하고, 어려운 일
을 방지하게 했다.

한유, 「원도」

노자·장자의 '성인' 비판과 문제점

이제 노자·장자의 말에 가로되 "성인이 죽지 않으면 큰 도둑이 그치지 않으며, 말斗을 쪼개고 저울을 분질러야 백성들이 다투지 않게 된다"라고 한다. 아! 이 또한 생각이 모자랄 따름이다. 만약 옛적에 성인이 없었더라면 인류는 멸망한 지 오래되었을 것이다. 어째서인가? 날개와 털, 비늘과 껍질이 없이 추위와 더위 속에 살았을 것이며, 날카로운 발톱과 이빨 없이 먹을 것을 위해 싸워야 했을 것이기 때문이다.

한유, 「원도」

군신과 부자의 도리를 부정한 이단사상

임금은 명령을 내는 자다. 신하는 임금의 명령을 행하여 이를 백성들에게 전달하는 자다. 백성이란 곡식과 삼베를 만들어내고 그릇을 만들고 재화를 통용함으로써 그 위上를 섬기는 자다. 임금이 명령을 내지 않으면 그 임금된 까닭을 잃게 된다. 신하가 임금의 명령을 행함으로써 이를 백성들에게 이르게 하지 않으면 그 신하된 까닭을 잃는다. 백성들이 곡식과 삼베를 만들어내고, 그릇을 만들고 재화를 통용함으로써 그 위를 섬기지 않으면 벌

을 받게 될 것이다. 이제 이단의 법法에서 말하기를 "반드시 너의 군신을 버리고, 너의 부자를 버리고, 서로 살고 서로 기르는 도를 금함으로써 이른바 청정과 적멸함을 구하라"고 한다. 아! 그들은 다행히도 하·은·주 삼대의 시대 뒤에 나타났기 때문에 우임금·탕임금·문왕·무왕·주공·공자로부터 물리침을 받지 않았다. 그들은 또한 불행하게도 삼대의 시대 앞에 나타나지 못했기 때문에 우임금·탕임금·문왕·무왕·주공·공자로부터 교정을 받지 못했다.

'제帝'는 '왕王'과 그 이름이 달라도 성인이 되는 까닭은 하나다. 여름에 갈포옷을 입고, 겨울에는 겨울옷을 입고 목마르면 마시고 굶주리면 밥을 먹는 것은 그 일이 비록 다르나 지혜가 되는 까닭은 하나다. 이제 도가 사상가들이 "어찌 태고太古의 무사無事를 행하지 않느냐"고 하며, 또한 겨울에 모피옷을 입는 자를 책망하여 "어찌 갈포옷 입는 간편함을 택하지 않느냐"고 하며, 굶주려 밥 먹는 자를 책망하여 "어찌 마시는 간편함을 택하지 않느냐"고 한다.

『대학』에 가로되, "옛날의 밝은 덕을 천하에 밝히고자 하는 자는 먼저 그 나라를 다스렸고, 그 나라를 다스리고자 하는 자는 먼저 그 집을 가지런히 했으며, 그 집을 가지런히 하고자 하는 자는 먼저 그 몸을 닦았다. 그 몸을 닦고자 하는 자는 먼저 그 마음을 바르게 했고, 그 마음을 바르게 하고자 하는 자는 먼저 그 뜻을 성실하게 했다"고 한다. 그러므로 옛날의 이른바 마음을 바르게 하여 그 뜻을 정성스럽게 한다는 것은 유위有爲를 내세운 것이다. 이제 그 마음을 다스리고자 하지만 천하국가를 도외시하는 것은 하늘이 준 윤리 도덕을 없애는 것이다. 이러한 일은 곧 아들이면서도 자기 아버지를 아버지라 여기지 않고, 신하이면서도 자기 임금을 임금으로 여기지 않고, 백성이면서도 자기 일을 일로 삼지 않는 것과 같다

공자가 『춘추』를 지음에 있어서 비록 제후이지만 오랑캐의 예禮를 사용하면 이를 오랑캐로 여기고, 비록 오랑캐라 하더라도 중국의 예의에로 나아가면 이를 중국인처럼 여겼다. 『논어』에 가로되, "오랑캐의 나라에 임금이 있음은 중국에 있어서 임금이 없음과 같지 못하다"라고 했다. 『시경』에서 가로되 "서쪽의 오랑캐와 북쪽의 오랑캐는 정벌하고 남방 오랑캐는 무력으로 응징해야 한다"라고 했다. 그런데 이제 오랑캐의 법(인도의 불교사상)을 들어서 앞 시대 임금들의 가르침 위에 덧붙이니 어찌 차례대로 오랑캐가 되지 않겠는가?

한유, 「원도」

한유는 불교를 비판하여 그 법이 오랑캐의 법이며, 윤리 도덕을 폐기하는 것이므로 불합리하다고 주장한다. 그렇지만 신념에 가까운 주장 이외에 구체적으로 불가와 도가의 이론을 비판하는 근거를 제시하지 못했다. 그는 '유가의 도를 회복하자'는 '선언적인' 차원에서 유학의 도통론道統論

도道, 길을 가며 길을 묻다

요임금은 성왕의 시초를 몸소 보인 인물이다.

을 주장했다. 한유의 이러한 관념은 후대 유학자들에 의해 더욱 체계적으로 계승된다.

【한유 9】 원문 52

앞 시대 성왕들의 가르침

이른바 앞 시대 성왕의 가르침이란 무엇인가? 널리 사랑하는 것을 '인'이라 한다. 행하여 마땅한 것을 '의'라 한다. 이것으로 말미암아 행하는 것을 '도'라 한다. 스스로 충족해 있어서 다른 것을 기다릴 필요가 없는 것을 '덕'이라 한다. 그들의 글은 『시경』『서경』『주역』『춘추』다. 그 법은 예악禮樂과 형정刑政이다. 그 백성들은 사·농·공·상이다. 그 자리는 군신·부자·사우師友·빈주賓主·형제·부부다. 그 의복은 삼베다. 그 주거는 가옥이다. 그 먹는 것은 곡식, 채소, 과일과 어육이다. 그 도란 밝히기 쉽고 그 가르침이란 행하기 쉽다.

한유, 「원도」

【한유 10】 원문 53

앞 시대 성왕들의 공효功效

그러므로 앞 시대 성왕들이 자기를 위하게 되면 도리에 순응하는 것이며 상서로울 것이다. 다른 사람을 위하게 되면 백성을 사랑하는 것이며 공평할 것이다. 마음을 위하게 되면 화목하며 평안하게 될 것이다. 천하국가를 위하게 되면 처하는 바에 합당하지 않음이 없을 것이다. 이런 까닭에 살아서는 인정人情을 얻고 죽어서는 그 떳떳함을 다하게 될 것이다. 이렇게 되면 교례郊禮에는 천신天神이 이르고, 묘우廟宇에서는 귀신이 제사를 받게 된다.

한유, 「원도」

앞 시대 성왕들의 도는 어떤 것인가

가로되 이 도는 무슨 도인가? 가로되 내가 도라고 일컫는 것은 도가와 불가에서 이제까지 말하던 도가 아니다. 요임금은 이것을 순임금에게, 순임금은 우임금에게, 우임금은 탕왕에게, 탕왕은 문왕·무왕·주공에게, 문왕·무왕·주공은 공자에게, 공자는 다시 맹자에게 전했다. 그러나 맹자가 세상을 떠난 후 도는 전해지지 못했으며, 순자와 양웅이 그 일부만 선택했고, 도의 정수는 전해지지 못했으며, 도를 말하기는 했지만 상세하지 못했다. 이 계보에 있어서 주공으로부터 위로는 임금이었기에 천하를 다스리는 일(정치)을 했고, 주공으로부터 아래로는 신하였기에 저술을 남겨 그 언설이 오래도록 남았다.

한유, 「원도」

한유는 여기서 분명히 맹자가 유학의 정통을 계승했다고 주장한다. 맹자 이후로는 이러한 도가 제대로 전해지지 못했고, 그래서 진秦·한漢 이후 거의 모든 사상이 잘못된 길을 걸어가게 되었다고 주장한다.

【한유 12】 원문 55

이단의 사상을 어떻게 막을 것인가

그렇다면 어떻게 해야 하겠는가? 가로되 도가와 불가의 도를 막지 않으면 유가의 도가 흐르지 않고, 도가와 불가의 도가 멈추지 않으면 유가의 도가 행해지지 않는다. 도가와 불가의 도를 믿는 사람을 올바른 사람이 되게 하고, 도가와 불가의 서책을 불태우고, 그 주거(사원)를 민가로 만들고 앞 시대 성왕들의 도를 밝혀 그들을 올바른 길로 이끌어주고, 홀아비·과부·고아·홀로 사는 늙은이·병자를 잘 양육하게 되면 거의 옳음에 가깝다고 할 것이다.

한유, 「원도」

한유는 「원도」에서 『대학』을 인용하며 유가의 도를 설명하고자 애쓴다. 주희가 『예기』에서 『대학』을 따로 뽑아내어 '사서四書'의 하나로 확정짓기 무려 400여 년 전에 『대학』을 현창顯彰했다는 사실은 그의 탁월한 식견이라 하겠다. 주희는 『맹자집주』 서문에서 "한자韓子가 말하기를, '요임금은 이것을 순임금에게 전했고' 운운云云"하는 「원도」의 구절을 인용했다. 이것은 곧 주희가 한유를 유학의 큰 스승으로 숭상했으며, 또한 그 당시에 「원도」가 상당한 영향력을 미쳤음을 말해주고 있다. 한유는 학문적인 이론 건립에도 뛰어나지 못했고, 또한 경전의 훈고에도 치밀하지 못했기 때문에 체계적인 이론가로 보기 어렵다. 그렇지만 불가와 도가사상을 비판하고 유가사상의 부흥을 부르짖은 그의 학문적 '경향성'은 후대 학자들에게 큰 영향을 끼쳤다. 그래서 후대 학자들은 그를 신유학의 선구자로 평가했던 것이다.

07
단계

주돈이의 학설은 주로 『주역』에 의거하고 있다. 그러므로 그가 지은 『태극도설』이나 『통서』 역시 『주역』을 해석한 저작으로 볼 수 있다. 그러나 그가 『주역』을 해석한 것은 장구에 대한 단순한 훈고訓詁와는 다르다. 『주역』을 해석한 그의 의도는 형이상학적인 요소를 함유한 체계적인 유학 이론의 정립에 있었다. 그리고 그 이론적 골격이 바로 『태극도설』이다. 『태극도설』은 후대 주자학자들에 의해 유학의 가장 기본적인 핵심 이론으로 추앙받았으며, 우리나라 성리학자들에게도 유학의 도를 말해주는 중요한 저작으로 중시되었다. 『근사록』에는 『태극도설』을 첫머리에 실어놓았는데, '태극'의 원리가 책의 전체를 일관하고 있음을 상징한다. 그리고 우리나라의 유학자인 퇴계 이황 또한 임금(선조)에게 바치기 위해 제작했던 '성학십도 聖學十圖'에 '태극도'를 제일 첫머리에 놓음으로써 '태극'의 원리가 성학聖學 의 근간이 됨을 강조했다.

원래『태극도설』은 주돈이가 송나라 초기의 도사 진단陳摶의 '무극도無 極圖'에서 아이디어를 얻어 그렸다고 한다. 주돈이가 '태극도'를 그리기 훨 씬 이전이 이미 도교를 신봉하던 사람들이 비법의 도표로서 수많은 신비 한 도식을 그려냈다. 그들은 사람들이 그 비법에 의해 불로장생할 수 있다 고 주장했다. 주돈이는 그 도식 가운데 하나를 입수하여 이것을 재해석하 고, 우주 창조의 과정을 설명하기 위해 자신이 고안한 도식으로 수정했던 것으로 보인다. 그렇지만 분명한 사실은 주돈이가 만든『태극도설』의 핵 심 사상이『주역』「계사전」의 도론道論에 있다는 점이다.

무극無極이면서 태극太極이다. 태극이 움직여 양을 낳고 움직임 이 극에 이르면 고요해지고 고요해지면 음을 낳는다. 고요함이 극에 이르면 움직임으로 되돌아간다. 한 번 움직이고 한 번 고요 함이 서로 그 뿌리가 되어 음으로 갈리고 양으로 갈리니 곧 양의 兩儀가 성립하게 된다. 양의 변화와 음의 결합으로 말미암아 수·화·목·금·토 오행이 생겨난다. 오기五氣가 순조롭게 퍼져서 사계절이 운행된다. 오행은 하나의 음양이요, 음양은 하나의 태 극이다. 태극은 본래 무극이다. 오행이 생성되면 각각 그 독특한 본성을 가지게 된다. 무극의 참된 본체眞와 양의兩儀(음양), 오행의 정수가 묘합하여 응결된다. 건도乾道는 남자가 되고 곤도坤道는 여자가 된다. 이기二氣가 서로 감응하여 만물이 화생한다. 만물은 생생하여 변화가 끝이 없다. 오직 사람만이 빼어남을 얻어 가장 영특하다. 인간의 형체가 이미 생기며 정신은 지각을 계발시킨다. 오성五性이 감동하여 선악의 분별이 생기고 모든 일이 생겨난다. 성인은 자신을 중정中正과 인의仁義(원주: 성인의 도는 인의중정仁義中正일 따름이다)로써 규정하고 정靜(원주: 욕심이 없으므로 정靜하다)을 주된 요소로 삼아 인극人極을 세운다. 그러므로 성인은 천지와 그 덕이 합치되고, 해와 달과 그 밝음이 합치되고, 사계절과 그 순서가 합치되며, 귀신과 그 길흉이 합치된다. 군자는 그것을 닦아서 길하고 소인은 그것을 거슬러서 흉하다. 그러므로 하늘이 세운 길을 일러 음과 양이라 하고, 땅이 세운 길을 일러 부드러움과 군셈이라 하며, 사람이 세운 길을 일러 어짊仁과 의로움義이라 한다. 또 말하기를, 시초를 궁구하여 살펴보고 끝마침終을 돌이켜본다. 그러므로 삶과 죽음의 설을 알게 된다. 위대하도다, 역易이여! 이것이 그 지극함이로다.

주돈이, 『태극도설』

『태극도설』은 주희에 의해 성리학의 근본 원리를 밝힌 글로 간주되면서 후대에 커다란 영향을 끼쳤다. 주희는 '무극이태극無極而太極'이라는 말

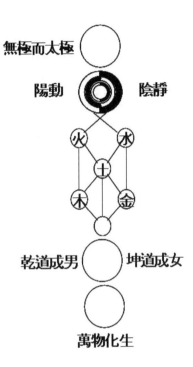

주돈이의 태극도.

을 통해 도道의 비非형체적 근원성과 유적有的 실체성을 동시에 표현하고자 했다. 즉 그는 '무극'을 말함으로써 도道의 실체가 일물一物이 아니라 만가지 변화의 근본이 됨을 주장했고, 또한 '태극'을 말함으로써 도적 실체가 허무虛無와 공적空寂에 흐르지 않는다는 사실을 주장했다. 주희는 『태극도설』을 자신의 이론의 기본 구조로 차용했던 것이다.

그런데 『태극도설』은 우주 만물의 생성을 설명하는 가운데서도 인간의 우월성을 강조하고 있다. 음양오행이 교차하여 만물이 운행하는 가운데 오직 인간만이 그 빼어남을 얻었기 때문에 인간의 마음은 가장 영묘하고 본성의 온전함을 잃지 않는다고 한다. 그러나 인간은 정욕을 피하기 어렵다고 보기 때문에, 인·의·중·정仁義中正의 덕목과 정靜을 위주로 하는 도덕 수양의 방법을 강조했다.

반흥사潘興嗣가 지은 「염계선생묘지명濂溪先生墓誌銘」에는 『통서通書』를 『역통易通』이라고 했다. 주희가 『통서』를 정리하여 비교 해설하기 이전에 이미 『통서』라는 두 개의 판본이 있었는데, '정본程本'과 '구강본九江本'이 바로 그것이다. '정본'에는 책 말미에 '태극도'가 실려 있지만, '구강본'에는 '태극도'가 없다. 이외에 별도로 호굉胡宏이 정한 판본이 있는데, 목차를 삭제하고 '주자가 말씀하시기를周子曰'이라는 구절을 첨가했다. 주희가 정한 판본으로는 모두 네 개가 있다. 그중 네 번째가 '순희淳熙 10년 정미년丁未年'(1183)에 정한 주석본으로 오늘날 통용되고 있는 판본이다.

『통서』는 모두 40개의 장으로 이루어져 있다. '성誠'을 논하는 데서 시작하여 몽괘蒙卦와 간괘艮卦를 논하는 데서 끝맺는다. 엄밀하게 논리적인 순서로 이루어진 것은 아니며, 대체로 『역경』과 『중용』의 내용에 의거해 자신의 사상을 전개해나가고 있다. 각 장은 제목에 따라 논지를 전개하고 있으나, 그 선·후의 내용은 별다른 논리적 연계성이 없다. 그렇지만 『통서』에는 주목할 만한 구절이 많다. 『태극도설』 중에서 미처 언급하지 못했던 수많은 철학적 문제가 구체적으로 논의되고 있다. 『태극도설』이 천도를 중점적으로 풀이했다면, 『통서』는 인도를 중심으로 이루어졌다.

성실함誠이란 성인의 근본이다. "위대하도다, 건원乾元이여! 만물이 이를 바탕으로 하여 비롯되었도다."[40] 바로 이 건원이 성실함의 근원이다. "건도乾道가 변화하여 각각의 성명性命을 바르게 한다."[41] 성실함은 여기서 세워지게 된다. 성실함은 순수하여 지극히 선한 것이다. 그러므로 『역전』에서는 "한 번 음하고 한 번 양하여 가는 것을 도道라 하고, 이를 잘 이어받는 것을 선善이라 하며, 그리고 이를 잘 이루어내는 것을 본성性이라 한다"[42]라고 말했다. 원元과 형亨은 성실함의 통하는通 것이요, 이利와 정貞은 성실함의 회복하는復 것이다. 위대하도다, 역易이여! 성명性命의 근원이 되도다!

주돈이, 『통서』 「성 상」

『통서』에서는 제일 먼저 '성誠'의 관념을 제기한다. '성'은 『역전』의 중요

백록동서원白鹿洞書院 문회당文會堂 앞에 위치한 주돈이 동상.

개념이 아니다. 「계사전」에는 '성'의 관념이 없고, 「문언전」에 "사특함을 버리고, 그 '성'을 간직한다"[43]라는 구절이 있기는 하지만, 여기서도 '성'은 중요한 관념이 아니었다. '성'이 중요한 관념으로 등장하는 것은 『중용』에 이르러서다. 그러므로 주돈이가 '성'의 개념을 강조하는 것 또한 『중용』의 영향을 받았다는 점은 분명하다. 『중용』에서 '성'은 두 가지 의미를 지니고 있다. 한 가지는 성인의 공부 경지를 의미하고, 다른 한 가지는 『통서』 첫 구절에서 말하듯이 "성실함誠이란 성인의 근본이다"라고 할 때의 의미로서 본체적인 뜻을 지니고 있다. 『통서』에서 말하는 '성'의 의미는 주로 본체적인 의미로 사용하고 있다. 그래서 주돈이는 '성'을 건도乾道 혹은 천도天道의 내용으로 삼았던 것이다.

거룩함이란 성실함일 뿐이다. 성실함은 오상五常의 근본이며, 모든 행위의 원천이다. 고요하면 없어지고 움직이면 생겨나니, 지극히 바르고 밝게 통달함이다. 오상과 모든 행위가 성실하지 못하면 그릇되어진다. 이는 사특함과 어두움이 꽉 찬 것이다. 그러므로 성실하면 편안하게 된다. 도달하기는 쉬우나 실행하기는 어렵다. 과감히 결단하고 적확하면 어려움이 없게 된다. 그러므로 "하루라도 '극기복례'하게 되면 천하가 인仁으로 돌아온다"고 말한다.

주돈이, 『통서』 「성 하」

여기에서 주돈이는 모든 덕성이 성誠을 근간으로 하고 있으며, 또한 모든 행위의 원천이 '성'이라고 했다. 그는 이러한 점을 전제한 후에 비로소 죄악이 생겨날 수 있는 가능성을 해석한다. 즉 사특함과 어두움이 꽉 찬 것이 성誠으로 하여금 본성의 실현을 달성할 수 없게 만들며, 이것이 악의 기본적인 뜻이 된다고 보았다. 그렇지만 어떻게 해서 사특함과 어두움의 꽉 찬 것이 있게 되었는지에 대해서는 제대로 설명하지 않았다.

【통서 3】 원문 59

> 성인의 도는 인·의·중·정일 따름이다. 이 도를 지키면 존귀하게 되고, 이 도를 향하면 이롭게 되며, 이 도를 넓히면 천지와 짝하게 된다. 이것이 어찌 쉽고도 간단한 일이 아니겠는가? 어찌 알기 어렵다 하겠는가? 다만 이 도를 지키려 하지 않고, 행하려 하지 않으며, 넓히려 하지 않기 때문이다.
>
> **주돈이, 『통서』 「도」**

이 장에서 주돈이는 인도의 핵심을 단적으로 인·의·중·정일 뿐이라고 했다. 그는 이 도를 지키면 존귀하게 되고, 행하면 이롭게 되며, 넓히면 천지와 짝하게 된다고 주장한다. 이러한 도리를 알고 행하는 것은 쉽고도 간단한 일이라고 하며, 이 도를 제대로 실천하지 못하는 것은 의지가 부족하기 때문이라고 했다. 이러한 주돈이의 인도론人道論은 후대 성리학자들의 심성 수양론에 큰 영향을 끼쳤다.

성인은 하늘을 바라고, 현인은 성인이 되기를 바라고, 선비는 현인이 되기를 바란다. 이윤伊尹과 안연顔淵은 뛰어난 현인이다. 이윤은 그의 군주가 요임금·순임금처럼 되지 못함을 부끄럽게 여겼고, 어느 한 사람이라도 마땅한 자리를 얻지 못하면 자기가 시장에서 매를 맞는 것같이 여겼다. 안연은 노여움을 다른 사람에게 옮기지 않았으며, 같은 잘못을 두 번 저지르지 않았고, 석 달 동안이나 인仁에서 어긋나지 않았다. 이윤이 뜻했던 것을 뜻하고 안연이 배웠던 것을 배워서 이들보다 더 훌륭하게 되면 성인이 될 것이고, 비록 그에 미치지 못하더라도 훌륭한 평판을 잃지 않을 것이다.

주돈이, 『통서』 「지학」

이 장에서 "성인은 하늘을 바라고, 현인은 성인이 되기를 바라고, 선비는 현인이 되기를 바란다聖希天, 賢希聖, 士希賢"라는 구절은 특히 유명하다. 지금 우리가 사용하고 있는 '철학哲學'이라는 번역어가 바로 이 구절에서 생겨났다. 일본 도쿠가와 말기의 철학자 니시 아마네西周(1829~1897)는 1862년(분큐 2)경에 'philosopher'의 개념을 번역했다. 그는 『통서』의 글

일본 도쿠가와 막부 시대의 계몽가인 니시 아마네(아래)와 그의
구거舊居.

도道, 길을 가며 길을 묻다

귀 '희현希賢'을 인용하여 'philosopher'의 의미를 '현철賢哲을 사랑하는 사람'이라 번역했다. 그리고 '현賢'을 비슷한 의미인 '철哲'로 바꾸어 'philosophy'를 '희철학希哲學'으로 번역했으며, 그 뒤 자연스럽게 '희希'자는 떨어져 나가고 '철학哲學'만 남게 되었다.[44] 당시 사람들은 유교의 교육을 받았기 때문에 이러한 대비에 의해 외래어의 의미를 비교적 쉽게 이해할 수 있었을 것이다.

【통서 5】 원문 61

"배워서 성인이 될 수 있습니까?" 답하되 "가능하다." 또 묻되 "요점이 있습니까?" 답하되 "있다." "청컨대 그것을 듣고 싶습니다." 답하되 "하나가 요점인데, 그 하나란 욕심을 없애는 것이다. 욕심을 없애면 곧 마음이 텅 비게 되고, 움직여도 바르게 된다. 마음이 고요하고 텅 비면 밝아지고, 밝아지면 통하게 된다. 움직임이 바르면 공정하고, 공정하면 두루 미치게 된다. 밝게 통하고 공정하게 두루 미치면 거의 성인의 경지에 가깝게 된다."

주돈이, 『통서』 「성학」

여기서 주돈이는 존양存養을 강조한다. 즉 후천적인 노력을 통해 성인이 될 수 있다고 보며, 성인이 될 수 있는 핵심은 욕망이 없는 상태라고 보았다. 주돈이는 수양론에서 '무욕無慾'과 '정靜'을 강조하는데, 이것은 아직도

그가 노장老莊의 무위無爲 사상이나 도교의 청정설淸淨說, 불교의 수심론修
心論으로부터 상당한 영향을 받고 있음을 말해준다.

【통서 6】 원문 62

『춘추』는 왕도王道를 바르게 하고 대법大法을 밝힌 책이니, 공자가
후세에 임금된 이들을 위해 편찬한 것이다. 전세前世에 죽은 난
신亂臣과 적자賊子를 글로써 징벌한 까닭은 후세에 살아 있는 난
신과 적자를 두렵게 하기 위함이다. 임금된 이들은 공자를 만세
무궁토록 선양하며 제사 지내야 할 것이니, 그 덕과 공을 갚아야
함이 끝이 없으리로다.

주돈이, 『통서』「공자 상」

【통서 7】 원문 63

도덕이 높고 두터우며 교화가 다함이 없으며, 진실로 천지와 더
불어 참여하고 사시四時와 함께 같이하는 이는 오직 공자뿐이구
나!

주돈이, 『통서』「공자 히」

'어린아이가 나에게 가르침을 구하면' 올바르고 과단성 있게 행동하기를 나는 마치 서죽筮竹으로 점을 치듯이 할 것이다. 서죽으로 점을 치는 것이란 신神에게 머리를 꾸벅이며 물어보는 일이니, 두 번 세 번 거듭하면 신을 모독하는 짓이 된다. '모독하면 신이 알려주지 않는다.' 산 아래에서 흘러나오는 샘물은 고요하고도 맑도다. 물이 콸콸 흐르면 어지럽게 된다. 어지러울 적에는 결행해서는 안 될 것이니, 삼갈지어다! 오직 때에 맞추어야 한다. '간艮은 등背이다.' 등은 보이지 않는 것을 의미한다. 고요하면 그치게 된다. 그침이란 하지 않음이요, 하는 것은 그치지 않음이다. 그 도가 또한 깊을진저!

주돈이, 『통서』 「몽간」

'성誠'에 대한 설명으로 시작한 『통서』는 몽괘蒙卦와 간괘艮卦에 대한 설명으로 끝맺는다. 이 장 또한 첫 장에서 강조한 '성誠'의 범위를 벗어나지 않는다. 몽괘와 간괘의 괘상卦象을 보고서 교훈을 얻는 내용이다. 산기슭에서 미미하게 흘러나오던 샘이 마침내 큰 강이 되듯이 어릴 때부터 해야 할 일을 행하고, 움직이지 않는 산의 모습과 같이 좋은 스승을 만나 성실히 자신의 덕을 기르게 된다면, 마침내는 대성할 수 있다는 것이다. 성인을 향한 끊임없는 정진과 수양을 강조한 말로서, "성실히 하는 것은 사람의 도다誠之者, 人之道也"라고 하는 『중용』(20장)의 구절과 같은 맥락에 있다.

도道, 길을 가며 길을 묻다

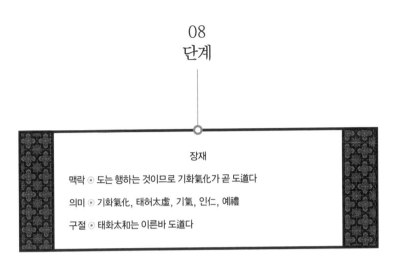

08
단계

장재

맥락 ⊙ 도는 행하는 것이므로 기화氣化가 곧 도道다

의미 ⊙ 기화氣化, 태허太虛, 기氣, 인仁, 예禮

구절 ⊙ 태화太和는 이른바 도道다

장재(1020~1077)는 우주론에서 기氣를 실체로 삼고 기화氣化의 과정을
도로 삼는다. 그는 "음과 양이 합일하는 것은 도에 달려 있다"[45]라고 했는
데, 이는 도를 음양 두 기의 통일체로 이해한 것이다. 그렇지만 그는 도와
기를 완전 동일한 것으로 여기지는 않았다. 기는 실체적 존재라는 측면에
서 말한 것이고, 도는 기에 갖추어진 작용을 말한 것이다. 즉 장재가 말하
는 도는 과정이라는 측면에서 말한 것으로, 동태적 차원의 개념이다. 그래
서 그는 "기화에서부터 도라는 이름이 생기게 되었다"[46] "도는 행한다는
것이므로 이 때문에 도인 것이다"[47]라고 했다.

태화太和는 이른바 도道다.

태허로 말미암아 하늘이라는 이름이 있게 되고, 기화氣化로 말미암아 도라는 이름이 있게 된다. 허虛와 기氣가 합하여서 성性의 이름이 있게 되고, 성性과 지각知覺이 합하여서 심心이란 이름이 있게 된다.

만물의 형태와 색깔은 신묘한 작용의 잡다한 현상일 뿐이며, 본성과 천도라고 말하는 것은 '역易'일 따름이다. 마음이 만 가지로 갈라지는 것은 바깥 사물에 감응하는 것이 하나가 아니기 때문이다. 하늘은 너무 커서 경계가 없으나, 그 감응하는 이치는 음과 양 두 기운이 서로 어울리는 것일 뿐이다. 만물이 서로 감응함에 있어서 음양이 서로 출입왕래出入往來하나, 그 움직임의 추세를 알지 못하는 것은 모두 기의 신묘한 작용이 만물을 하나로 관통하기 때문이로다.

신神은 하늘의 덕이요, 화化는 하늘의 도다. 덕은 그 본체體이고, 도는 그 작용用이다. 그렇지만 기의 입장에서 보면 모두 하나일 뿐이다.

『정몽』「태화」

『정몽』을 통해 "도는 행하는 것"이라는 개념을
제시한 장재.

"태화太和는 이른바 도道다"라는 글귀는 『정몽』의 첫 구절이다. 장재는 처음부터 '태화'를 말했고, 이것이 '도'라고 했다. 그렇다면 도대체 '태화'란 무엇인가? 『주역』에서 "하늘의 도가 변하고 화化함에 제각기 올바른 천부지성天賦之性을 받아서 크게 화한 것을 보존하여 합해서 곧 올바르게 함이 이롭다"[48]라고 했다. 여기서 말하는 '태화'는 천지와 음양이 상호작용하는 지극한 조화로움을 말한다. 장재는 이것을 『계사전』의 "일음일양지위도一陰一陽之謂道"와 연관시켜 이해했다. 즉 태화는 기氣의 두 양태인 음과 양이 서로 번갈아 순환 작용하는 과정을 말한다. 그러므로 장재에게 있어서 '도'란 존재 자체보다는 존재가 행하는 양상을 의미하며, 그러므로 기화氣化가 곧 도인 것이다.

장재는 기화의 과정인 도는 형체가 없는 것이고, 기화의 결과인 기器는 형체가 있는 것이라고 보았다. 그래서 그는 "한 번 음이 되고 한 번 양이 되는 것은 형기形器에 얽매인 것이 아니므로 도라고 한다. '건괘와 곤괘가 64괘에 베풀어졌다乾坤成列'는 말 이하는 모두 '역易'에서 기器를 말한 것이다"[49]라고 했다. 즉 한 번 음이 되고 한 번 양이 되는 것은 태허의 기氣에 속하지만, 이미 형기가 아니고 또한 형체가 없으므로 '도'라고 한 것이며, 건곤은 천지를 가리키고 '역'이란 조화의 전체를 가리키는 것이다. 천지 이하의 만사와 만물은 모두 형체가 있으므로 기器라고 한 것이다.

형체가 없는 상태에서 움직이는 것을 일러 '도'라고 하는데, 형체를 갖춘 이후의 것을 '도'라 말하기에는 부족하다.

형이상形而上의 것은 뜻을 얻으면 이름을 얻게 되고, 이름을 얻으면 형상을 얻게 된다. 이름을 얻지 못하면 형상을 얻은 것이 아니다. 그러므로 도를 말하면서도 능히 형상으로 표현할 수 없으면 이름도 말도 모두 사라지는 것이다.

세상 사람들은 도가 자연인 줄은 알지만, 그러나 자연이 체體가 되는 줄은 미처 알지 못하고 있다.

『정몽』「천도」

장재의 사상은 후대 성리학자들로부터 존중받았다. 그렇지만 '기가 도가 된다以氣爲道'라고 하는 학설은 이정二程의 비판을 받았다. 이정이 말하는 도는 초월성을 지니고 있는데, 그 초월성은 음양의 기가 아니라 '음양이 되도록 하는 것'이다. 이것은 장재와 이정이 근본적으로 구별이 되는 점이다.[50] 이정이 볼 때 장재가 말하는 도는 다만 형이하자일 따름이지 결코 형이상자는 아니라고 생각했다.

중국 고대인들은 세계 만물을 구성하는 근원으로 기氣라는 개념을 상정했다. 기는 유가사상뿐만 아니라 도가사상에서도 강조되는데, 특히 만물의 생성과 소멸을 설명하는 이론으로 기의 취산론聚散論이 자주 인용된다. 기의 취산론은 장재가 가장 잘 정리했으며, 주희 또한 기본적으로 장재 사상의 영향을 받았다. 장재는 우주의 모든 현상이 기의 모이고 흩어짐에 의해 생겨나고 없어진다고 보았다. 그렇지만 '기' 자체는 무궁한 실재이며, 이러한 기의 본체가 곧 태허太虛라 보고 '태허즉기太虛卽氣'를 주장한다. 그는 '태허-기-만물' 간의 유기적 관계를 강조했다.

【 장재 3 】 원문 67

태허는 형체가 없으니 기의 본래 모습이며, 기가 모이고 흩어지는 것은 변화의 일시적 모습일 뿐이다. (…) 태허에는 기가 없을 수 없고 기는 모여서 만물이 되지 않을 수 없으며, 만물은 흩어져 다시 태허가 되지 않을 수 없다. 이러한 이치를 따라서 드나드니, 이것은 모두 부득이하여 그러한 것이다. 그렇다면 성인은 그 사이에서 도를 다하여 각 상태를 겸하면서도 누累가 되지 않으니 신神을 보존함이 지극한 것이다.

『정몽』「태화」

태허란 기의 본체다. '기'에는 음양이 굽고 펴고 하여 서로 감응하는 작용이 무궁하며 '신'이 응하는 것도 무궁하다. 그 흩어짐이 무수하므로 '신'의 응함 또한 무수하다. 비록 무궁하나 그 실제는 담연하고 비록 무수하나 사실은 하나일 뿐이다. 음양의 기가 흩

어져 만 갈래로 갈라지게 되면 사람들은 그 하나임을 알지 못하
며, 합하여 곧 한 덩어리로 있으면 사람들은 그 다름을 알지 못
한다. 형체가 모이면 사물物이 되고 형체가 무너지면 원상태로
되돌아간다.

『정몽』 「건칭」

장재는 이러한 순환 과정이 '필연적不得己'이라고 보았다. 그는 고정된 형
태가 없는 기의 본래 모습이 태허라고 생각했으며, 이것은 기가 흩어진 상
태라고 보았다. 그에 의하면 인간을 포함한 모든 구체적 사물은 기가 일시
적으로 모여 있는 상태(형태)이므로 '임시의 모습客形, 假有'일 뿐이다. 여기
에서 우리가 주목할 것은, 장재가 기의 본체인 태허를 '진유眞有'로 보았고,
기의 집합체인 취산·변화하는 구체적 사물들을 '가유假有'로 이해했다는
점이다. 이러한 관점에서 보면, 인간의 탄생은 기의 모임聚이고 죽음은 기
의 흩어짐散이다. 그러므로 죽음은 '소멸'이 아니라 일시적으로 뭉쳐졌던
기가 흩어져서 다시 본래의 상태인 태허에로 '되돌아감'이다. 그러므로 만
물은 잠시의 모습이 소멸되기는 하나, 존재를 이루는 '근본적인 기一氣'의
입장에서 본다면 장존長存한다고 할 수 있다. 그는 바로 이러한 입장에서
도가와 불가의 허무적멸 사상을 비판했다.

이 도가 밝혀지지 않는 것은 바로 무식한 자들이 허공을 체득하여 이것이 본성이란 것만 대충 알고, 이것이 또한 천도에 근본을 둔 용用이 되는 줄은 모르고서, 도리어 사람의 눈에 보이는 작은 것으로써 천지의 원인으로 삼기 때문이다. 그러므로 불교도들은 분명하게 알지 못하고서 곧 세계와 건곤乾坤(천지天地)이 모두 다 헛된 것이라고 속인다. '드러나지 않은 것幽'과 '드러난 것明'의 요점을 터득하지 못하고 마침내 망령된 생각으로 높은 경지에만 뛰어오르려 한다. 한 번은 음이 되고 한 번은 양이 되는 이치가 하늘과 땅을 포괄하고, 낮과 밤 및 천·지·인 삼재三才의 지극한 법도에 통함을 깨닫지 못하면, 유교·불교·노자·장자를 뒤섞은 길로 가고 마는 것이다. 오늘날 천도와 성명性命을 말하는 자들은 불교의 황홀하고 꿈같은 소리에 속거나, 아니면 "유는 무에서 생겨난다有生於無"라고 하는 노자의 말을 한없이 높고 미묘한 이론으로 여긴다. 그러므로 그들은 덕에 들어가는 길에 있어서 올바른 방법을 가려서 구할 줄 모르며, 간사한 말에 가려 옳지 못한 말에 빠지는 경우가 많다.

「정몽」「태화」

장재는 인륜과 예禮를 인도人道의 핵심으로 생각했다. 인륜을 '도의 큰 근원'이라 한 것은 군신·부자·부부 등 인륜 강령을 사회의 보편적 행위 규범으로 삼은 것이다. 장재는 인성을 인도로 보았으며, 예 또한 도라고 했다. 그리고 그는 일용 일상이 모두 도 아닌 것이 없고, 음식 남녀가 모두 성 性이라고 주장했다.

【 장재 5 】 원문 69

인륜은 도의 큰 근원이다.

『장자어록』 '하'

예는 성인이 만드신 법이니, 예를 제외하면 천하에 더 이상 도가 없다.

『경학이굴』 「예악」

인·의·예·지는 사람의 도로서, 또한 성性이라고 말할 수 있다.

『장자어록』 '중'

백성들이 매일 쓰면서도 알지 못하는 것은, 대개 사용함이 도에 있지 않음이 없기 때문이다. 음식과 남녀가 모두 성性이지만, 자기 스스로는 깨닫지 못한다.

『횡거역설』 「계사상」

장재는 천도와 인도가 통한다고 보았으며, 그래서 천하의 이치를 따르는 것을 도라 하고, 천하의 이치를 얻는 것을 덕이라 했다. 그는 한 번 움직이고 한 번 고요해지는 음양의 기화氣化를 인仁과 의義에도 적용시켰다. 장재는 인도仁道에도 근본이 있다고 주장하며, 가까이 자신을 시험 삼아 그것을 미루어 다른 사람에게까지 미치게 하는 것이 바로 그 방법이라고 했다. 이것은 바로 공자가 강조하는 충서忠恕의 도리다. 그는 '사사로운 뜻'을 잊어버린 후에야 더불어 도에 나아갈 수 있다고 하며, 도가 사람에게서 멀어지면 그것은 곧 인仁이 아니라고 했다. 이러한 것들은 모두 장재의 인도 사상 중에서도 핵심적인 내용이다. 장재의 천도론은 정이와 주희의 이론에 비해 많은 차별성이 있지만, 인도론은 거의 차이가 없다.

【장재 6】 원문 70

천도는 사시四時가 운행되고 만물이 생겨나는 것으로서 지극한 가르침이 아닌 것이 없다. 성인의 행동은 지극한 덕이 아닌 것이 없으니, 어찌 말이 필요하겠는가?

「정몽」 「천도」

하늘은 만물의 근간이 되어 하나라도 빠뜨림이 없으니, 이것은 마치 인仁이 만사의 근간으로서 어디에나 있지 않음이 없는 것과 같다. 예의禮儀 삼백 가지와 위의威儀 삼천 가지 가운데 그 어느 한 가지라도 인仁을 근간으로 하지 않은 것이 없다. "넓은 하늘 밝으시어 그대와 함께 나다니고, 넓은 하늘 훤하시어 그대와 함께 놀고 즐기네"(『시경』 「대아」)라는 말이 있으니, 한 가지라도 천도를 근간으로 하지 않은 것이 없다.

『정몽』「천도」

하늘의 일은 감응함이 있으면 반드시 통하고, 성인의 행위는 할
일을 얻어서야 하게 된다.

『정몽』「천도」

하늘은 말하지 않아도 사시四時가 행해지고, 성인이 신도神道로
써 가르침을 펼치니 천하가 이에 복종하게 된다. 이곳에 정성스
러움이 있으면 저곳에 감응함이 있게 되는 것이 신묘한 도다.

『정몽』「천도」

의義는 올바른 도리에로 되돌아오는 것을 근본으로 삼으니 도리
가 바르면 정밀해진다. 인仁은 화化를 돈독히 하는 것을 깊은 이
치로 삼으니 화化가 행해지면 드러나게 된다. 의義가 신神에로 들
어가는 것은 움직이는 것이 한 번 고요해지는 것이요, 인仁이 화
化를 돈독히 하는 것은 고요한 것이 한 번 움직이는 것이다. 인이
화를 돈독히 하는 것은 고정된 형체가 없으며, 의가 신에로 들어
가는 것은 정해진 방위가 없다.

『정몽』「신화」

인仁은 천하의 선善을 통솔하고, 예禮는 천하의 모임을 아름답게
하고, 의義는 천하의 이익을 공평하게 하고, 신信은 천하의 행동
을 하나로 한다.

『정몽』「대역」

'사사로운 뜻成心'을 잊어버린 후에야 더불어 도에 나아갈 수 있다.

『정몽』「대심」

베이징 천단. 천단은 하늘을 모시는 제단이다.

道, 길을 가며 길을 묻다

덕을 행하고자 하는 것을 선이라 하는데, 인仁에 뜻을 두면 악이 없어진다. 마음에서 선을 정성스럽게 하는 것을 신信이라 하고, 안이 충만하여 밖으로 드러나는 것을 미美라 하고, 하늘과 땅에 가득 찬 것을 대大라 하고, 대大가 본성을 이루는 것을 성聖이라 하고, 천지와 같이 유행하여 음양을 헤아릴 수 없는 것을 신神이라 한다.

『정몽』「중정」

도道에 뜻을 두면 고귀한 품성의 기초에 근거하여 쉬지 않는 노력을 할 것이며, 인仁에 의지하면 작은 것이라 할지라도 편안하게 노닐면서 조화를 잃지 않을 것이다.

『정몽』「중정」

천하의 이치를 따르는 것을 도라 하고, 천하의 이치를 얻는 것을 덕이라 한다. 그러므로 "쉽고 간단한 선은 지극한 덕에 짝한다"(『주역』「계사 상」)라고 했다.

『정몽』「지당」

인도仁道에는 근본이 있다. 가까이 자신을 시험 삼아 그것을 미루어 다른 사람에게까지 미치게 하는 것이 바로 그 방법이다. 널리 베풀고 대중을 구제하여 천하에까지 넓혀가고 그것을 무궁하게 베풀고자 하면 반드시 성인의 재능을 가져야 그 도를 넓힐 수 있다.

『정몽』「지당」

도가 사람에게서 멀어지면 그것은 곧 인仁이 아니다.

『정몽』「지당」

하늘의 법도를 나의 본성으로 한 뒤에야 인의仁義가 행해지게
된다. 그러므로 "아버지와 아들, 임금과 신하, 윗사람과 아랫사
람이 있은 뒤에야 예의禮義가 행해지게 된다"(『주역』 「서괘」)라고
했다.

『정몽』「지당」

도가 오래가고 또한 클 수 있는 까닭은 그것이 하늘과 땅을 닮아
서 서로 떨어지지 않기 때문이다. 하늘과 땅과 더불어 서로 유사
하지 않으면 그것은 도와 멀리 어긋나게 되는 것이다.

『정몽』「지당」

유교적 세계관의 철학적 근거는 '일즉전一卽全' '전즉일全卽一'의 천인합
일天人合一 사상에 있다. 이러한 사상은 유교뿐만 아니라 도가와 불가사상
에서도 확인할 수 있는데, "천지와 내가 함께 살아가고 만물과 내가 하나
가 된다"[51]라고 하는 장자의 말이 대표적인 사례다. 천지만물과 더불어 살
아간다고 하는 '대아적大我的' 자아관은 송대 신유학에 이르러 더욱 강조
된다. 신유학자들은 여러 가지 방식으로 기회 있을 때마다 대아적 자아관
을 피력했는데 이와 관련하여 특히 장재의 「서명西銘」이 유명하다. 장재는
이 글에서 "사람들은 모두 한 배腹에서 태어난 형제이고, 만물은 모두 나와
더불어 살아가는 동료다民吾同胞, 物吾與也"라고 했다.

건乾은 하늘로서 아버지라 불리고, 곤坤은 땅으로서 어머니라 불린다. 나는 여기서 조그만 모습으로 그 가운데 뒤섞여 있다. 하늘과 땅에 가득 찬 것을 내 몸으로 삼고, 하늘과 땅을 이끌고 가는 것을 내 본성으로 삼는다. 사람들은 모두 한 배腹에서 태어난 형제이고, 만물은 모두 나와 더불어 살아가는 동료다.

『정몽』「건칭」

유가사상에서는 모든 인간에게 본연의 심心이 내재되어 있다고 보는데, 『중용』에서는 이것을 '성性'이라고 한다. 장재 또한 모든 인간에게 내재해 있는 도덕적 본성을 '성'이라 여기며 이것이 천도(천리)와도 근본적으로 통하는 것이라 여겼다. 그러므로 그는 본연의 심心인 성性이 하늘과도 통하고 사람들과도 서로 통한다고 보았다. 바로 이러한 관념에서 그는 인간이 세계 및 타인과 결코 분리될 수 없는 존재라고 보았으며, 대아大我, 즉 '참된 나'의 의미를 '관계적' 자아로 이해했던 것이다.

장재의 「서명」은 '공동체적 자아'를 잘 표현하고 있는 유명한 글이다. 그는 이 글에서 천지는 사람과 만물의 부모이고, 나는 그 가운데 섞여 있는 존재라고 하며 천·지·인의 합일을 주장한다. 또한 그는 천지의 본성이 곧 인간의 본성이므로 결국 모든 사람은 나의 동포이고 만물은 나의 동료라고 보았다. 이때 장재가 말하는 천지의 본성과 인간의 본성은 인仁이라는 측면에서 공동 지점을 확보한다. 만물을 낳고 기르는 것이 천지의 본성이자 '인'이다. 마찬가지로 인간 또한 공동체(국가와 사회)를 이루어 그 안에서 마치 한 가족처럼 서로 사랑하고 돕는 것이 인간의 본성, 즉 인간다움이고 '인'이다. 얼핏 보기에 이러한 생각은 묵가에서 말하는 겸애兼愛의 무차별적인 사랑과 비슷한 것처럼 보이기도 하나 구체적 내용은 다르다. 장재와 신유학자들이 말하는 인仁은 '가家'를 기반으로 하여 효제孝悌를 중심 내용으로 하고 있다. 그러므로 신유학자들이 주장하는 '인'은 부자와 형제의 육친애를 중심으로 하고 거기서부터 타인과 만물에 대한 사랑을 동심원적同心圓的으로 넓혀나간다.[52] 이러한 '인'은 가족으로부터 시작하여 향촌 사회와 국가 및 천하세계에까지 확장된다. 장재는 「서명」에서 이러한 관념을 명료하게 제시했다.

【 장재 8 】 원문 72

천자天子는 우리 부모의 장자長子요, 그의 신하는 장자의 가상家相이다. 나이 많은 어른을 모실 때에는 자기 어른을 모시는 것같이 모시고, 약하고 외로운 사람을 돌볼 때에는 자기 어린이를 사랑하듯이 사랑한다. (…) 무릇 천하의 노쇠한 이, 불구자, 형제 없는 사람, 자식이 없는 사람, 홀아비, 과부 등은 모두 나의 형제들로서, 환난을 겪으나 하소연할 데 없는 불쌍한 사람들이다. "이에 보전하리라"(『시경』「주송」)고 함은 자식이 부모를 존경하는 것이며, "즐거워하고 또한 근심하지 않는다"(『주역』「계사 상」)고 함

은 자식이 부모에게 드리는 지순한 효성으로 인해서다. 부모의 말씀에 순종하지 않는 것을 패덕悖德이라 말하고, 어진 것을 해치는 것을 적賊이라 하며, 악을 행하는 것을 부재不才라 한다. 그 아비의 모습을 따르려는 사람은 오로지 아비를 닮은 자식이 될 것이다.

『정몽』「건칭」

여기에서 바로 예禮, 인仁, 효孝와 같은 유교의 도덕관념이 등장한다. 유교는 현세의 삶 안에서 진정한 가치를 찾고자 한다. 또한 유교는 현세의 삶에서 마땅히 힘써야 할 도리를 다한 '완성'과 '휴식'이라는 의미의 죽음관을 강조한다. 유교는 현세에서 지선至善의 삶을 살아감으로써 죽음으로 인해 단절되지 않는 '보다 더 큰 삶大我'을 추구하며 이를 통해 죽음을 극복하고자 한다. '태허즉기론太虛卽氣論'은 이러한 유가적 인생관을 뒷받침하는 장재의 천도론이며, 「서명」은 인仁에 바탕한 장재의 인도론을 가장 실감나게 보여주는 대표 저작이다.

09
단계

	주희
맥락 ⊙	도는 체體와 용用을 겸한다
의미 ⊙	태극, 이理, 성性, 체, 용
구절 ⊙	도는 사물이 마땅히 그렇게 해야 할 이치다

　신유학의 사상적인 주요 원천으로 세 가지 사상 노선을 들 수 있다. 첫째는 유가사상 그 자체다. 둘째는 불가사상이다. 신유학자들에게 있어서 선종禪宗이나 불교佛教는 동의어로 여겨졌는데, 어떤 의미에서는 신유학 자체도 선종의 논리적인 발전의 한 유파라 해도 무방할 만큼 그 영향을 많이 받았다. 그리고 셋째는 도가사상으로서 신유학파의 우주론적 세계관에 있어서 많은 영향을 끼쳤다.

　이 세 가지 사상 노선은 서로 이질적인 요소를 포함하고 있으며, 심지어 어떤 면에서는 서로 모순되기까지 한다. 그러므로 신유학자들이 이 세 가지 사상을 하나로 회통시키는 데는 상당히 오랜 시일이 필요했다. 특히 이러한 회통은 단순한 절충이 아니라 동질적인 총체로 형성되는 하나의 새로운 체계이기 때문에 더욱 오랜 시일이 걸렸다.[53] 이러한 작업은 당대唐代의 한유와 이고로부터 시작되어 정씨程氏 형제를 비롯한 북송시대 일련의 유학자들에 이르러 본격적으로 이루어지며, 남송 주희朱熹(1130~1200) 때 마침내 완성을 이룬다.

이러한 측면에서 보면 주희의 사상에서 독창적인 부분보다 앞 시대 학자들의 사상을 종합하여 체계화시킨 특색이 훨씬 더 강하다. '주자朱子'라는 이름으로 우리에게 더 익숙한 그는 치밀한 논증, 명석한 사고와 해박한 지식을 가졌으며 수많은 저술을 남겼다. 신유학, 그중에서도 성리학은 주희에 이르러 절정에 달했다. 그의 학문은 몇 차례의 도전을 받기는 했지만 근대 서양철학이 동아시아에 들어올 때까지 동아시아인들의 의식 가운데 가장 뿌리 깊게 자리 잡고 있었던 관방官方 철학이었다.

주희는 '철학적 사색尊德性'과 '학문 연구道問學' 양 방면을 결합하는 데 성공한 학자다. 그는 학문 연구에 있어서 사서四書를 강조했다. 주희는 사서에 집주集註를 붙였으며, 이 글을 자신의 저술 가운데 가장 중요한 저작으로 생각했다. 심지어 세상을 떠나기 바로 전날까지도 사서의 주석을 수정하는 작업을 하고 있었다. 그러므로 사서에 대한 주희의 집주 작업은 단순한 경전 풀이에 그치지 않고, 주희 자신의 철학체계를 정치하게 펼쳐낸 창의적인 저술 작업이었다.

주희는 북송시대의 상당수 학자들로부터 사상적 영향을 받았는데, 그중 한 사람이 바로 장재張載다. 장재는 기철학을 통해 도가와 불가사상의 세계관을 극복하고자 했다. 그런데 주희는 장재 사상의 중요성을 인식하면서도 동시에 그 문제점 또한 분명하게 파악하고 있었다. 그는 장재 철학

백록동서원의 주희 동상.

도道, 길을 가며 길을 묻다

의 맹점을 개선하려고 애썼는데, 뭉치고 흩어지는 기氣에 불변하는 존재 이유나 목적을 집어넣고자 했다.⁵⁴ 그는 이러한 존재 이유나 목적을 태극 太極 혹은 이理라고 불렀다.

형식상 주희의 사상은 '이'와 '기'의 이원론으로 구성되어 있다. 그는 정이가 말하는 물物을 '기'로 이해하여 '이'와 대치시키고, 인간의 행위와 자연 모두에 걸쳐서 '이'와 '기'의 이론을 전개했다. 그는 '경험적으로 지각할 수 있는形而下' 모든 것을 '기'로 파악했고, 기의 작용과 운동의 법칙 및 물物의 질서를 형이상의 이理로 이해했다.⁵⁵ 주희는 '이'가 있기 때문에 '기'가 있으며, 기가 유행하여 만물을 발육시킨다고 보았다. 주희의 이러한 생각은 '이'가 '작용'이기보다는 '존재'임을 주장하는 것이다. 즉 주희에게 있어서 천지만물을 존재하게 하는 것은 실제적 '힘'인 기라기보다는 우주적 형성 과정의 이면에 있는 '이'다. 엄밀한 의미에서 '이'는 활동작용이 아니라 창조 과정을 밑받침하는 '존재의 근저'다. 즉 '이'는 '통일적 지향성'이라 할 수 있고, 기는 '실천적 적응력'으로 볼 수 있는데, 이 양자는 서로 분업 관계에 있다.⁵⁶ 주희의 관점에서 본 '이'의 개념적 특성은 '형이하'의 세계에 존재하기 마련인 사물, 사건, 현상들과 구분되어 그것은 어디까지나 '형이상'의 세계에 있다.

그렇지만 이러한 '이'는 구체적 사물을 떠나지 않는다는 것이 주희 철학의 특징 중 하나다. 그가 말한 '도'는 대부분 인륜의 '이'를 가리켜 말하고 있으며 '자연계의 이치物理'를 가리켜 말한 것이 매우 적다. 주희는 "도란 사물의 당연한 '이'다"⁵⁷ "내가 말하는 도란 군주와 신하, 아버지와 아들, 아내와 남편, 형과 아우, 친구의 당연한 실리實理다. (…) 인사人事에서 당연한 실리가 곧 사람이 사람으로서 되는 까닭이다"[58]라고 했다. 여기에서 우리는 주희가 말하는 도가 당위론적 개념이자 가치론적 개념임을 알 수 있다.

우선 '죽음'에 관한 주희의 입장을 확인해보도록 하자. 그의 사생관死生觀은 공자와 제자들 사이의 저 유명한 대화를 풀이하는 말 가운데 잘 드러난다. 먼저 공자와 제자들의 대화를 인용해보도록 하자.

계로가 귀신 섬기는 것을 묻자, 공자는 "사람을 섬기는 것도 알지 못하는데, 어찌 귀신 섬기는 것을 알 수 있겠는가"라고 말했다. 또 계로가 "감히 죽음에 대해 묻겠습니다"라고 하자, "아직 삶도 제대로 알지 못하는데 어찌 죽음을 알 수 있겠는가"라고 답했다.[59]

자공이 공자에게 "죽은 사람이 '현세의 일'을 알 수 있습니까, 없습니까"라고 물었다. 그러자 공자는, "만약 죽은 사람이 '현세의 일'을 알 수 있다고 한다면 효성스런 후손들이 삶을 버리고 죽음에 매달릴까 두렵고, 알지 못한다고 말하면 불효한 후손들이 죽은 사람을 제대로 묻지도 않고 아무렇게나 처리할까 두렵다. 죽은 사람이 세상의 일을 알 수 있는가 없는가는 그대가 죽은 후에 저절로 알게 될 것이니, 그때 가서 알아도 늦지 않을 것이다"라고 했다.[60]

이 문답으로 인해 전통적으로 유교는 귀신이나 사후세계에 대한 논의를 유보한 채 현세적인 삶에 충실하고자 하는 현실주의 사상으로 강하게 인식되어왔다. 그런데 송·명시대 신유학자들은 이 문제에 대해 좀더 적극적인 입장을 취한다. 이들은 기본적으로 공자의 입장을 지지하기는 하지만, 초월 세계에 대해 단순히 불가지론의 소극적 태도만을 취하지는 않았다.

정이는 위 『논어』 구절을 풀이하여 "밤과 낮은 삶과 죽음의 도리다. 삶의 도리를 알면 죽음의 도리를 알게 된다. 그리고 사람을 섬기는 도리를 다하면 귀신을 섬기는 도리를 다하게 된다. 삶과 죽음, 사람과 귀신은 같으면서 다르고 다르면서 같은 것이다"[61]라고 했다. 즉 그는 공자의 이 말이 귀신이나 죽음의 문제를 모른다는 뜻이 아니라, 귀신이나 죽음의 문제보다는 현실적 삶의 문제를 더 중시하라는 의미로 해석해야 된다고 보았다. 그의 말은 유교의 관심이 죽음이나 사후세계보다는 삶과 현실 문제에 있다는 것을 다시 한번 확인시켜준다.

이러한 입장은 주희의 경우에 더욱 그러하다. 그는 위 구절에 대해 "생각건대 저승과 이승, 삶과 죽음은 처음부터 다른 이치가 아니지만 다만 배움에는 순서가 있어 뛰어넘을 수 없기 때문에 공자가 이와 같이 말한 것이다"[62]라고 해석했다. 주희는 죽음을 군이 해명하려 한다면 해명할 수 있다고 자신했다. 그는 제자 정윤부程允夫에게 보낸 편지글에서 귀신과 생사의 이치가 궁구하기 어려운 문제가 아님을 역설했는데,[63] 특히 『주역』의 "시작에 근원하여 끝으로 돌아가며, 그러므로 삶과 죽음의 이야기를 안다"[64]라는 구절에 의거하여 죽음은 알 수 없지만 죽음의 이치는 알 수 있다고 보았다. 그래서 그는 "사람이 아직 죽지 않았는데 어찌 죽음을 알 수 있겠는가? 다만 그 처음 이치에 근원하여 마지막을 미루어 추측해보면 알 수 있다"[65]라고 했다.

주희는 여기서 죽음에 대한 물음을 죽음의 이치에 관한 물음으로 바꾸었으며, 죽음의 이치에 관한 물음은 결국 삶과 죽음을 관통하는 이치의 물음이라고 보았다. 즉 그는 죽음이 무엇인가, 사후세계는 어떠한가에 대해서는 답하기 곤란하다고 했지만 삶과 죽음을 관통하는 죽음의 이치에 관해서는 답할 수 있다고 보았다. 그렇다면 그가 생각하는 삶과 죽음을 관통하는 이치는 무엇인가? 이것은 한마디로 현실에의 충실이다. 현재 우리에게 주어진 삶을 최선을 다해 살아가는 것이 바로 '인도'의 핵심이다. 사후세계가 어떠한지 알 수 없지만, 적어도 현실의 삶과 연관되지 않는 사후세계는 우리에게 의미가 없다고 보았던 것이다. 그래서 그는 "아침에 도를 들으면 저녁에 죽어도 좋다"(『논어』 「이인」)는 공자의 말을 풀이하면서 일용 인륜의 당위적 도를 강조했다.

【주희 1】 원문 73

도는 사물이 마땅히 그렇게 해야 할 이치다. 정말로 도를 들을 수만 있다면, 삶은 순조롭고 죽음은 편안하다. 다른 여한이 없다. 아침과 저녁은 그 기간이 가까움을 강조한 말이다.

『논어집주』 「이인」

"'아침에 도를 들으면 저녁에 죽어도 좋다' 함은 불교의 설에 가깝지 않습니까?" (…) "우리가 말하는 도는 군신·부자·부부·형제·친구 사이에 마땅히 그래야 할 실질적인 이치다. 불교인들이 말하는 도는 실질적인 이치를 환상으로 여기고 망령으로 여겨

멸절시킴으로써, 저들이 말하는 청정적멸淸淨寂滅의 경지를 구하는 것이다. 인간사의 마땅히 그래야 할 실질적인 이치는 바로 인간이 인간일 수 있는 까닭이니, 깨닫지(듣지) 않으면 안 되는 만큼 아침에 듣고 저녁에 죽어도 또한 유감이 없을 수 있다. 불교인들이 말하는 청정적멸의 경지는 처음부터 인간의 일상생활에는 아무 소용이 없는지라, 그들이 급하게 깨닫고자 하는 까닭은 오직 장차 죽음이 이르는 것을 두려워하여 깨달은 도에 의지하여 죽음에 대적하려는 것일 뿐이다. 그러므로 우리 주장을 추구하는 자는 법도를 실천하여 운명을 기다릴 뿐行法俟命, 죽음을 알고자 하지 않는다. 저들의 주장을 추구하는 자들은 좌선으로 모든 것을 잊고 곧바로 해탈하여坐忘立脫 온갖 실마리를 잡다하게 통찰하려 하니, 세상을 교화하는 만 가지 본분에는 끝내 아무런 보탬이 되지 못한다."

『논어혹문』「이인」

"'도가 사물이 마땅히 그래야 할 이치'라면 제 생각에는 중대한 도리라고 해도 군신·부자·부부·친구 사이의 윤리일 뿐입니다. 그래서 서로 친애·의리·분별·신의가 있어야 한다는 것입니다. 학생이 만약 하루라도 제대로 배우면 누가 그런 것을 알지 못하겠습니까? 그런데 그런 것을 듣고 죽어도 된다는 논리라면 그다지 쓸모없을 듯합니다. 그렇다면 도란 어디에 참으로 절실하고 지극히 마땅하게 그와 같이 해야 하는 것이 있습니까? 또 어찌하여 사람으로 하여금 들으면 곧 죽어도 유감이 없게 만드는 것이 됩니까?"

"도는 참으로 일상생활에서 늘 행하는 공간을 벗어나지 않는다. 다만 그대가 '그다지 쓸모없다'고 말한 것은, 오직 그대의 인식이 참된 경지에 이르지 못했기 때문이다. 만약 진실하게 인식했다면 틀림없이 돈독하게 믿고 확고하게 견지할 것이다. 다행히 아직 안 죽었다면 인식한 바를 확충하여 성인도 되고 현자도 될 것이다. 만약 하나를 깨닫고 곧바로 죽더라도 어리석고 몽매한 상태로 죽는 짐승처럼 일생을 보낸 것은 아니지 않는가? 그러므로 사람이라면 반드시 도를 듣는 일을 중히 여긴다."

"이른바 깨달음(들음)이란 크게는 우주, 작게는 초목, 나아가 저승의 귀신과 이승의 인간사에 이르기까지 그 어느 것도 모르는 것이 없는 경지 아닙니까?"

"꼭 그렇게 여길 필요는 없다. 요컨대 인간다운 도리를 알면 된다. 많고 적음은 사람의 학력에 달려 있다."

"이 장을 읽을 때, 성인(공자)이 사람들에게 도를 들으면 반드시 죽으라고 하신 것이 아니라, 다만 도를 듣지 않으면 안 된다는 점을 강조한 것으로 이해해야 할 듯합니다. 이 구절을 뒤집어 '만약 사람이 일평생 도를 듣지 않으면 오래 산들 무슨 소용이 있겠는가'라고 이해하면 저절로 분명해질 것 같습니다."

"그렇다. 만약 사람이 도를 들으면 살아도 헛되지 않고 죽어도 헛되지 않으나, 도를 듣지 못한다면 살아도 헛되고 죽어도 헛된 것이 된다."

『논어어류』「이인」

'아침에 도를 들으면' 그 삶이 옳고, 죽더라도 그 죽음이 옳다. 도를 듣지 않으면 살아도 옳지 않고 죽어도 옳지 않다. 만약 살아서 하늘을 우러러 부끄러움이 없고 아래로 굽어보아 수치가 없으며, 조금이라도 도리에 부합하지 않는 점이 없다면, 그의 죽음 역시 어찌 옳지 않을 수 있겠는가!

『논어어류』「이인」

도는 다만 사물이 응당 그러해야 할 이치이니, 낱낱이 간파하면 見得破 삶이든 죽음이든 대응할 수 있다. 삶은 물론 원하는 바이지만 죽더라도 장애가 없다.

『논어어류』「이인」

도를 깨닫고(듣고) 죽어야 그 죽음도 옳다. 죽음이 옳다면 그 삶도 모두 옳다. 도를 깨닫지 못하면 그는 살아서도 옳지 않게 행한 셈이니, 죽어서도 옳지 않다. 우리 유학은 다만 이 도리를 이해하려는 것이다. 살아도 이 도리요 죽어도 이 도리일 뿐이다. 반대로 불교는 저 유학의 도리 때문에 인간이 번뇌하고 혼란스러워진다고 설교하여, 온갖 노력을 다하여 저 도리를 쓸어내고 없애라고 가르치니, 일평생 저 도리에 교란되고 일평생 마음에 괴롭힘을 당하는 셈이다.

『논어어류』「이인」

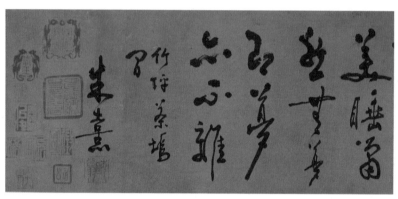

주희의 친필.

도道, 길을 가며 길을 묻다

또한 주희는 "도는 형체가 없지만 행하면 일에 나타난다"[66]고 했다. 즉 도가 형체가 없으므로 볼 수는 없지만, 행동할 때 행위와 관계되는 현상에 나타난다는 것이다. 그는 오직 행위를 통해서만 도를 알 수 있다고 했다. 또한 그는 도라고 하는 것은 성性을 따르는 것일 뿐이라고 했다.

【 주희 2 】 원문 74

이른바 도라고 하는 것은 성性을 따르는 것일 뿐이다. 성은 있지 않음이 없으니, 그러므로 도는 존재하지 않음이 없다. 크게는 부자와 군신, 작게는 동動·정靜과 먹고 쉬는 것에 인위적으로 하지 않더라도 각각 바뀔 수 없는 당연한 이理가 있으니 이것이 이른바 도다. 이것은 바로 천하의 사람과 사물이 공유한 것으로 천지에 가득 차고 고금을 관철하니, 이를 지극히 가까운 곳에서 취하면 항상 나의 마음에서 벗어나지 않는다.

『중용혹문』

여기에서 도에 관한 주희의 몇 가지 생각을 확인할 수 있다.

[1] 도는 본성대로 행위하는 것이다.

[2] 도에는 윤리적인 도와 생리적인 도가 있다.

[3] 도의 발현은 자연적이고 필연적이다.

[4] 도는 모든 존재가 공유하는 근거로 어떠한 공간과 시간에도 항상 존재

한다.

[5] 도의 가장 가까운 소재는 마음心이다.[67]

주희는 도가 항상 나의 마음에서 벗어나지 않는다고 했다. 그렇지만 이 말은 마음이 곧 도라고 하는 왕수인의 주장과는 다르다. 왕수인은 마음 자체를 도라고 했지만, 주희에게 있어서 도는 본래의 마음, 즉 성性을 의미한다.

주희의 도론道論에 등장하는 또 하나의 중요한 이론이 바로 '체용론體用論'이다. 주희는 도에 체와 용이 있다고 본다. 즉 도는 체와 용을 겸하고, 은隱과 비費를 갖추어 말하는 것이라고 주장했다. 주희는 『중용』에 나오는 "군자의 도는 비費이면서 은隱이다"라는 말을 도의 체와 용으로 받아들여서 이렇게 설명한다.

【주희 3】 원문 75

도의 용은 광대하며 그 체는 은미하고 비밀스러워 볼 수 없으니, 이른바 '비'이면서 '은'이다. 비근한 것으로 말하면 남녀가 집안에서 거처할 때 사용하는 일상적인 인도다. 그래서 비록 어리석고 못난 사람이라 할지라도 능히 알고 행할 수 있다. 반면 고원한 것으로 말하면 천하의 큰 사물과 같은 것이어서 비록 성인이라 할지라도 그 모든 것을 알고서 대응할 수 없다. (…) 어리석고 못난 부부라 할지라도 능히 알고 행할 수 있는 것에서부터 성인과 천

지라 할지라도 다하지 못하는 것에 이르기까지 도는 있지 않은
곳이 없다. 그러므로 군자는 도를 말함에 있어서 '양면의 논리를
펼치는데' 크게는 천지와 성인이라도 능히 다하지 못하여 도가
포괄하지 못하는 바가 없으니 천하라도 이를 다 실을 수가 없다.
그리고 작게는 어리석은 부부라 할지라도 능히 알고 행할 수 있
는데, 이때의 도는 본체가 되지 않는 바가 없어서 천하라도 이를
깨뜨릴 수가 없다. 천하에 있어서 도는 그 작용이 광대하기 때문
에 이것을 가히 '비'라고 할 수 있다. 도가 작용하는 본체는 이것
에서 떨어지지 않으며, 보고 듣는 것으로써 미칠 바가 아니니,
그래서 이것을 '비'이면서 '은'이라고 한다.

『중용혹문』

주희는 '은'을 도의 체, '비'를 도의 용으로 이해했다. 또한 그는 『중용』의
"희·노·애·락의 미발未發을 '중中'이라고 하고 발하여 절차에 맞는 것을
'화和'라고 한다. '중'은 천하의 대본大本이고, '화'는 천하의 달도達道다"[68]라
는 구절에서 '중'과 '화'를 도의 체와 용으로 수용한다. 그래서 그는 "대본
은 천명의 성이니 천하의 이理가 모두 이것에서 나오는 것은 도의 체다. 달
도는 성性에 따름을 말하니 천하 고금의 공유하는 바가 도의 용이다"[69]라
고 말했다. 주희에 따르면 대본中은 '성' 곧 '이'요, 만상萬象은 모든 근원인
성리性理에서 생긴다. 이것이 도의 체다. 그리고 달도는 천명의 자연스러움대로
행하는 것이고, 때와 장소를 통하는 규범이다. 이것이 도의 용이다.

2장 원전과 함께 읽는 도

"『시경』에서 '솔개가 날아서 하늘에 이르고, 물고기는 연못에서 뛰논다'고 하니 그 상·하에 질서가 분명하게 드러남을 말하는 것이다"[70]라고 하는『중용』의 구절도 도의 체와 용을 나타낸다. 주희는 이 구절에 대해 다음과 같이 풀이했다.

> 자사는 이 시를 인용하여 화육化育이 유행하여 상·하에 밝게 드러나는 것이 이理의 용이 아님이 없음을 분명히 한 것이니, 이른바 '비'라는 것이다. 그러나 그 소이연所以然은 보고 들어서 미칠 바가 아니니, 이른바 '은'이라는 것이다.
>
> **「중용장구」, 제12장**

'기'의 운행에 의거한 만물의 생육이 분명한 것은 '이'의 용이 발현한 것이다. 그것은 앞에서 인용한 문장의 "도는 비이면서 은이다"라는 말의 '비'를 뜻한다. 그러나 소이연은 보고 듣는 것으로서는 포착할 수가 없다. 그것은 "도는 비이면서 은이다"라는 말의 '은'을 뜻한다. 여기서 주희는 "솔개가 날아 하늘에 이르고, 물고기는 연못에서 뛰논다"고 하는 것을 "도는 비이면서 은이다"라는 관계에 입각해서 도의 체와 용으로 해석하고 있다.

또한 주희는 "나의 도는 하나로써 관통한다"[71]라는『논어』의 구절 또한 체용론으로 풀이했다.

도道, 길을 가며 길을 묻다

부자(공자)의 한 이理가 혼연하여 널리 응하고 곡진하게 타당하다. 비유하면 천지가 지극히 참되고 쉬는 것이 없어 만물이 각각 제자리를 얻는 것과 같다. (…) 대체로 지극히 참되어 쉼이 없는 것은 도의 체이며, 만 가지 다른 것들이 하나의 근본이 되는 소이所以다. 만물이 각각 그곳을 얻는 것은 도의 용이며, 하나의 근본이 만 가지로 다른 것들로 되는 소이다.

『논어집주』 「이인」

공자는 "나의 도는 하나로써 관통한다"라고 했는데, 이 말은 이理가 혼연한 존재이지만 보편적으로 타당하다는 의미를 지닌다. 예를 들면 천지의 도는 지극히 참되어 단절됨이 없기 때문에 만물은 각각 제자리를 얻는다. 천지의 도는 지극히 참되어 단절됨이 없다고 하는 것은 도의 체(절대 근거)다. 도의 체에 의하여 개개의 사물은 통일을 이룬다. 그리고 만물은 각각 제자리를 얻는다고 하는 것은 도의 용이다. 도의 용에 의해 체가 개개의 사물에 내재하게 된다. 이것이 바로 도의 체와 용에 대한 주희의 해석이다. 이러한 도의 체용론은 '이'와 '기'의 관계, 형이상과 형이하의 관계로서 이일분수理一分殊 사상에서도 확인할 수 있다. 그렇지만 체와 용은 체용일원體用一源이며, 현미무간顯微無間의 관계를 이룬다.

【주희 5】 원문 77

'체용일원'이라는 것은 지극히 은미한 이理로 말하면 곧 충막沖漠하여 조짐이 없으나 삼라만상이 이미 확연히 갖추어져 있다는 뜻이다. '현미무간'이라고 하는 것은 지극히 드러난 현상으로 말하면 일과 사물에 나아가더라도 이러한 이理가 존재하지 않음이 없다는 의미다. 이理를 말하면 체를 먼저 하고 용을 뒤로 한다. 대개 체를 거론하면 용의 이理가 이미 갖추어졌으니 이것이 일원一源이 되는 까닭이다. 일을 말하면 곧 드러남을 먼저 하고 은미함을 뒤로 한다. 대개 일에 나아가도 이理의 체를 볼 수 있으니 이것이 무간無間이 되는 까닭이다.

『태극도설해』

주희는 '체용일원'을 "지극히 은미한 이理로 말한다"고 하고, '현미무간'을 "지극히 드러난 현상으로 말한다"고 했다. 전자는 이理의 면에서 말하고, 후자는 '상象', 곧 기氣의 면에서 말한 것이다. 이미 말한 것처럼 체는 '이'요 용은 '기'다. 또 드러남은 '기'요 은미함은 '이'다. 또 "체를 거론하면 용의 '이'가 이미 갖추어졌다"고 하고, "일에 나아가도 '이'의 체를 볼 수 있다"고 한다. 체는 추상적인 독립 존재가 아니라 필연적인 용의 '이'로서, 용과의 관계 속에서만 존재한다. 그것이 바로 '체용일원'의 의미다.[72] 일事, 즉 기氣를 말할 때, 그것은 근거 없는 존재가 아니다. 필연적으로 '이'의 체가

도道, 길을 가며 길을 묻다

내재한다. 이것이 바로 '현미무간'의 의미다.

　한편 주희는 "성실함誠이 하늘의 도이고, 성실히 하고자 노력하는 것誠
之者이 사람의 도다"[73]라는 『중용』의 구절에 의거해서 천도와 인도의 의미
를 풀이했다.

'성실함'은 진실되고 망령됨이 없음을 이름이니, 하늘 이치의 본
연한 것이다. '성실히 하는 것'이라 함은 아직 능히 진실하고 망령
됨이 없지 못하여, 진실하고 망령됨이 없게 하려 함을 이름이니
사람의 일에 당연한 것이다. 성인의 덕은 혼연한 하늘의 이치일
뿐이기 때문에 진실되고 망령됨이 없어서, 생각하고 힘씀을 기
다리지 않아도 자연스럽고 태연하게 도에 맞으니 또한 하늘의 도
다. 성인의 경지에 이르지 못하면 능히 사람 욕심의 사사로움이
없을 수 없고, 그 덕이 모두 성실할 수가 없다. 그러므로 능히 생
각하지 않고는 알 수 없으니, 반드시 착함을 가린 뒤에야 착함을
밝힐 수 있다. 아직 힘쓰지 않고는 맞게 할 수 없다면, 반드시 굳
게 잡은 뒤에야 몸을 성실히 할 수 있을 것이니, 이것이 이른바
'사람의 도'다.

『중용장구』, 제20장

주희는 여기서 성誠과 성지誠之, 천도와 인도, 성인과 범인(현인)을 구분하고 있다. 그렇지만 그가 진정 강조하고자 했던 것은 바로 '성지' '인도' '범인(현인)'이다. '성誠' 자체의 천도에 대해서는 이상 경지로 설정했을 뿐, 구체적인 설명을 자제한다. 그렇지만 성실하게 살려고 노력하는 인도에 대해서는 그의 저작 곳곳에서 수시로 강조한다. 주희는 인도를 설명하면서 특히 "반드시 착함을 가린 뒤에야 착함을 밝힐 수 있다"라고 했다. 그는 '착함을 밝히는 것'과 '착함을 가리는 것' 중에서 어느 것이 먼저인가라는 질문을 받고서는, "비유하여 열 개의 사물 중에서 다섯 개는 착하고 다섯 개는 악하다면, 반드시 이것은 착한 것이고 이것은 악한 것임을 가려내야만 선과 악이 분명하게 구분될 것이다"[74]라고 했다. 위학爲學의 방법에서 존덕성尊德性보다는 도문학道問學을 강조하는 주희의 주장이 여기서도 적용된다. 그렇지만 주희에게 있어서의 앎이란 어디까지나 도덕적 실천을 위한 전제로서의 앎이다. 성誠 또는 선善으로 전제되는 도덕적 가치들이 행한다는 측면을 떠나서는 아무런 의미도 가질 수 없기 때문이다. 그래서 그는 "배우며, 묻고, 생각하여 분명하게 되는 것學問思辨이 선善을 가려選 택해擇 알게 되는 바다"[75]라고 했다. 주희는 참된 앎의 의미에 윤리적 내용을 포함시켰으며, 이것을 인도의 실체로 설명했다.

주희는 이러한 맥락에서 "성性을 따르는 것을 일러 도라고 한다"[76]라는 구절을 풀이했다. 그는 하늘이 우리에게 명한 '성'은 '인·의·예·지'일 뿐이라고 생각했으며, '성을 따르는率性 도'라고 하는 것은 우리가 날마다 쓰는 일과 물건 사이에서 각각 마땅히 가야 할 길이라고 했다.

'성을 따르는 것을 일러 도라고 한다'는 것은 하늘로부터 얻어 생기게 된 것을 따른다는 말이니, 모든 일과 사물이 자연히 각자 마땅히 가야 할 길이 있는 것이다. 이것을 '도'라고 한다. 하늘이 명한 '성'은 '인·의·예·지'일 뿐이다. '인'의 성을 따르면, 아버지와 자식 간의 사랑으로부터 백성을 사랑하고 사물을 아껴주는 데 이르기까지가 모두 '도'다. '의'의 성을 따르면, 임금과 신하 사이의 분별로부터 어른을 공경하고 현인을 존대하는 것에 이르기까지가 또한 '도'다. '예'의 성을 따르면, 공경하고 사양하는 절도와 문식文飾이 모두 '도'다. '지'의 성을 따르면, 시비是非와 사정邪正의 분별도 또한 '도'다. 이것이 이른바 "성性은 한 가지 이치도 갖춰지지 않음이 없다"는 것이다. 이 때문에 '도'라는 것은 바깥에서 구하지 않고도 구비되지 않은 것이 없고, '성'은 한 가지 물건도 얻지 못한 것이 없다는 것이니, 이 때문에 '도'라는 것은 인위人爲를 빌리지 않더라도 두루 미치지 않음이 없다. 비록 조수鳥獸와 초목草木이 생겨날 때 겨우 형기形氣의 일부를 얻어 온전한 체體에 관통할 수 없다 하더라도, 그 지각과 운동, 영고榮枯와 성쇠盛衰는 모두 그 '성'을 따라 각기 저절로 그러한 이치를 가지고 있는 것이다. 호랑이와 이리에게도 아비와 자식의 관계가 있고, 벌과 개미에게도 임금과 신하의 관계가 있으며, 승냥이와 수달도 근본에 보답할 줄 알고, 물수리와 비둘기에게도 분별이 있으니,

이들은 그 형기가 치우쳐 있으나 도리어 의리의 마땅한 바를 보존하고 있다. 그러니 더욱 천명의 본연은 애초부터 틈이 없어서 '도'라는 것도 또한 여기에 있지 않음이 없다는 것을 알 수 있다. 이것이 어찌 인위를 기다려야 하는 것이며, 또한 사람만이 할 수 있는 것이겠는가?

『중용혹문』

주희의 도론은 그의 철학의 논리 구조에서 두 방향으로 발전했다. 하나는 우주자연을 통해 천지만물, 즉 기氣와 연관된 것이고, 다른 하나는 인간 세계를 통해 구성된 윤리도덕의 원칙이자 규범이다. 그는 도 개념을 통해 대자연과 인간 사회를 결합시키고자 했다. 주희는 앞 시대 학자들의 도론을 계승하고 집대성하여 도를 태극, 이理, 기氣 등의 성리학적 개념과 결부시켜 해석했다. 그는 도理와 기器(기氣)는 서로 의지하여 분리할 수 없으며, 도는 기 가운데 있고 도와 기는 선후를 구분할 수 없다는 등의 탁월한 논리를 전개했다. 이러한 주희의 사상은 중국철학사의 인식론 역사에 있어서 중요한 의미를 갖는다. 그렇지만 주희가 도론을 통해 가장 강조하고 싶었던 것은 결국 일용 일상의 윤리적 도, 즉 인도다. 주희는 하늘이 우리에게 명한 '성'은 '인·의·예·지'일 뿐이고, 이러한 성을 따르는 것이 '도'(인도)라고 했다. 바로 이러한 점에서 주희는 전통 유학의 형이상학화를 시도하면서도, 궁극적으로는 유학의 가르침에로 되돌아갔다고 할 수 있다.

중국 장시성 루산廬山 기슭에 있는 백록동서원. 주희가 학문을 강론했던 곳으로 유명하다.

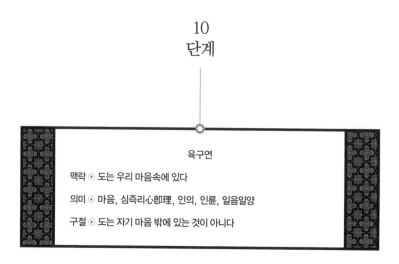

10
단계

육구연

맥락 ⊙ 도는 우리 마음속에 있다

의미 ⊙ 마음, 심즉리心卽理, 인의, 인륜, 일음일양

구절 ⊙ 도는 자기 마음 밖에 있는 것이 아니다

육구연陸九淵(1139~1192)은 심학心學의 기초를 세웠다. 그는 도가 마음 밖에 있는 것이 아니라, 마음속에 있다는 학설을 중심으로 하여 자신의 도론을 전개했다. 즉 주희가 이理와 태극으로써 도를 설명한 것과는 달리, 육구연은 마음心으로 도를 설명했던 것이다. 그는 "우주가 곧 내 마음이요, 내 마음이 곧 우주다"[77]라고 했다. 주희가 '성즉리性卽理'의 입장을 견지한 데 반해, 육구연은 '심즉리心卽理'를 주장했다. 주희의 사상체계에 있어서 심心은 기氣와 마찬가지로 이理의 구체적인 결합으로 생각되었다. 그렇지만 육구연의 사상체계에 있어서는 심心 자체가 성性이다. 이러한 육구연의 주장은 명대 왕수인王守仁에 이르러 좀더 완전한 형태로 발전하게 된다.

도道, 길을 가며 길을 묻다

사람이라면 그 누가 마음이 없겠는가? 도는 바깥에서 찾는 것이 아니니, 다만 그것을 해치고 그것을 놓치는 것을 근심할 뿐이다.

『육구연집』「여서서미」

도는 자기 마음 밖에 있는 것이 아니다. 스스로 착하고자 할 수도 있고, 크게 변화하여 성스러워지고, 성스러워져서 알 수 없는 신묘함에 이르게 되는 것이 모두 내 마음이다.

『육구연집』「경재기」

천지 사이에 있는 어떤 것이라도 천지가 만들어내지 않는 것이 있겠는가. (…) 도가 어찌 천지와 다를 수 있겠는가? 마음이 어찌 천지와 다를 수 있겠는가?

『육구연집』「천지설위성인성능인모귀모백성여능」

육구연에게 있어서 도는 천지만물의 본체이며, 주제적 마음을 존재 형식으로 하고 있다. 도와 마음은 천지 사이에서 본질적으로 차이가 없다. 그래서 천지만물은 모두 하나의 본체로 통일된다. 이 하나의 본체가 바로 마음과 합일된 도다. 도는 최종 근원이다. 그렇지만 도의 구체 존재는 사물과 상호 결합하여 자신의 모습을 드러내기 때문에 결국 구체적인 사물을 떠나서는 도라 할 수 없다. 도는 만물의 주재로서 사물 가운데 존재하여 사물과 분리될 수 없다. 그래서 육구연은 도를 마음 밖에 있는 것이 아니

육구연은 "도는 바깥에서 찾는 게 아니다"라며 마음을
보라고 했다.

라, 마음이 본래 가지고 있는 것으로 이해했다.

도는 우주에 가득 차 숨어 있는 것이 아니다. 하늘에 있으면 음과 양이라 하고, 땅에 있으면 부드러움과 강함이라 하며, 사람에게 있으면 인仁과 의義라고 한다. 그러므로 인의는 사람의 본심이다.

『육구연집』「여조감」

우리 유가의 도는 천하의 상도常道다. 그것을 전상典常이라 하고, 이륜彝倫이라고도 한다. 이 도는 천하가 다 함께 따르고, 백성들이 매일 쓰는 바의 것은 이 도 하나뿐이니 고칠 수 없다.

『육구연집』「여왕순백」

도는 천하의 영원한 공리公理이고 사람들이 다 함께 따라야 할 바다. 임금에게는 임금의 도가 있고 신하에게는 신하의 도가 있으며, 아버지에게는 아버지의 도가 있고 자식에게는 자식의 도가 있으니, 도가 없는 것이란 없다.

『육구연집』「논어설」

육구연은 천지만물이 모두 도의 법칙을 따라 운행한다고 보았으며, 인간 사회의 인의도덕 또한 도가 운동 변화하여 나타난 것이라고 생각했다.

그는 유가의 도덕윤리를 반드시 준수해야 할 상도常道로 보았다. 그래서 유가의 도리는 천하가 함께 따르고 백성들이 매일처럼 사용하는 것이라고 했다. 육상산에게 있어서 인의는 본심의 구현이고, 도는 마음과 동일하므로 인·의·도·덕은 곧 마음과 도의 공통 속성이다. 또한 그는 도를 천하의 사사로움 없는 이理라고 여겼으며, 그러므로 모든 사람은 각각 자기의 신분과 처지에 따라 당연히 따라야 할 도리가 있다고 보았다. 인류의 도를 강조하는 육구연의 주장은 유가 전통의 입장을 충실히 계승했다.

『태극도설』에 관한 논쟁

송대 신유학을 대표하는 주희와 육구연은 우호적인 관계를 유지했으면서도 학문적으로는 열띤 논쟁을 펼치기도 했다. 서신왕래를 통한 『태극도설』에 관한 논쟁은 '도'에 대한 두 사람의 입장 차이를 분명하게 드러내며, 또한 후대 유학사에 많은 영향을 끼쳤다. 논쟁의 내용을 보다 충실하게 이해하기 위해 '육구연이 주희에게 보낸 편지'와 '주희가 육구연에게 보낸 편지'를 함께 살펴보도록 하자.

육구연이 주희에게 보낸 편지

태극이란 것은 실로 이러한 이치가 있는 것이요, 성인이 이것을 따라서 발명했을 뿐이다. 빈말로 주장하여 후대 사람들로 하여 금 입씨름이나 하고 또한 종이와 붓을 가지고 글 장난이나 하라 고 한 것은 아니다. 그것(태극)이 모든 변화의 근본이 됨은 본디 스스로 정한 바다. 그것이 모든 변화의 근본이 되고 못 되고, 될 수 있고 될 수 없고 하는 것이 어찌 사람의 말하고 말하지 아니 함에 달려 있겠는가?

『육구연집』「여주원회」

나는 가만히 생각해보건대, 귀하께서 태극을 잘 살피지 못했다 고 생각한다. 만약 잘 살펴보았더라면 위에 '무극無極'의 글자를 더할 필요가 없으며, 아래에 진체眞體란 글자를 덧붙일 필요가 없는 것이다. 위에 무극 글자를 더하면 이것은 상牀 위에 상을 겹 치는 것이요, 아래에 진체 글자를 더하면 이것은 집 밑에 집을 세우는 것이 된다. 허견虛見과 실견實見은 그 말이 본디 같지 않 다. 또한 귀하께서는 말하기를, "극極이란 것은 그것이 구경究 竟·지극하여 이름 지어 부를 수 없기 때문에 태극이라 했다"라고 하며, "이것은 마치 천하의 지극함을 다 들어도 이보다 더한 지 극함이 없다는 말과 같다"라고 했다. 설령 그렇다 하더라도 위에 무극 두 글자를 더할 필요는 없는 것이다. 만약 그 무방소無方

所·무형상無形狀한 것에 대해 말하려고 한다면 마땅히 『주역』 「계사전」의 '상천지재上天之載'란 말에 대하여 '무성무취無聲無臭'라고 풀이하듯이 하면 되는 것이지 어찌 태극 위에 무극을 더할 필요가 있겠는가? 『주역』 「계사전」에 '신무방神無方'이라 했다 해서 어찌 신神이 없다고 할 수 있으며, '역무체易無體'라 했다 해서 어찌 역易이 없다고 할 수 있겠는가? 노자는 무위無爲로 천지의 시초를 삼고 유위有爲로 만물의 어미를 삼으며, 상무常無로 오묘함을 살피고 상유常有로 은미함을 보나니 '무無'자를 태극 위에 얹어놓는 것은 바로 노자의 학문이다. 어찌 숨길 수 있겠는가. (…) 『중용』에 이르기를, "중中은 천하의 큰 근본이요, 화和는 천하의 통달한 도다. 중화中和를 이루면 천지가 자리 잡고 만물이 길러진다"라고 했으니, 이 이치는 지극한 것이다. 이 밖에 어찌 다시 태극이 있겠는가. (…) 만약 귀하께서 음양을 형기形器라 하여 도가 될 수 없다고 한다면, 이 말의 의미는 잘 알 수 없다. '역易'의 도란 일음일양一陰一陽일 뿐이다. 선후先後·시종始終·상하上下·진퇴進退·왕래往來·합벽闔闢·영허盈虛·소장消長·존비尊卑·귀천貴賤·표리表裏·은현隱顯·향배向背·순역順逆·존망存亡·득상得喪·출입出入·행장行藏 어느 것이나 일음일양이 아닌 것이 있는가?

「육구연집」 「여주원회」

주희가 육구연에게 보낸 편지

복희가 '역易'을 만듦에 한 획으로부터 시작했고, 문왕이 '역'을 연역함에 건원乾元으로부터 시작했으나, 두 사람 모두 태극을 말하지는 않았다. 그러나 공자가 태극을 말했다. 공자가 '역'을 편찬함에 태극으로부터 시작했으나, 일찍이 무극에 대해서는 말하지 아니했다. 그러나 주돈이가 그것을 말했다. 대저 앞 시대의 성인(공자)과 뒷날의 성인(주돈이)이 어찌 한줄기로써 함께 꿰뚫지 않을까 보냐? 이와 같이 태극의 참된 본체를 밝게 실현하다면 곧 말하지 아니했다 하여 적은 것이 되지 않고, 말을 한다 하여 많은 것이 되지 않음을 알게 될 것이니 어찌 이같이 분분하게 이를까 보냐. (…)『주역』「계사전」에서 말한 태극이란 것은 무엇인가? 양의兩儀·사상四象·팔괘八卦의 이치에 즉해서 이 세 가지 앞에 갖추어져 있고, 또한 이 세 가지 속에 감추어져 있는 것이 바로 태극이다. 태극의 의미에 대한 성인의 뜻은 궁극적으로 지극하여 이름 지을 수 없는 고로 다만 이것을 '태극'이라고만 하고 천하의 지극함을 들어 이것에 더할 것이 없다고 말하는 것과 같다. 처음부터 '극極'을 '중中'의 의미로 명명한 것은 아니다. 북극北極의 '극'과 옥극屋極의 '극'과 황극皇極의 '극'과 민극民極의 '극'과 같은 것에 대해서 선비들 중에서는 혹은 '중中'으로 해석하는 사람도 있으나, 대개 '사물의 지극함極'으로 항상 사물의 '가운데中'에 있는 것이지 '극'자 자체를 '중'으로 해석하는 것은 아니다. '극'이란 지극함이니, 모습이 있는 것으로 말하면 곧 사방 팔면이 모두 이에 모여들게 된다. 이것이 모습을 만들어내게 되면 더 이상 갈 곳이 없게 된다. 이로부터 추출해나감에 사방 팔면이 모두 향하여 나가거나 배반하는 것이 없고 일체가 고루 정지되어 있으니 고로 '극'이라고 할 뿐이다. 후대 사람들이 그 '중'에 거하면서 능히 사방으로 응하기 때문에 그 있는 곳을 가리켜 '중'으로 말하는 것이지, '극'의 뜻을 '중'으로 새겨서는 안 된다. 태극에 이른즉 또한 처음부터 형상도 없고 방소方所로써 말할 수 있는 것도 아니니, 다만 이러한 이치의 지극한 것을 '극'이라고 한다. 이제 '중'으로 그것(극)을 이름 짓는다면, 이것은 이른바 이치에 분명하지 못함이 있음이요 또한 능히 다른 사람이 말한 뜻을 다하지 못한 것이 있음을 말함이다. (…) 만약 '무극' 두 글자를 논할 것 같으면, 주돈이가 도체道體를 밝게 보아 보통 사람들의 생각을 멀리 벗어나, 여러 사람의 시비를 고려하지 않고, 또한 자신에게 도움인지 손해인지를 헤아려보지 않고 용감하게 앞으로 나아가 다른 사람들이 감히 말할 수 없었던 도리를 말했다 하겠다. 후대 학자들로 하여금 태극의 오묘함이 '유'에도 '무'에도 속하지 않고, 방소方所에 떨어지지도 않음을 분명히 알게 하니, 만약 이러한 이치를 다 파악할 수 있다면 주돈이가 얻은 것이 참으로 맹자 이래로 전해지지 않던 비밀을 얻은 것이며, 다만 집 밑에 집을 놓거나 상위에 상을 겹쳐 놓은 일만은 아닌 것임을 알게 될 것이다. (…) 『주역』 「계사전」에서 이미 말하기를, "형이상形而上의 것을 일러 '도'라 한다. 한 번 음하고 한 번 양하는 것을 일러 도라 한다"라

도道, 길을 가며 길을 묻다

고 했는데, 이것이 어찌 음양 자체를 '형이상'이라고 하는 것이겠는가? 바로 한 번 음하고 한 번 양하는 자체는 형기에 속하지만, 그러나 한 번 음하고 한 번 양하는 그 까닭은 도체道體가 시킨 것임을 알아야 한다. 그러므로 도체의 지극함을 말하여 곧 '태극'이라 하고, 태극의 유행(운동)을 말하여 '도'라 한다. 비록 두 가지의 이름이 있으나 그 시초는 두 몸이 아니다. 주돈이가 무극이라고 하는 것은 바로 그 방소와 형상이 없다는 의미에서다. 사물이 있기 전에도 있고 또한 사물이 있은 후에도 있지 아니함이 없다. 음양의 밖에 있다 생각하면 음양 가운데도 운행하지 아니함이 없으며, 전체를 통관해서 없는 데가 없는즉 또한 본래 소리·냄새·그림자·울림으로써는 가히 말할 수 없다. 이제 무극이 그렇지 않다고 심하게 비방하니, 그런즉 이것은 바로 태극이 형상이 있고 방소가 있는 것으로 삼는 것이다. 귀하께서는 음양을 바로 형이상이라고 하는즉 도道와 기器의 분별에 어두운 것이다. 또한 나에게 반문하기를 "형이상이라고 하는 것의 위에 어찌 태극이 있는가"라고 하니, 이것은 도 위에 따로 어떤 한 물건이 있어서 태극이 된다고 말하는 것과도 같다. (…) 노자는 "무극으로 다시 되돌아간다"고 하니, 그 무극이라는 말은 곧 '무궁'이라는 뜻이다. 장자는 "무궁한 문으로 들어가서 무극한 들에서 노닌다"고 할 뿐이다. 이것은 주돈이가 말하고자 하는 뜻이 아니다. 그런데 지금 이것을 인용해서 주돈이의 말이 실은 여기서부터 나왔다고 하니, 이것은 또한 이치가 분명치 못함이 있어서 능히 남

복희伏羲(오른쪽)와 여와女媧를 그린 그림.『역경』「계사
전」에는 복희가 팔괘를 처음 만들고, 그물을 발명하여 어
획·수렵의 방법을 가르쳤다고 나온다.

✿
도道, 길을 가며 길을 묻다

이 말하는 뜻을 온전히 이해하지 못한 것이다.

『주희집』「답육자정」, 다섯 번째 글[78]

내가 생각해보건대, 노자가 유有·무無를 말하는 것은 유와 무를 둘로 하는 것이요, 주돈이가 유·무를 말하는 것은 유와 무를 하나로 하는 것이다. 이것은 바로 남과 북, 물과 불의 형상이 서로 반대되는 것과 같다. 좀더 자세히 알아보기 바란다. 쉽사리 평가할 일이 아니다. (…) "중中은 천하의 큰 근본이다"는 말은 희·노·애·락이 아직 발하지 않은 상태에서 이 이치가 혼연하여 치우침이 없음을 말하는 것이다. 태극은 본디 치우침이 없이 모든 변화의 근본이 된다. 그러나 태극이란 이름을 얻은 것은 저절로 지극한 극이라는 뜻이며, 또한 겸하여 표준의 뜻을 가지기 때문이요, 처음부터 '중'이라 해서 그 이름을 얻은 것은 아니다. (…) 만약 음·양을 형이상이라 한다면 형이하의 것은 또 무엇이란 말인가? 가르침을 보여주기 바란다. 나의 어리석은 생각으로는 무릇 형形이 있고 상象이 있는 것은 다 기器다. 그 '기'가 된 까닭의 이치가 바로 '도'다. 지난번 편지에서 말한 시종始終·회명晦明·기우奇偶 등등은 다 음·양이 만들어낸 기器다. 다만 그 기가 되는 까닭의 이치는 예컨대 눈目의 밝음明과 귀耳의 밝음聰, 또한 아비의 자애로움과 자식의 효도 같은 것이니 이것이 곧 '도'다.

『주희집』「답육자정」, 여섯 번째 글[79]

『태극도설』에 관한 주·육 논쟁은 다음 세 가지 문제로 귀결된다.

첫째, '태극도'를 보면 위로부터 제1층이 '무극이태극無極而太極'이며, 제2층이 '음양동정陰靜陽動'이고, 제3층이 '수·화·목·금·토' 오행五行, 제4층이 '건도성남乾道成男' '곤도성녀坤道成女'이며 그리고 제5층이 '만물화생萬物化生'으로 되어 있다. 그런데 문제는 제1층 '무극이태극'이라는 구절에 있다. 즉 '무극'이란 말이 과연 "천지만물은 유에서 생겨나고, 유는 무에서 생겨난다"고 하는 노자의 '무無' 사상에 근거한 것이냐 아니냐 하는 것이 첫 번째 문제다. 이에 대한 주돈이 자신의 설명이 없으니 그의 참뜻이 무엇인지를 판별하기가 쉽지 않다. 『통서』에서 이것을 설명한 글로 볼 수 있는 문구로 "음양 이기二氣와 오행이 만물을 화생한다. 오행의 특이함은 음양 이기의 내용이 되고, 음양 이기의 근본은 하나의 태극이다"[80]라는 말이 있다. 오행이 각기 나타나는 현상이 다르기는 하지만 그 실제 내용을 따지고 보면 음양 이기의 변화에 불과하며, 음양 이기 또한 그 근본이 하나(태극)라는 뜻이다. 그런데 『태극도설』 본문에는 이 말을 "오행은 음양이며, 음양은 태극이며, 태극은 본래 무극이다"[81]라고 표현한다. 여기서 "오행은 음양이며五行一陰陽也"라는 말은 『통서』의 "음양 이기의 근본은 하나의 태극이다二本則一也"라는 말과 같다. 그런데 그 밑에 "태극은 본래 무극이다太極本無極"라는 말이 또 있다. 그러므로 "오행은 음양이며 음양은 태극이다五行一陰陽, 陰陽一太極也"라는 논리는 결과에서 원인을 소급하여 올라가는 것처럼 되어 있으니, 이러한 논리에 따라서 풀이하면 "태극은 본래 무극이다"라는 말은 결국 태극은 결과요 무극은 원인처럼 되어 '본래本'의 뜻이 '유래'를 말하는 것처럼 되어버린다. 이것은 곧 '태극은 무극에서 나왔다'는 말로 이해될 수 있다. 그렇게 된다면 '유에서 무가 생겨난다有生於無'는 노자의 사상과 같아진다. 육구연이 '무극' 두 글자에 대해 반대하는 것은 '무극이태극'이라는 말을 바로 이러한 방식으로 이해했기 때문이다.

둘째, '극極'자를 어떻게 풀이하느냐 하는 것이 문제가 된다. 주희는 '극'을 '중'으로 풀이하는 것이 온당치 못하다고 생각했다. 그는 『중용』의 "중中이란 천하의 큰 근본이다"라는 말은 인간의 희·노·애·락이 아직 발하지 않은 상태에서 그 치우치지 아니한 상태를 말하는 것일 뿐이지, 우주의 본체를 말하는 것은 아니라고 생각한다. 즉 '태극'이라는 말은 이 우주의 본체를 가리켜 말하는 것이며, 그것은 '지극함'이란 의미와 '표준'이라는 의미를 아울러 갖고 있다고 생각한다. 그렇지만 육구연은 『중용』의 "중中이란 천하의 큰 근본이다"라는 말과 또한 『서경』 「홍범」의 '황극皇極'이라는 말을 논거로 들면서 '극極'을 '중中'으로 풀이해야 한다고 주장했다.

셋째, 형이상과 형이하의 구별, 즉 도道와 기器의 구별에 관한 문제다. 주희는 정이의 『역전』에 의거하여 일음일양 자체는 기氣(기器)로서 '형이하'이며, '일음일양하게 하는 까닭'은 이理(도道)로서 형이상이라고 주장했다. 즉 주희는 태극을 '이'로 보고 음양을 '기'라고 하여 이·기를 분명하게 분리시켰으며, 또한 '이'는 일음일양하는 '기' 속에 내재해 있고 '기'의 원인이 되는 동시에 '기'를 초월해 있는 형이상의 존재라고 생각했다. 반면 육구연은 "『역경』의 도는 일음일양일 뿐이다"라고 하여 일음일양 자체를 '도'라고 해석했다. 이것은 곧 한 번 음하고 한 번 양하는 음양의 과정 자체를 '도'로 본 것이다.

『태극도설』에 관한 주·육의 세 가지 논쟁 요지 가운데 도론과 관련하여 특히 관심 있게 살펴볼 것은 바로 세 번째 논쟁, 즉 형이상(도道)과 형이하(기器)의 구별에 관한 것이다. 송대 신유학자들은 대부분 『주역』 「계사전」을 우주론의 기반으로 삼는다. 그런데 문제는 '일음일양지위도一陰一陽之謂道'라는 문구의 해석에서 빚어진다. 이 해석은 두 가지로 구분된다. 정이와 주희는 "한 번은 음하고 한 번은 양하여 가는 그 소이所以를 도라 한다"라고 해석하여 일음일양 그 자체는 현상적인 변화와 생성 그 자체로서 형이하의 '기器'(기氣)이지만, 일음일양하게 하는 까닭, 이유, 원리는 형이상의 '도道'(이理)라고 보았다. 반면 장재와 육구연은 '일음일양지위도'를 문자 그대로 해석하여 일음과 일양 자체를 '도'라고 해석했다. 주희의 경우는 현상계와 절대세계, 현실과 이상을 구분하려는 경향이 농후하다. 반면 육구연은 이상과 현실, 형이상과 형이하, 이와 기의 대립적인 면모를 부정하고 하나의 통일된 세계를 조명해내려 했다.

주희는 태극과 무극을 하나로 묶어 '도즉리道卽理'의 세계, 즉 형이상의 세계로 보았다. 주희는 태극을 음양과 다른 차원에 놓고, 음양이라는 '기'의 이념적 질서로서의 태극을 '이'와 동일시하고 있다. 그래서 그는 태극을 궁극적인 그 무엇, 음양의 동動·정靜을 초월하여 있는 그 무엇으로 볼 수밖에 없었고, 태극 이상의 어떠한 실체도 허용할 수 없었다. 그러므로 무극은 태극과 동일한 것이며 태극의 무한성을 설명하기 위한 하나의 형용사 이외에 다른 역할을 할 수 없다. 이러한 주희 이론의 맹점은 태극 자체에 운동성을 귀속시킬 수 없다는 이원론적 결백성에 있다.

주희와 육구연은 모두 천인합일天人合一에 대한 강한 욕망을 소유하고 있었다. 다만 이것을 이루기 위한 사유 방법의 차이가 있다. 주희의 사유 방법은 처음에는 형이상과 형이하, 도와 기 두 세계를 구분하여 말하나分看 결국에는 대립과 모순의 통일이라는 혼륜渾淪의 틀로 행해졌다. 반면 육구연의 경우에는 처음부터 하나의 세계를 살피며渾淪 통일적인 면을 강조하고 있다. 즉 방법론의 차이는 있지만 지향하는 유가적 세계의 목표는 상통한다고 볼 수 있다.

11
단계

진순(『북계자의』)

맥락 ⦿ 도는 천지만물과 인심만사人心萬事의 본체다

의미 ⦿ 길, 이理, 당연지칙當然之則, 일용인륜日用人倫, 편재성遍在
性

구절 ⦿ 도는 사물과 떨어져 있는 것이 아니다. 사물과 떨어져 있다면 도
라고 할 수 없다

진순陳淳(1159~1223)은 남송시대의 학자로서, 황간黃幹과 더불어 주희
의 고제高弟로 일컬어진다. 그는 평생 육구연의 심학을 배척하고 주자학을
선양하는 일에 힘썼으며, 진량陳亮의 공리학功利學에 대해서도 비판적 태도
를 취했다.

『북계자의北溪字義』는 진순이 주자학의 입장에서 성리학의 핵심 개념들
을 일목요연하게 정리한 책인데, 이 책은 『성리자의性理字義』『진씨자의陳氏
字義』『경서자의經書字義』『사서자의四書字義』 등으로도 불린다. 진순은 이
책에서 '도道'를 언급하며, "도는 길이다" "도는 사물의 밖에서 공허하게 존
재하는 것이 아니다" "도는 천지간에 유행하는 과정에서 존재하지 않은 곳

이 없고 깃들지 않은 사물이 없으며, 단 한 군데도 빠진 곳이 없다" "『주역』의 '한 번 음이 되고 한 번 양이 되는 것이 도다'라고 할 때의 음양은 기氣이며, 형이하의 것이다. 도道는 음양의 이理이며 형이상의 것이다"라고 했다.

진순은 『북계자의』에서 '도'와 '이'의 관련성과 차이점을 제시했지만, 모두 당연지칙當然之則이라는 측면에서 이해했다. 그는 자연 규율인 소이연所以然의 차원을 경시하고, 일상의 인륜과 사물이 마땅히 행해야 하는 이理와 사물상의 당연지칙을 강조했다.[82] 진순 역시 천도를 언급하고 있기는 하지만, "성현과 사람이 도를 말하는 것은 대부분 인사상人事上에서 말하는 것"[83]이라고 전제함으로써 자신이 생각하는 도의 중심이 '인도'에 있다는 점을 분명히 했다.

도란 사람이 통행하는 길이다[84]

도는 길이다. 당초 이 글자를 이름 지을 때 길에서 뜻을 취했다. 사람들이 두루 다니는 것을 길이라 한다. 한 사람이 홀로 다니는 것은 길이라고 할 수 없다. 도의 대강大綱은 단지 매일 쓰는 인륜과 사물에서 마땅히 행해져야 할 이치일 뿐이다. 여러 사람이 공통으로 따르는 바의 원칙을 '도'라고 한다. 대개 일상사의 측면에서 말할 때에야 비로소 사람들이 두루 행한다는 뜻을 분명히 알 수 있다. 그러나 만약 그 본원을 추적해서 살펴볼 때는 일상사에 도리가 있는 것이 아니라, 그 근원은 모두 하늘로부터 나온다.

진순은 도道는 길이라고 간명하게 말했다.

그래서 장횡거張橫渠는 "태허로부터 말미암아 하늘이란 이름이 있고, 기화로부터 말미암아 도의 이름이 있다"[85]라고 했다. 이것이 바로 내력을 추적한 것이다.

하늘은 이치理다. 옛 성현들이 하늘에 대하여 이야기한 것은 대부분 이치의 측면에서 논한 것이다. 이理는 형태가 없다. 그것이 스스로 그러하다는 면에서 말하다 보니 '하늘'이라고 부르는 것이다. 만약 하늘의 형체라는 측면에서 논한다면 단지 기가 아득하게 쌓여 있는 것일 뿐이다. 실제로 어떤 형질이 있겠는가?

장횡거가 말하는 하늘天은 바로 이치理를 의미한다. 이理는 활동이 정지된 죽은 물체가 아니다. 일원一元의 기가 유출되어 나와 사람을 낳고 사물을 낳는다. 그러면 거기에 맥락이 생기게 되는데, 이것이 바로 사람과 사물이 두루 행하는 '길'인 것이다. 조화라는 측면에서 그 시작을 추적해서 살펴본 바가 이와 같다. 자사子思는 "성性을 따르는 것을 도라 한다"[86]라고 했는데, 이것은 사람과 사물이 이미 받아 가지고 있는 점에서 말한 것이다. 그 자신이 받은 성을 따르면 자연히 마땅히 행해야 할 길이 있게 되므로 달리 사람의 조작이 필요 없다. 사실 도라는 이름이 생긴 것은 사람이 두루 행하는 바라는 점에서 기인한 것이므로 그 실제 내용은 단지 일상생활에서 사람의 일이 마땅히 그러해야 하는 바로서 이理일 뿐이다. 예나 지금이나 공통으로 말미암는 길이라는 점에서 '도'라고 이름 지은 것이다.

「북계자의」, 권하, '도'

노자와 장자가 말하는 도의 문제점

노자와 장자는 도가 사람과 사물과 전혀 관련이 없다고 이야기한다. 그들은 도가 세상의 물질적 형태를 초월해 있다고 생각한다. 이를테면 "도는 태극보다 먼저 존재한다"[87]고 했는데, 이것은 천지와 만물이 생기기 이전에 어떤 공허한 도리가 있었음을 말하는 것이다. 자기 자신은 지금 천지가 생겨난 뒤에 있으면서 천지가 생겨나기 이전을 상상할 뿐이니, 그 공허한 도리와 자기 자신 사이에 무슨 관계가 있겠는가?

『북계자의』, 권하, '도'

불가에서 말하는 도의 문제점

불가에서 도를 논하는 것도 대개 이와 같다. 그러나 도가에서는 무無를 근본 원리로 삼고, 불가에서는 공空을 근본 원리로 삼는다. 그들은 세상이 생겨나기 이전에 있었던 것을 자신의 진정한 몸으로 생각하고, 세상의 만물을 모두 환상이라고 여긴다. 게다가 인간사를 모두 험한 발자취라 여겨 이를 다 없애버리려 한다. 그리하여 모두 진공眞空으로 돌아가야 비로소 도를 얻게 된다고 한다. 이것은 도란 단지 인간사의 이치에 불과함을 모르는 것이다. 형이상의 것을 '도'라고 하고, 형이하의 것을 '기器'라고 한다. 형이상의 것으로부터 말해본다면 숨어 있어서 볼 수 없는 것을 도라고 한다. 형이하의 것으로부터 말해본다면 확연히 볼 수 있는 것을 기라고 한다. 사실 도는 기로부터 떨어질 수 없는 것이므로 단지 기의 이치일 뿐이다. 인간사에서 형체가 있는 것을 기라고 한다. 인간사의 이치가 바로 도다. 도는 볼 수 있는 형상이 없다. 그래서 정명도程明道는 도 역시 기이고, 기 역시 도라고 말했다.[88] 반드시 이와 같이 말해야만 비로소 위아래가 분명해진다.

「북계자의」, 권하, '도'

사물에는 모두 도가 갖추어져 있다

도란 사물을 벗어난 한갓 공허한 것이 아니다. 사실 도는 사물과 떨어져 있는 것이 아니다. 사물과 떨어져 있다면 도라고 할 수 없다. 예컨대 '군신유의君臣有義'라는 말에서는 '의義'라는 것이 도이고 '군신君臣'이 기다. 만약 의라는 도리를 보고자 한다면 군신 관계에서 살펴보아야 한다. 군신 관계를 벗어나서는 달리 '의'라는 것이 성립하지 않는다. '부자유친父子有親'이라는 말에서는 '친親'이라는 것이 도이고 부자가 기다. 만약 '친'이라는 도리를 보고자 한다면 부자 관계에서 살펴보아야 한다. 부자 관계를 벗어나서는 '친'이라는 것이 달리 성립하지 않는다. 부부의 경우는 그 부부로서의 분별이 있고, 장유長幼의 경우에는 그 장유로서의 차례가 있으며, 친구의 경우에는 그 친구로서의 믿음이 있다. 이 또한 부부, 장유, 친구를 벗어나서 별도로 분별, 차례, 믿음이 있는 것이 아니다. 성인의 학문에는 실질성을 갖추지 않은 것이 하나도 없다. 도가에서는 청허淸虛를 추구하고 인간사를 싫어하며, 불가 또한 인간사를 배척한다. 그들은 모두 '도'를 사물 꼭대기의 현묘한 것으로 간주하며, 인간사를 낮은 차원의 거친 것으로 보아 이것들로부터 벗어나고자 한다.

사물들을 살펴보면 사물마다 마땅히 그러해야 하는 이치理가 있다. 이를테면 "발의 거동을 무겁게 한다"[89]고 할 때, 발은 사물이고 무겁게 한다는 것은 발이 마땅히 그러해야 하는 이치다. "손의 거동은 공손히 한다"[90]라고 할 때, 손은 사물이고 공손함은 손이 마땅히 그러해야 하는 이치다. "볼 때는 밝음을 생각하며 들을 때는 귀 밝음을 생각한다"[91]고 했을 때, 밝음과 귀 밝음이 곧 보고 들을 때 마땅히 그러해야 하는 이치다. 또한 "앉을 때는 시동처럼 앉고, 설 때는 재계齋戒 중인 것처럼 한다"[92]고 했을 때, 시동처럼 하는 것과 재계 중인 것처럼 하는 것이 바로 앉고 서는 행위가 마땅히 그러해야 하는 이치다. 유추해보건대, 크고 작고 높고 낮은 것 모두가 딱 들어맞는 마땅히 그러해야 하는 도리를 가지고 있으며, 그것은 예나 지금이나 두루 통용되는 것으로 폐지할 수 없는 도리다.

성인 문하의 실학實學이 밝혀지지 않은 뒤로 노장과 불가의 갖가

지 학설이 나타났다. 후대의 유학자들은 도에 대해 언급하기만 하면 바로 노자와 장자 쪽으로 넘어갔다. 이를테면 양자운揚子雲(양웅)은 매우 고심해서 생각했지만, 도리를 말할 때에는 항상 황로黃老 사상의 색채를 띠었다. 예컨대 '영근靈根'[93]이라는 말이나, "청정으로 신의 뜰에서 노닐고, 적막으로 덕의 집을 지킨다"[94]고 하는 말들은 모두 도가의 뜻을 인용하여 말한 것이다.

도의 커다란 근원에 대해서 이야기하자면 그것은 하늘에서 나왔다. 천지가 생겨나기 이전에 먼저 이理가 있었다. 그런데 '이'가 있으면 바로 '기'가 있게 된다. 그리고 '기'가 있으면 '이'는 곧 기 속에 있게 되어 기와 떨어질 수 없게 된다. '기'가 존재하지 않는 곳이 없으므로 '이'는 통하지 않는 곳이 없다. 그 왕성한 모습은 만물이 생성되고 발육해나가는 과정에서 드러난다. 사실 그것은 일상적인 인간사에 두루 작용한다. 인간은 세상 안의 뭇 사물 속에 살면서 이 도를 온전히 갖추고 있으며, 그것과 더불어 생을 영위하여 잠시라도 떨어지지 않는다. 그러므로 도를 구하고자 하는 사람은 반드시 인간사의 영역에서 마땅히 그러해야 하는 수많은 '이'를 철저히 실현해야 한다. 그러한 뒤라야 이 도를 온전히 체득하여 실제로 자신에게 갖추어놓을 수 있다.

자기 자신과 인간사를 버려두고 음·양의 두 기를 초월해서는 안 된다. 오로지 천지가 생겨나기 이전, 그 시초의 오묘함이 도의 실체라 하여 추구한다면 이런 것이 우리 자신과 무슨 관계가 있겠는가? 이것이 바로 부처, 노자, 장자, 열자의 이단 사설이 우리 도를 훔치는 도둑이 되는 이유다. 그러므로 공부하는 사람들은 엄준히 그것들을 내버리지 않으면 안 된다. 성인의 실학은 탄탄하기가 대로와 같으므로 공부하는 사람 또한 자포자기하지 말고 힘써 행해야 할 것이다.

『북계자의』, 권하, '도'

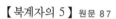

【 북계자의 5 】 원문 87

학자가 도를 구하는 요지

공부하는 사람은 도를 구함에 있어 숱한 사물들로부터 차차 연마해나가야 한다.

『북계자의』, 권하, '도'

【 북계자의 6 】 원문 88

도는 어느 곳에나 존재한다

도는 천지간에 유행하는 과정에서 존재하지 않는 곳이 없으며, 깃들지 않는 사물이 없고, 한 군데라도 빠진 곳이 없다. 자사는 "'솔개는 날고 물고기는 뛰노네'95라는 구절은 위아래에 도가 환히 드러남을 증험하는 것"96이라고 말하여, 도가 존재하지 않는 곳도 없고 드러남도 아주 분명하다는 것을 보여주었다. 위에서는 솔개가 하늘 높이 날고, 아래에서는 물고기가 연못에서 뛰

연비어약鳶飛魚躍, 솔개는 하늘 높이 날고 물고기는 물에서 뛰논다는 말이다. 진순은 이것이야말로 만물이 자연스럽게 살아가는 것으로 위아래에 도가 환히 드러남을 증험하는 것이라 했다.

노는 것이 다 이러한 도리다. 정자程子는 "이 대목이야말로 자사가 사람들을 위해 생생한 상황을 들어 아주 적절히 이야기한 것"[97]이라고 말했다. '끽긴喫緊'이라고 한 것은 사람들을 위해 아주 적절히 말했다는 것이고, '활발발지活潑潑地'라고 한 것은 진실로 눈앞에 있는 도리를 보는 것이 마치 살아 있는 것을 보는 듯하다는 점을 표현한 것이다. 이것은 바로 안자顔子가 '우뚝하다卓爾'고 한 것,[98] 맹자가 '뛸 듯하다躍如'고 한 것[99]과 같다. 그들은 모두 이러한 도리를 진실로 보았기 때문에 이렇게 말했다.

『북계자의』, 권하, '도'

【 북계자의 7 】 원문 8 9

도에 대한 성현의 논지

『주역』에서는 "한 번 음이 되고 한 번 양이 되는 것이 도"[100]라고 말했다. 음양은 기이며 형이하의 것이다. 도는 이치이되 단지 음양의 이치일 뿐이며 형이상의 것이다. 여기서 공자는 조화의 근원이라는 측면에서 이야기했다. 무릇 글자의 뜻은 본문의 맥락 속에서 보아야 비로소 분명해진다. 이를테면 "도에 뜻을 둔다志於道" "도를 지향해나갈 수 있다可與適道" "도는 가까운 데 있다道在邇" 등과 같은 말은 인간사의 측면에서 논한 것이다. 성현은 사람들에게 도에 대해 많은 이야기를 했는데, 그것은 모두 인간사의 측면에서 이야기한 것이다. 오직 이 구절만이 『주역』을 찬술

도道, 길을 가며 길을 묻다

할 때 도의 내력과 근원에 대하여 말한 것이다. 유학자 가운데 선불교의 가르침을 표절한 이들이 단순히 음양을 가리켜 도라고 하는데, 이것은 기氣를 이理라고 말하는 것과 같다.

「북계자의」, 권하, '도'

【 북계자의 8 】 원문 9 0

한유와 노자가 말하는 도의 문제점

한유의 「원도原道」 첫 머리에 있는 네 구절, "널리 사랑하는 것을 인仁이라 하고, 행하여 옳은 것을 의義라 한다"[101]와 같은 것은 모두 외면적인 측면에서 이야기한 것이다. 한유가 덕을 논하면서 "자신에게 충족되어 밖에 의존하지 않는 것"이라고 한 것은 비록 완전하지는 않지만 해로운 말은 아니다. 그러나 "이것으로부터 말미암아 가는 것을 도라고 한다由是而之之謂道"라는 구절은 도가 전적으로 사람의 힘으로 노력하는 데서 존재한다는 뜻으로, 자사가『중용』에서 말한 본성을 따르는 본래 그러한 도가 아니다. 노자의 경우에는 "도를 잃은 뒤 덕이 생겼고, 덕을 잃은 뒤 인이 생겼고, 인을 잃은 뒤 의가 생겼다"[102]는 등의 말을 했는데, 이 것은 도를 분리시켜 높은 경지에서 이야기한 것으로 도가 덕, 인, 의와 분열되는 결과를 낳게 했다. 양웅은 또 "노자가 도와 덕에 대하여 이야기한 것은 받아들인다. 그러나 인의를 공격하는 것은 받아들이지 않는다"[103]라고 말했다. 이것 역시 도와 덕을 인, 의와 분리시켜 별개로 보아 서로 교섭하지 않는 것으로 간주한 것이다.

『북계자의』, 권하, '도'

【북계자의 9】 원문 91

한유가 보았다고 하는 도의 문제점

한유의 학문은 근원이 없다. 「원도」의 경우 많은 절목을 상세히 늘어놓은 것을 보면 도의 대용大用이 천하에 움직이며 작용한다는 것을 분명히 이해했다고 말할 수 있다. 그러나 그 본체가 본래 나의 몸에 구비되어 있다는 것은 알지 못했다. 주자는 한유가 『대학』을 거론했으나 『대학』에서 말하는 치지격물致知格物의 가르침에 미치지 못했다고 비판했다. 그러므로 한유는 자신을 되돌아보아 안으로 살피는 부분에서 특히 세심한 공부가 부족했다고 할 수 있겠다. 그리하여 그는 장적張籍 같은 무리와 어울려 시를 읊고 술을 마시며 소일했으니, 그 와중에서 스스로 지킬 만한 것을 갖고 있지 못했던 것이다. 그리하여 결국 그는 조양潮陽(지금의 산터우汕頭 차오양潮陽구)으로 유배되어 적막함과 외로움 속에서 지내다 마침내 은연중에 태전선사太顚禪師가 도리를 말한 것에 영향을 받기에 이르렀다. 그러면서 머리를 숙이고 그와 함께 노닐며 예전에 부처와 노자의 학설을 배척했다는 사실을 잊어버렸다.

『북계자의』, 권하, '도'

진순은 우선 도가 우주의 본체라고 생각하여, 천지만물로부터 모든 사람의 마음에 이르기까지 모두 도를 존재의 근거로 삼고 있다고 생각했다. 그래서 그는 "도의 완전함을 들어 말하면, 천지만물과 인심만사를 통틀어 전혀 쉼이 없는 본체다"[104]라고 했다. 그의 사상의 논리 구조에서 보면 하늘이 곧 이理이며 도道로서, 하늘과 도는 동일한 차원의 본체다. 진순은 하늘을 강조하고 그 도를 높이 치켜세웠다. 그래서 천하 만물이 모두 이 천도를 주재로 삼는다고 주장했다.

그렇지만 진순이 진정 강조하고 싶어하는 도는 일용 인륜의 당위 규칙으로서의 인도다. 그래서 그는 "도의 대강은 단지 매일 쓰는 인륜과 사물에서 마땅히 행해져야 할 이치일 뿐이다. 여러 사람이 공통으로 따르는 바의 원칙을 '도'라고 한다"[105]라고 했다. 그는 본체론과 윤리론을 유기적으로 결합한 주희의 사상을 계승했다. 도가 여러 사람이 공통적으로 따르는 원칙이라고 한다면, 그것은 매일매일의 인간사를 통해 구현될 수밖에 없다. 즉 이러한 도리는 허공에 매달린 고립된 형이상학적 담론이 아니라, 일상생활 가운데 존재하는 구체적 내용이다. 진순이 말하는 도(인도)는 실천을 통해서만 비로소 그 존재를 드러내는 일용 인륜의 도다. 그래서 그는 도가 항상 일상적인 인간사 가운데 존재하므로 사물과 분리될 수 없고, 사람들은 도의 길을 가면서, 즉 도에 대한 실천을 하면서 비로소 도(덕)를 얻게 된다고 보았다.

12
단계

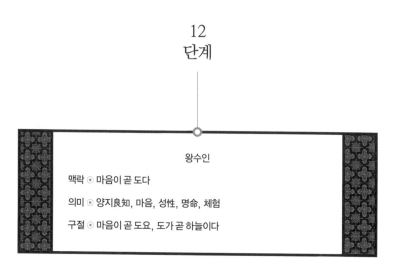

왕수인

맥락 ⊙ 마음이 곧 도다

의미 ⊙ 양지良知, 마음, 성性, 명命, 체험

구절 ⊙ 마음이 곧 도요, 도가 곧 하늘이다

왕수인王守仁(1472~1528)은 명나라 중기의 대표적 철학자로서, 심학을 집대성하고 심일원론의 입장에서 출발하여 '마음이 곧 도'라는 주장을 했다. 왕수인의 학문은 바로 주자학의 문제점을 인식하는 데서 출발했다. 이것은 도론에 있어서도 마찬가지다. 그는 도의 특징을 공평무사함에서 찾았고, 학문의 속성 또한 공평무사하다고 보았다. 그래서 주희의 주장을 시비의 표준으로 삼는 것에 대해 반대했으며, 심지어 공자마저도 그 자체로 진리의 논거가 될 수 없다고 보았다.

도란 천하의 공정한 도다. 학문 또한 천하의 공정한 학문이다. 그러므로 주자가 사사로이 차지할 수 있는 것이 아니다. 공자가 사사로이 차지할 수 있는 것도 아니다. 천하의 공적인 것은 오직 공적인 것으로 그것을 말해야 한다.

『전습록』, 권중, '답나정암소재서'[106]

송·원시대 이래로 주자학은 널리 유행했으며, 특히 명나라에 들어와 과거제도를 확충하면서 시험 과목을 '사서'로 정하고, 이때 주희의 주석본을 표준으로 삼도록 함에 따라 주자학은 백수십 년 만에 '관학'이 되었다. 이에 주자학은 과거에 급제하기 위해 익히는 '입시용 학문'이 되어 출세를 지향하는 수많은 유학자의 공부 대상으로 주목받게 된다. 그렇지만 입신양명을 위한 위인지학爲人之學보다는 학문 자체에 관심을 두는 위기지학爲己之學에 전념하는 학자들도 나오게 되는데, 왕수인도 바로 그런 사람이다. 왕수인은 주자학의 폐단이 갈수록 심화되는 시대 배경에서 성장했다. 그는 주희의 말이 지나치게 자세하고, 이론 분석이 너무 정밀하기 때문에 당시 학자들이 학문을 함에 있어서 단순히 문장이나 암송하는 병폐를 낳게 되었고, 급기야 '도가 어두워지는' 상황을 맞이했다고 보았다.

왕수인은 주자학의 폐단이 심화되는 현실에서 위기지학을 내세운 심학心學을 개창했다.

도道, 길을 가며 길을 묻다

말이 상세해질수록 도는 더욱 어두워지고, 이치의 분석이 정밀해질수록 학문은 더욱 질서가 없고 근본이 없어지므로 바깥으로 드러난 일은 더욱 복잡해져 어려워진다. (…) 지금 크게 걱정되는 것이, 어찌 문장이나 암송하는 습관이 아니겠는가? 그러므로 전해오는 병폐의 원인을 없애려면, 또한 지나치게 자세히 설명하고 너무 정밀하게 분석하는 허물이 없어야 할 것이다.

『왕양명전집』, '별담감천서'

왕수인은 당시 사회의 학문적 위기를 구제하기 위해서는 문장을 암송하고 공명과 이익을 지향하는 주자학적 학풍을 전환시켜야 한다고 보았다. 왕수인에게 있어서 도는 형체도 없고, 모양도 없으며 말로 설명할 수도 없는 존재다.

이 도는 본래 모양도 형상도 없기 때문에 모양이나 형상으로 그것을 구할 수 없으며, 본래 끝없이 지극하기 때문에 끝없이 지극한 것으로 그것을 구할 수도 없다.

『왕양명전집』, '박약설'

도는 말로 설명할 수 없기 때문에 억지로 말로 설명하면 더욱 불분명해진다. 도는 볼 수 없기 때문에 쓸데없이 보려고 하면 더욱 멀어진다. 있으면서도 있은 적이 없으니 참으로 있는 것이요, 나타나 있으면서도 나타난 적이 없으니 진실로 나타난 것이다. (…) 있음과 없음의 사이에 있고, 나타남과 보이지 않음의 묘함 때문에 결코 말로 구할 수 있는 것이 아니다.

『왕양명전집』, '견재설'

'도'에 대한 왕수인의 이러한 설명은 다분히 도가와 불가사상을 연상시킨다. 그렇지만 왕수인의 진정한 의도는 도의 논리적 규명에 힘쓰는 주자학의 도문학적道問學的 경향성을 비판하고, 더 나아가서 도란 말로 규명할 수 있는 것이 아니라, 실천을 통해 체험할 뿐이라는 신념을 보여주고자 하는 데 있었다. 그렇다면 우리는 모양도 형상도 없는 도를 어떻게 체득할 수 있을까? 바로 이러한 문제의식에서 왕수인은 마음에 주목했다. 그는 '마음이 곧 도'라는 주장을 제기하여 사람들로 하여금 자신들의 마음속에서 도를 추구하고, 마음 밖에 있는 사물에 의해 본심이 가려지지 않기를 요구했다.

이 마음의 본체가 이른바 도로서 이 마음의 본체가 밝으면 이 도가 밝아지니, 두 가지가 아니다. 이것이 학문을 하는 요점이다.

『전습록』, 권상, '문인서애록'

도에는 일정한 넓이와 형체가 없으니, 거기에 집착해서는 안 된다. 또한 글의 뜻에만 얽매이는 것도 도의 추구와 거리가 먼 일이다. 지금 사람들은 덮어놓고 하늘을 얘기하고 있지만 사실은 그들이 하늘을 본 일이 있는가? 해와 달과 바람과 우레가 곧 하늘이라 해도 안 될 것이다. 사람과 물건과 풀과 나무는 하늘이 아니라고 해도 안 될 것이다. 도란 바로 하늘인 것이다. 만약 이것을 알았다면, 도가 아닌 것이 어디에 또 있겠는가? 사람들은 다만 각자 도의 한 모퉁이만을 보고서 도란 오직 이와 같은 것이라고 단정하기 때문에 모두가 같지 않은 것이다. 만약 자기 내부로 추구해 들어가 자기 마음의 본체를 볼 줄 안다면 곧 어느 때 어느 곳에서나 이 도가 아닌 것이 없을 것이다. 예부터 지금까지 변함없고 끝도 없고 시작도 없는 것인데, 또다시 무슨 다른 것이 있겠는가? 마음이 곧 도요, 도가 곧 하늘이다. 마음을 알면 곧 도를 알고 하늘을 알게 된다. 여러분이 정말 이 도를 보려 한다면 반드시 자기 마음으로부터 체득해야지 바깥에서 찾으려 해서는 곤란하다.

『전습록』, 권상, '문인육징록'

왕수인이 말하는 도는 마음이다. 그러므로 도의 추구는 바로 자신의 마음으로부터 시작해야 한다는 것이다. 왕수인은 학문을 하는 요점이 바로 이러한 사실을 깨닫는 것이라고 했다. 이것이 바로 왕수인 사상의 핵심이다. 왕수인 철학에 있어서 마음을 아는 데서 하늘을 알기까지 도는 마음과 하늘을 연결하는 중간고리다. 도가 이러한 기능을 갖고 있는 까닭은 마음이 곧 도이고, 도가 곧 하늘이기 때문이다. 그래서 그는 도를 마음 밖에서 구할 필요가 없다고 했다. 마음이 곧 도라면 마음의 핵심인 양지良知 또한 도와 서로 통한다. 그래서 왕수인은 '도는 곧 양지다'라고 했다.

【왕수인 5】 원문 96

양지良知는 곧 도로서 인간의 마음에 존재하므로 성현뿐만 아니라 보통 사람도 역시 이와 같지 않은 사람이 없다. 만일 물욕으로 가려짐만 없고 단지 양지를 잘 드러내어 널리 펴서 오래 발현시키기만 한다면, 도가 아님이 없다.

「전습록」, 권중, '답육원정서'

사람들로 하여금 임금을 섬기고 벗들과 함께하고 백성을 사랑하며 만물을 아끼는 등의 모든 움직이고 조용히 있고 말하고 침묵하는 데 있어서 모두가 오직 부모를 섬기고 형을 따르는 참된 정성과 남을 동정하는 마음이란 한 가지 생각에서 양지에 이르게 하도록 하려는 것이다. 그것은 곧 자연히 도가 아닌 경우가 없다.

「전습록」, 권중, '답섭문울'

도道, 길을 가며 길을 묻다

『중용』에서 "하늘이 명해준 것을 본성性이라 한다" 했으니, 명命이 바로 본성이다. '본성을 따르는 것을 도라고 한다' 했으니, 본성이 바로 도인 것이다. '도를 닦는 것을 가르침이라 한다' 했으니 도가 바로 가르침이다. (…) 도란 바로 '양지'다. '양지'는 원래가 완전무결한 것이다. 옳은 것은 그것에 의해서 옳은 것이고, 그른 것은 그것에 의해서 그른 것이니 옳고 그름은 오직 그것에 의하기만 하면 제대로 되지 않는 것이 없는 것이다. 이 '양지'란 결국 여러분의 밝은 스승이 된다.

『전습록』, 권하, '문인황성증록'

　『중용』에서 말하는 도가 바로 양지이며, 양지는 옳고 그름의 판단 기준이기 때문에 그것은 사람들을 올바로 가르쳐주는 스승도 된다는 것이다. 왕수인은 도와 양지가 모두 마음과 서로 통한다고 생각했다. 양지는 사람마다 모두 지니고 있는 본연의 마음으로, 이를 따라 행하면 바로 '도'가 된다고 보았다. 그래서 왕수인은 본성을 따라서 행동하는 것이 '도'라고 생각했다. 또한 그는 마음心과 성性과 명命이 합일하므로 마음이야말로 영원한 도라고 생각했다.

2장 원전과 함께 읽는 도

마자신馬子莘이 물었다. "『중용』의 '도를 닦는 것을 가르침이라 한다'는 구절에 대해 주희의 해설을 보면 '성인께서 우리의 고유한 본성을 정리하고 바로잡아 천하의 법도로 삼은 것으로는 예의, 음악, 형벌, 정치 같은 것이 그것이다'라고 했는데 어떻게 생각하십니까?" 선생(왕수인)께서 대답했다. "도란 곧 성性이며, 명命이다. 본래부터 완전한 것이어서 늘릴 수도 줄일 수도 없는 것이며, 수식을 가할 필요도 없다. 어찌 성인께서 정리하고 바로잡을 필요가 있겠는가? 그럴 필요가 있다면 불완전한 물건이 되고 만다. 예의, 음악, 형벌, 정치는 천하를 다스리는 법이므로 본래 가르침이라고 말할 수 있는 것이다. 그러나 『중용』을 지은 자사子思의 본뜻은 아닐 것이다. (…) 성인은 본성을 따라서 행동하므로 곧 그것이 도가 된다. (…) 사람은 도를 닦고 난 뒤에야 도를 어기지 않음으로써 그의 본성의 본체로 되돌아가게 되는데 이것이 바로 성인은 본성을 따른다는 도인 것이다.

『전습록』, 권상, '문인설간록'

마음이나 성이나 명은 하나다. 사람과 사물에 통하고 바다에 이르며, 하늘과 땅에 가득하고 예나 지금이나 갖추어져 있지 않은 적이 없으며, 같지 않았던 적도 없고 전혀 변함도 없는 것이니, 영원한 도인 것이다.

『왕양명전집』, '계산서원존경각기'

주희는 '수도지위교修道之謂教'에서의 '가르침教'을 상식적인 뜻으로 받아들여 예의, 음악, 형벌, 정치 등과 같은 것으로 보았기 때문에 '닦는다修'는 의미를 '도'를 바로잡고 정리하는 것으로 해석했다. 그렇지만 왕수인은 도를 성性과 명命의 의미와 동일한 것으로 보았기 때문에 본성(마음)을 따라서 살아가는 것, 그 자체를 도라고 보았다. 또한 왕수인은 주희의 도론이 지나치게 형식적·관념적이라고 보고, 도는 오직 체험을 통해서만 알 수 있다고 역설했다.

세상의 공부한다는 사람들은 경전을 익히고 그 뜻풀이를 약간 배우기만 하면 곧 모두 스스로 학문에 대해 안다고 여긴다. 더이상 이른바 '배움을 익히려는' 노력을 하지 않는다. 슬픈 일이다. 도는 반드시 체험한 뒤에야 알게 된다. 이미 도에 대해 알고난 뒤에 도를 체험하려는 노력을 더하는 것은 아니다. 도는 반드시 공부를 한 뒤에야 분명해진다. '배움을 익히는 것' 이외에 또이른바 도를 밝히는 일이 따로 있는 것이 아니다. 그런데 세상의 '배움을 익히는' 사람들은 두 종류가 있다. 배움을 몸과 마음으로 익히는 사람이 있고, 배움을 입과 귀로만 익히는 사람이 있다. 배움을 입과 귀로만 익힌다는 것은 상상을 하고 속으로 헤아리면서 도를 그림자와 울림에서 구하려는 사람들이다. 배움을 몸과 마음으로 익힌다는 것은 행동을 통해 도를 드러내고 그것을 익힘으로써 잘 살펴서 실로 자신이 그것을 지니게 되는 사람들이다. 이것을 알면 곧 공자 문하의 학문을 안다고 하겠다.

「전습록」, 권중, '답나정암소재서'

오직 체험을 통해서만 도를 알 수 있다는 왕수인의 신념은 사실이 곧 도이고, 도가 곧 사실이라는 생각으로 이어지게 된다. 그는 경서가 모두 사실에 대한 역사 기록이라 보고, 사실이 곧 도라는 관점에서 경서를 도에 관한 기록으로 보았다.

【왕수인 8】 원문 99

사실로 말하자면 '역사'라 할 수 있고, 도에 관한 기록으로 말하자면 '경'이라 할 수 있다. 사실이 곧 도요, 도가 곧 사실이다. 『춘추』도 역시 '경'이요, 다른 다섯 가지 경서도 역시 '역사'인 것이다. 『역경』은 복희씨의 역사이고, 『서경』은 요·순 이하의 역사이며, 『예경』과 『악경』은 하·은·주 삼대의 역사인 것이다. 그 사실들도 같고 그 '도' 또한 같다. 어찌 다를 바가 있겠느냐?

「전습록」, 권상, '문인서애록'

왕수인은 학문방법론에 있어서 '분分'의 논리보다는 '합合'의 논리를 즐

왕수인의 공훈을 새긴 비석.

겨 사용했다. 그래서 그는 경서에 수록된 사실들도 같고 그 '도'도 같은 것이라고 했다. 그리고 도의 경지 또한 높은 데로부터 낮은 데 이르기까지 모두 한 가지로 관철되었다고 말한다. 참된 도에는 높은 경지와 낮은 경지의 구별이 없다는 주장이다. 이것은 일상생활을 외면한 것처럼 보이는 도가와 불가사상을 경계하는 것으로 볼 수도 있지만, '하학下學'과 '상달上達'을 지나치게 엄격하게 구분하는 주자학적 학문방법론에 대한 비판의 성격이 더 강하다.

【왕수인 9】 원문 100

높은 경지와 낮은 경지를 말하는 것은 사람들의 편견 때문에 그렇게 되는 것이다. 성인의 크게 알맞고 지극히 올바른 도로 말할 것 같으면 높은 데로부터 낮은 데까지 오직 한 가지 도로 관철되는 것이다. 그런데 다시 무슨 높은 경지와 낮은 경지가 있겠느냐?『역경』에서는 "음이 되었다 양이 되었다 하는 것을 도라고 한다. 다만 어진 사람은 그것을 보고서 어짊仁이라 말하고, 지혜로운 사람은 그것을 보고서 지혜智라고 말하는데, 백성은 매일같이 이를 행하고 있으면서도 알지 못하는 것이다. 그러므로 군자의 도는 드물게 보이는 것이다"라고 했다. 어짊이나 지혜도 어찌 도라고 말하지 않을 수가 있겠느냐? 다만 편견을 지니면 곧 병폐가 생기게 된다.

『전습록』, 권상, '문인육징록'

왕수인 또한 '하학이상달下學而上達'을 주장한다. 그래서 그는 "학문하는 사람들은 오직 '아래로 배우는 것'으로부터 공부를 해나가기만 하면 자연히 '높은 경지에 이르게' 되는 것이다. 달리 '높은 경지에 이르는' 공부를 찾을 필요가 없다"[107]라고 했다. 얼핏 보면 주희의 주장과 차이가 없어 보인다. 그렇지만 왕수인이 말하는 '상달'이란 직관이나 오성을 통해서만 알게 되는 것들을 의미한다. 그는 성인의 가르침조차 모두 '하학'에 포함시켰다. 이것은 바로 학문에 상·하의 단계를 규정해놓고 형이상학적인 사유만을 고상한 것으로 여기는 주자학적 학문 경향을 깨뜨리기 위한 의도로 보인다. 그는 학문의 높고 낮은 구별을 없애야만 지知와 행行이 합치될 수 있다고 보았다.

왕수인의 학문은 주자학에 대한 반성에서 출발했다. 왕수인은 육구연의 학문을 계승하여 주희의 형식주의적인 학문 경향을 비판했다. 주희는 사람의 안과 밖을 각각 독립된 것으로 보고, 바깥의 이치를 추구하여 안의 마음을 보충하려 한 경향이 있다. 이에 반해 왕수인은 안과 밖을 결국 하나의 것이라 보고, 자기 마음속에 천리(도)를 보존하여 '양지를 이르게 하는 것致良知'이 학문의 궁극 목표라고 생각했다. 바로 이러한 사상 배경에서 왕수인은 '마음이 곧 도'이고 '도는 곧 양지'라고 했으며, 이 주장은 그가 주자학의 교조적 권위를 벗어났다는 사상적 해방감의 표현이기도 하다. 이러한 점에서 왕수인의 도론은 중국철학사상 큰 의미를 갖는다.

13
단계

왕부지

맥락 ⊙ 기器가 본체이고, 도道는 쓰임이다

의미 ⊙ 도道, 기器, 체體, 용用, 성誠

구절 ⊙ 기器에 의거하여 도가 존재하고, 기를 떠나면 도가 없어진다

　왕부지王夫之(1619~1692)는 호남에서 태어나 인근 지역을 단기간 여행한 것을 제외하고는 한 번도 큰 도시에 가본 적이 없다. 그리고 당시의 명사로는 유헌정劉獻廷(1648~1695)을 제외하고 거의 교류한 사람이 없었다. 또한 별도로 제자들을 받아들이지 않았기 때문에 문하생도 없다. 소수민족의 동굴을 전전해가며 죽음을 무릅쓰고 청조淸朝에 저항하며 온갖 고초를 겪었다. 그렇지만 그는 기회 있을 때마다 헌 종이, 찢어진 장부 등을 원고지로 활용하여 많은 양의 저술을 완성했다. 그의 생애와 학문적 업적 및 저술은 거의 200여 년 동안 사람들의 주목을 받지 못했으며, 심지어 『명유학안明儒學案』에서도 그에 관한 언급이 전혀 없다. 청나라 말기에 이르러 증국번曾國藩의 동생 증국전曾國荃(1824~1890)에 의해 비로소 『선산유서船山遺書』가 간행되었으며, 이후 왕부지의 사상은 학계에 커다란 영향

도道, 길을 가며 길을 묻다

명나라가 망한 이후 산속 깊이 은거하면서 장재 학문의 전통을 계승하고 한층 발전시킨 왕부지.

을 주게 되었다.

『선산유서』는 모두 77종 250권이다. 이외에도 인쇄하지 못하거나 잃어버린 원고가 상당수 있다. 그의 저작은 고대 경전을 해석한 것과 제자諸子와 송유宋儒의 글을 해석한 것이 특히 많다. 또한 시문학 관련 저술이 있고, 법상종法相宗 관련 연구서도 포함되어 있다. 그렇지만 그의 저술은 단순히 고전을 풀이하는 것 이상의 의미를 지니고 있다. 그의 저술들은 중국사상에 끼친 불교와 도교의 영향을 일거에 날려버릴 만큼 진보적 해석을 포함하고 있으며, 여러 종류의 철학적 문제에 대해 내린 그의 대답은 송명사상의 전통에 일대 변혁을 가져올 만큼 엄청난 것들이었다. 예를 들면, 『장자정몽주張子正蒙注』는 단순히 장재張載의 『정몽正蒙』을 풀이한 저작의 의미를 훨씬 뛰어넘어 『정몽』을 기반으로 하여 자신의 새로운 철학적 세계관을 풀어낸 창의적인 저술로 평가받고 있다.

그는 특별한 스승도 없었고 명나라가 멸망한 뒤로는 깊은 산속에서 고립적인 삶을 살았기 때문에 교유한 학자도 거의 없다. 그렇지만 이러한 여건으로 인해 오히려 독자적인 학문을 완성시킬 수 있었다. 그는 당시 유행하던 양명학의 폐단을 절감하고서 명학明學에서 벗어나 송학宋學으로 돌아가고자 했다. 그렇지만 송대宋代 학문의 주류를 이루던 정주이학程朱理學보다는 장재의 기학氣學을 존숭했다. 그래서 그는 장재의 『정몽』을 특별히 존중하여 『장자정몽주』를 저술했으며, 주체적 체험보다는 과학적인 합리정신을 강조했다. 왕부지는 기氣로써 도를 논하는 장재의 전통을 계승하여 그 이론적 수준을 한 단계 더 발전시켰다. 바로 이러한 면에서 그의 사상은 고염무顧炎武, 황종희黃宗義의 사상과 더불어 청나라 말기의 혁명운동에 큰 영향을 끼쳤다.

【왕부지 1】 원문 101

천하의 물리는 무궁하다. 정밀하고 더욱 정밀한 것이 있다. 때에 따라 변하지만 그 올바름原理을 잃지 않는다. 그런데 자기의 소신만 믿고서 고집하는 것을 어찌 정당하다고 하겠는가? 하물며 자기의 믿는 바가 습성에 물든 것이고 스승의 말을 지키는 데 불과한 것인데도 불구하고 자신도 모르는 사이에 자기의 마음이라 생각한다면 어찌 하겠는가?

『사해』108

왕부지는 『장자정몽주』에서 '허공이 바로 기虛空卽氣'라는 장재의 말을 인용하여 기가 곧 일체 변화의 실체적 원리임을 다시 한번 확인했다. 그는 말하기를 "허공이란 기의 양量이며. (…) 무릇 허공은 모두 기다"109라고 했다. 그는 또한 기는 허공을 가득 채우고 있으며, 기는 음양 대립의 통일체로서 모든 변화하는 물질의 실체라고 했다.110 또한 그는 이理와 기氣의 관계에 대해서 '이는 기 가운데 있다理在氣中'라고 결론을 내렸다. 이로써 그는 '모든 현상이 마음에서 빚어진다萬法唯心'는 불가의 주장과, '유는 무에서 생겨난다有生於無'는 도가의 주장, '이는 기에 앞서서 존재한다理在氣先'는 정주학의 주장, '마음 밖에 사물이 없다心外無物'는 육왕학의 주장을 동시에 깨뜨릴 수 있었다.

왕부지가 생각하는 도는 실제로 존재하는 것이며, 음양의 기와 태극 또한 객관적으로 존재하는 성질이다. 그는 이러한 생각에서 한 걸음 더 나아가 실유實有 개념을 제시했다. 이때 그가 생각하는 실유 개념은 성誠 곧 '진실함'의 개념에서 도출된다. 왕부지는 성誠과 도道가 결국 이름은 다르나 같은 내용이라고 생각했으며, 이 성誠이야말로 천도와 인도의 핵심이라고 보았다. 그래서 그는 "성誠이란 신神의 실체이자, 기氣의 실용이다"111 "성誠이란 실제로 있는 것이다. 앞에서는 시작하는 것이고, 뒤에서는 마치는 것이다. 천하에 사사로움이 없이 있으므로 눈이 있으면 누구나 볼 수 있고, 귀가 있으면 누구나 들을 수 있다"112라고 했다.

또한 왕부지는 도는 하나로서 하늘에 있으면 천도요, 사람에게 있어서는 인도가 된다고 했다. 그에게 있어서 천도는 만물의 본원이고, 인도는 사람이 마땅히 따라야 할 도덕규범이자 행위 준칙이다. 그는 인·의·예·지와 같은 도덕원칙을 인도의 내용으로 보았으며, 이러한 것들은 모두 마음의 덕에서 일관하고 성性의 실체가 된다고 보았다.

【왕부지 2】 원문 102

성誠과 도道는 다른 이름이면서 같은 내용의 것이다. 도를 닦아 성誠이 있게 되니, 성誠은 진실로 하늘과 사람의 도다.

『상서인의』「강고」

도는 하나로서 하늘에 있으면 천도가 되고, 사람에 있어서는 인

도를 갖게 된다.

『장자정몽주』, 권9

이 태극이 만물을 생성시키는 까닭은 온갖 이치를 이루어 온갖 일을 일으키기 때문이다. 시작과 생성의 바탕이 되는 본체이기 때문에 '도'라고 한다.

『주역내전』, 권5

그러므로 도는 음양을 본체로 하고 음양은 도를 본체로 하여 교류하고 더불어 본체가 되니, 결국 허공에 매달려 홀로 이루는 도는 없는 것이다.

『주역외전』, 권3

천하에 생겨나는 것들은 도를 본체로 하지 않는 것이 없다. 천하의 이理는 도를 근본으로 하지 않는 것이 없다.

『주역외전』, 권6

도는 천지만물의 공통적인 이理인데, 곧 이른바 태극이다.

『장자정몽주』, 권1

사람과 사람은 윤리가 있는 무리이므로 그곳에서 도가 나온다. 혼매昏昧할 수 없는 마음을 지니고서 날마다 사용하여 남김이 없는 것을 도라고 한다. 사람이 하늘로부터 부여받은 것을 성性의 본체로 삼고, 이 도가 있으면 이 마음이 응하게 되는 것을 인仁이라 하고 의義라 하고 예禮라 한다. 사람이 성性을 잡고서 마음에서 발현하여 도 가운데서 인·의·예를 행하는 것을 지智라 하고 인仁이라 하고 용勇이라 한다. 이에 그 모여서 돌아가는 것이 마

음의 덕에서 일관하고 성性의 실체가 되니, 이것들이 모두 인도人
道다.

『사서훈의』, 권2

인도는 곧 하늘이 그 한결같이 참되고 망령됨이 없는 천도로써
부여한 것으로 타고난 바의 성性에서 이루어지는 것이다.

『사서훈의』, 권2

왕부지 사상의 가장 큰 특징은 실재론의 입장이다. 이것은 그의 도기론
道器論에서 잘 나타난다. 형이상학 및 우주론에 관한 여러 가지 논점은 모
두 도기론에서 드러난다. 왕부지는 도道(이理)를 사물을 생성시키는 본체
로 파악하고, 기器(기氣)를 사물을 생성시키는 도구로 이해한 주희의 관점
을 비판했다. 그는 도와 기가 서로 분리되어 있지 않고 유기적 통일체를 이
룬다고 보았다. 이러한 점에서 그는 장재의 생각과 동일한 관점을 지니고
있다.

왕부지는 도道와 기器의 관계에서 먼저 기를 긍정하고 기로부터 도를 설
명했다. 그런 뒤에 다시 파생적으로 이기理氣의 떨어지지 않는 관계와 기
氣의 기본성을 역설했다. 왕부지는 "도는 기의 도이지만, 기는 도의 기라고
말할 수 없다"고 주장했다. 왕부지 사상에 있어서 기器(기氣)는 가장 기본
적인 실유實有이고, 도는 단지 기器의 기능, 성질, 관계 등을 나타낼 뿐이다.
그러므로 도는 기의 도이지만, 기는 도의 기일 수 없다는 것이다. 이것이
바로 왕부지 도기론의 가장 큰 특색이다.

왕부지의 도기론은 특히 근현대 시기 중국철학자들에게 많은 영향을 끼쳤다. 캉유웨이와 량치차오 등 무술변법 시기의 개혁파에 속하는 사상가들은 도본기말론道本器末論의 입장을 분명하게 드러냈다. 그들은 기가 체고 도는 용이며, 기도 변하고 도 또한 변한다고 생각했다. 이들의 주장은 형식적으로는 철학적 색채를 표방하고 있었지만, 실제로는 개혁파의 정치적 입장을 반영하고 있었다. 이러한 특징은 신해혁명 시기의 장빙린과 쑨원에게까지 지속적으로 이어진다.

기器에 의거하여 도가 존재하고, 기를 떠나면 도가 없어진다.

『주역외전』, 권2

천하는 오직 기器일 뿐이다. 도는 기의 도이지만, 기는 도의 기라고 말할 수 없다. 그 도가 없으면 그 기는 없다고 말할 수 있다. 비록 그러하나 진실로 그 기를 가지고 있으면, 어찌 도가 없다고 근심할 것인가?

『주역외전』, 권5

"형이상자위지도形而上者謂之道, 형이하자위지기形而下者謂之器"에서 '위지謂之'란 그 말한 것을 따라서 세워놓은 것을 일컫는다. 상·하란 처음에는 정해진 경계가 없었으나, 헤아려 논의한 것에 따라서 적용한 것을 말한다. 그렇다면 상·하는 특수한 경계가 없으며, 도·기는 체를 달리하지 않음이 분명하다.

그 기器가 없으면 그 도가 없다. (…) 무지몽매한 상태에서는 예를 차리고 사양하는 도가 없고, 요임금과 순임금에게는 정벌을 위문하는 도가 없으며, 한나라와 당나라에는 오늘날의 도가 없으니, 오늘날에는 다른 시절에 없던 도가 많이 존재한다. 활과 화살이 없으면 활 쏘는 도가 없고, 소와 말이 없으면 수레를 모는 도가 없으며, 희생犧牲과 단술醴과 아름다운 옥과 예물과 종鍾과 경磬과 관악기와 현악기가 없다면 예악禮樂의 도가 없을 것이다. 아들이 없으면 아버지의 도가 없고, 동생이 없으면 형의 도가 없으니, 도가 있어야 하나 또한 없는 것도 많다. 그러므로 그 기가 없으면 그 도가 없다는 것은 진실한 말이다.

『주역외전』, 권5

체용體用은 원래 중국 불교에서 사용하던 개념이었으나, 송대 성리학자들이 이 개념을 사용해 우주론과 인성론을 설명함으로써 유가철학의 용어로 확정되었다. 특히 주희는 체용의 개념을 효율적으로 활용하여 자신의 사상을 체계화했다. 왕부지 또한 자신의 도론을 전개하면서 체용론을 유용하게 사용했다. 그렇지만 그는 도를 체로 이해하고, 기를 용으로 파악한 주희의 방식과는 달리, '도는 체와 용을 겸한다'는 입장을 일관성 있게 유지했다. 왕부지의 이러한 입장 또한 기가 본체와 발용發用 양 측면을 모두 갖는다고 보았던 장재 사상으로부터 받은 영향이 크다.

왕부지는 우주 만물이 모두 두 영역, 즉 형이상학적 영역과 형이하학적 영역에 속한다고 보았다. 그렇지만 그는 이 두 가지 영역이 불가분의 관계에 있다고 생각했으며, 도는 기器에 내재한다고 여겼다.

이 하나의 물物로 통일되었으니, 형이상을 도道라 하고 형이하를 기器라 한다. 일음일양一陰一陽의 조화로 이루어지지 않은 것이 없으니 기器의 이치를 다하게 된다면 도는 그 가운데 있다.

『사문록』, 내편

왕부지는 특수자인 기器에 근거하여 도道를 말했고 또한 기氣에 근거하여 이理를 말했으니, 결국 기器(기氣)를 근본으로 삼은 것이다. 그에게 있어서 기器(기氣)는 우주에 내재하는 자기 원인이므로 도는 '기器의 도道'이고 이理는 '기氣의 이理'가 된다. 바로 이러한 면에서 왕부지의 사상을 내재론으로 평할 수 있다.

왕부지의 체용론 또한 내재론의 입장에서 이루어진다. 도가 체와 용을 겸한다고 하는 것은 체와 용이 서로 의지하므로 떨어질 수 없다는 의미다. 한 측면에서 체가 천하의 용을 생성하고, 다른 측면에서는 용이 체의 표현이 된다. 즉 용을 통해서 체를 획득할 수 있다는 말이다. 또한 왕부지는 '도와 사물이 서로 더불어 체가 된다相與爲體'고 했으며, "음양은 도와 더불어 체가 되고, 도는 음양을 이루어 그곳에 머문다"[113]라고 했다. 그는 음양 만물은 도를 본체로 하고, 도는 음양 만물 가운데 존재하므로 음양 만물로써 객관적 존재를 신는다고 했다. 이것이 바로 '교류하여 서로 체가 된다交與爲體'는 말의 구체적 의미다. 그래서 왕부지는 천지만물이 모두 '도와 더불어 체가 된다'고 했으며, 이러한 체는 용으로부터 얻을 수 있다고 주장했다.

【왕부지 5】 원문105

도는 사물 가운데 체현體되어 천하의 쓸모用를 만들어낸다.

『주역외전』, 권1

그러므로 도를 잘 말하는 사람은 용用에서부터 체體를 얻을 수 있고, 도를 잘 말하지 못하는 사람은 터무니없이 하나의 체를 세워 용을 배제하고 이것만 따른다.

『주역외전』, 권2

존재하는 모든 기는 모두 도와 더불어 체가 된다.

『주역외전』, 권2

도는 음양을 체로 삼고, 음양은 도를 체로 삼는다. 교대로 서로 체가 되니, 결국 허공에 매달려 홀로 이루어지는 도는 없는 것이다.

『주역외전』, 권3

'도와 더불어 체가 된다與道爲體'는 말에서 '더불다與'라는 글자는

'서로 더불다相與'라는 뜻이 있다. 대체로 체體라고 하는 것에는 모두 '용用'자가 들어가 있다. 체는 볼 수 있으나 용은 볼 수 없으니, 강의 흐름은 볼 수 있으나 도는 볼 수 없는 것이다. 그러므로 강의 흐름은 도의 체이고, 도는 강을 잘 흐르게 하는 것을 용으로 한다. 이것이 하나의 의미다.

「독사서대전설」, 권5

왕부지는 장재의 사상을 본보기로 하여 자신의 학설을 수립했다. 왕부지 사상의 제1전제는 외부세계의 실체성을 인정하는 데 있다. 그는 이러한 전제에 의거해 불교와 왕수인 학파의 주장을 비판했다. 즉 왕부지는 모든 사변에 앞서 외적 세계의 존재를 인정해야 한다고 주장했다. 그러므로 그는 '도'라고 하는 것 또한 현상세계의 사물들 사이에서만 발견될 수 있다고 보았으며, 이러한 주장은 형이상학적인 것과 형이하학적인 것이 서로 분리될 수 없다는 생각으로 이어지게 되었다.

14
단계

중국 사상사에서 청대淸代는 종래의 전통사상을 종합·정리하여 그 오류를 비판한 시기로 평가된다. 송·명대의 철학사조가 합리적·관념적 '이理' 철학으로 특징지어지는 것에 반해, 청대의 철학 사조는 자연적·실증적 '기氣' 철학으로 규정된다. 청대는 비록 많은 한계와 반대 요소가 있었음에도 근대정신의 태동으로 주목할 만하다.

송명 이학의 최대 공헌은 도덕적 이성의 자각과 그 확립에서 찾을 수 있다. 그러나 이들이 수립하고자 한 학문의 중심이 대체로 순수 사유와 순수 이론적인 측면, 즉 추상적인 본체론에 심하게 치우쳤기 때문에 이로 인해 많은 비판을 받는다. 즉 송명 이학이 극단에 이르게 되자 중국 철학의 중요한 전통 가운데 하나인 현실 중심의 전통들이 무너지고 형이하의 세계를 단절시킨 관념 철학이 이루어진다. 바로 이러한 배경에서 『맹자자의소증』이 탄생한다. 그래서 대진은 "송나라 유학자들은 인·의·예를 통합한 것이 이理라고 보며, 이러한 '이'는 하늘이 갖고 있는 덕으로 사람이 태어나면서 부여된 아무런 조짐 없는 형이상학적 존재라고 생각했다"[114]고 문제를 제기한 뒤, 심지어는 "송나라 유학자들이 이理로써 사람을 죽이게 되었다"는 극언까지 했다.

대진戴震(1723~1777)은 도기道器 문제에 있어서 왕부지와 차이가 있는데, 그는 기화氣化를 도라고 여겼다. 그는 음양오행의 기가 세계만물의 실체이며, 기화·유행의 과정이 곧 도라고 하여 "기화·유행은 쉼이 없이 낳고 낳으므로 이를 '도'라고 하는 것이다"[115] "한 번 음이 되고 한 번 양이 되는 끊임없는 유행을 일컬어 도라고 할 따름이다"[116]라고 했다. 이렇게 되면 도기道器의 구분은 다만 기화·유행과 그 결과를 가지고 해석할 수 있을 따름이다. 음양의 기가 아직 형질을 구성하지 않은 것이 형이상의 도이고, 음양의 기가 이미 형질을 구성한 것이 곧 형이하의 기다. 즉 어떠한 사물이라도 기화氣化에 의해 구성되었으므로 사물을 남김없이 체현한다고 보았으며, 구체적인 사물이 이미 이루어진 후에는 형체가 고정되므로 한 번 이루어지면 변하지 않는다고 생각했다.[117] 이러한 해석은 장재張載나 왕정상王廷相과 비슷하지만, 대진은 주로 생성의 문제를 논했다.

도道는 곧 '가는 것行'과 같다. 우주 가운데의 기는 변화하고 유동·운행하고 끊임없는 생성 작용을 쉬지 않으니, 이를 일러 '도'라고 한다. 『역경』에서 "한 번 음하고 한 번 양하는 것을 일러 '도'라고 한다"라고 했다. 그리고 『상서』 「홍범」에서 "오행으로는 첫째가 물水이요, 둘째가 불火이요, 셋째가 나무木요, 넷째가 쇠金요, 다섯째가 흙土이다"라고 했다. 그런데 여기서 '오행'이라고 할 때의 '행行' 역시 '도'라는 이름의 통칭通稱이다.

음양을 거론하게 되면 오행도 겸하여 갖추니, 음양이 각각 오행의 내용을 갖추고 있기 때문이다. 마찬가지로 오행을 거론하면 음양도 겸하여 갖추니, 오행이 각각 음양의 성질을 갖추고 있기 때문이다. 『대대예기大戴禮記』에서 "도에서부터 음양오행이 나누어지는 과정을 일러 '명命'이라고 하며, 만물이 음양오행으로부터 하나의 구체적인 사물로 형성되는 일정한 특징을 일러 '성性'이라 한다"라고 했다. 이것은 곧 음양오행에서부터 나누어져 인간과 만물이 생겨나며, 인간과 만물은 각기 그 나누어진 바에 근거하여 자신의 본성을 이루게 되는 것을 말해준다. 음양오행은 '도'의 실체이며, 혈기심지血氣心知는 '성'의 실체다. 실체를 가졌기 때문에 나뉠 수 있다. 나뉜 정도가 같지 않기 때문에, 인간과 만물의 본성 또한 한결같지 않은 것이다. 옛사람들이 '성'을 말하여 오로지 천도에 근본하고 있다고 말하는 것이 바로 이와 같다.

문 : 『역경』에서 "형이상의 것을 일러 도道라 하고, 형이하의 것을 일러 기器라 한다"라고 했다. 정자程子는 "오로지 이 말이 절연히 상·하를 가장 구분하여 밝혔다. 원래 이러한 상태에 이르러서야 비로소 '도'라고 할 수 있다. 사람들은 이를 체험하여 가만히 마음속에 새겨두어야 한다"[118]라고 말했다. 후대 유학자들朱儒이 도를 말하는 것은 대부분 이것에서 얻은 것이다. 주자는 "음양은 기氣이며 또한 형이하의 것이다. 한 번 음하고 한 번 양하게 하는 '까닭所以'은 이理이며 또한 형이상의 것이다. 도道는 곧 이理를 말한다"[119]라고 말했다. 주자의 이 말은, 도道라는 이름이 이理라는 이름과 일치하는 것임을 설명하는 것이다. 그러나 이제 당신이 말하기를, "기氣는 변화 유행하며, 끊임없는 생성 작용을 쉬지 않는다"라고 하니, 이것은 정자와 주자가 말하는 형이하의 것이다. 정자와 주자의 설법은 곧 『역경』의 언설에 근거하여 말하는 것이므로, 이에 학자들이 믿는 바다. 그렇다면 과연 『역경』을 어떻게 해석해야 할 것인지 당신이 설명할 수 있겠는가?

답 : '기의 변화氣化'와 '구체적인 만물' 간의 구분이 곧 형이상·하

의 구분이다. 여기에서 말하는 '형形'은 구체적인 만물을 말하는
것이지, 기氣의 변화를 말하는 것이 아니다. 『역경』에서 또한 "하
늘의 도를 세우게 되니 곧 음과 양이다"[120]라고 했다. 직접적으
로 음·양 자체만 거론하고, 음하게 하고 양하게 하는 까닭所以을
구분하는 것에 대해서는 주의 깊게 듣지 않아야만 비로소 도의
이름에 부합할 수가 있다. 어찌 성인의 언설들이 모든 말을 갖추
지 않았겠는가? 한 번 음하고 한 번 양하며, 유행流行이 그치지
않는 상태를 일러 도道라고 한다. (…) 인간과 만물이 이루어진
것을 위로 추론해보면 음양오행에 이르러 그치게 된다. 육경六經
과 공맹孔孟의 서책 어디에서도 이理와 기氣를 구분하는 변론에
대해서는 들어볼 수 없다. 이러한 설법은 다만 후대 유학자들이
새로 만들어낸 것으로서, 곧 음양을 '형이하'에 귀속시키니, 실
제상으로 도道의 이름과 의의를 잃어버리게 되었다.

대진, 『맹자자의소증』, '천도'

【 맹자자의소증 3 】 원문 108

문 : 후대 유학자들이 음양을 논할 때는 반드시 태극을 근본으
로 하여 추론했다. 주돈이는 "무극이면서 태극이며, 태극이 움
직여 양을 생성하고 움직임이 극에 이르면 고요해지고 고요해지
면 음을 생성한다. 고요함이 극에 이르면 움직임으로 되돌아간
다. 한 번 움직이고 한 번 고요함이 서로 그 뿌리가 되어 음으로

갈리고 양으로 갈리니 곧 양의兩儀가 이루어진다"[121]고 말했다. 그리고 주자는 이를 해석하여 "태극은 음양을 생성하고 이理는 기氣를 생성한다. 음양이 이미 생성되면 태극이 그 가운데 있으며, 이理 또한 기氣 안에 있게 된다'라고 했으며, 또한 "태극은 형이상의 도道이며, 음양은 형이하의 기器다"[122]라고 했다. 이제 당신은 형形이 곧 '형체를 지닌 만물品物'을 가리키는 것이지, 무형한 '기의 변화氣化'를 가리키는 것은 아니라는 점을 분명히 밝혔다. 그렇다면 후대 유학자들이 도를 설명하는 데 사용한 태극과 양의 등의 개념은 또한 견강부회하여 사용한 것이라고 볼 수 있다. 송나라 이래로 학자들의 미혹됨이 이미 오래인데 당신은 장차 어떻게 그 미혹됨을 풀어나가려 하는가?

답 : 후대 유학자들은 끊임없이 '태극'과 '양의'에 대해서 말하지만, 모두 공자가 『역경』을 해설한 본뜻과는 다르다. 공자는 "『역경』의 법칙으로는 먼저 태극이 있고, 태극은 양의를 생성하고, 양의는 사상을 생성하며, 사상은 팔괘를 생성한다"[123]라고 말했다. 공자가 말하는 '양의' '사상' '팔괘' 등은 모두 『역경』이 지어질 당시의 이론 체계에 의거하여 말한 것이지, 기氣가 변화 유행하는 음양에 의거하여 '양의'와 '사상'이라는 이름을 얻어낸 것은 아니다. (…) 공자는 태극이 유동 변화하는 음·양 이기二氣를 가리킨다고 생각하여, 『역경』의 이치에는 태극이 있으며, 태극은 양의를 생성한다'라는 문장을 이어받아 "하늘의 도를 분명히 했

다"¹²⁴라고 말했는데, 이것은 곧 "한 번 음하고 한 번 양하는 것을 일러 '도'라 한다"고 말하는 바와 같다. 공자는 또한 '양의'와 '사상'과 '팔괘'가 모두 『역경』의 괘卦와 효爻를 가리킨다고 생각했다. 후세 유학자들은 '양의'를 음양으로 여기고, 음양이 생겨나는 바의 근원으로 하나의 '태극'을 구하니, 이 어찌 공자의 말이라 할 수 있겠는가?

대진, 「맹자자의소증」, '천도'

【 맹자자의소중 4 】 원문 109

문 : 송나라 유학자들은 형이상과 형이하, 도道와 기器, 태극과 양의 등을 말했다. 이제 공자가 해설한 『역경』의 원문에 근거하여 종합적으로 논증해보면, 송나라 유학자들이 말하는 것과 『역경』 자체의 뜻이 진실로 서로 일치하지 않음을 알 수가 있다. 그들은 이理와 기氣를 분변하는 것에 관해 살펴보게 될 때에 육경六經 중에서 이·기와 관련한 글귀를 찾아볼 수 없자 태극, 양의, 형이상·하라는 말들을 빌려와 자신의 학설을 수식했다. 만약 배우는 이들이 이러한 학설을 받아들여 믿는다면 과연 어떻게 할 것인가?

답 : 성인이 말한 본뜻을 내버려두고 자기 자신의 학설로써 성인의 말로 삼게 되면, 이것은 곧 성인을 기만하는 일이 된다. 성인

청대에 들어오면 도에 관한 논의는 실질성, 실천성을 강하게 띠며 전대의 논의를 비판적으로 검증하기 시작한다. 그림은 청대의 수상무역 장면.

의 말을 빌려서 자신의 학설을 꾸미고, 이를 통해 다른 사람들이 믿게끔 하고자 한다면, 이것은 바로 배우는 이들을 속이는 일이다. 성인을 기만하고 배우는 이들을 속이는 것은 정자와 주자 같은 현인賢人들이 할 바가 아니다. 정·주의 학문은 노자와 장자 그리고 불교의 학설을 입문 수단으로 삼았기 때문에, 이러한 잘못이 생겨나게 되었다. 가장 먼저 습관적으로 듣는 말은 종종 폐단이 있더라도 스스로 깨닫지 못한다.

노자·장자와 불교의 학설에 있어서는 인간의 몸을 두 부분으로 나누어 말하면 '형체와 정신神識'이 있다고 하며, 그중에서도 인간의 신체는 '정신'을 근본으로 삼는다고 생각한다. 이러한 학설을 다시 한 걸음 더 나아가 추론해보면, '신神이 천지를 만들어내는 근본'이라고 여기는 것이다. 이로 인해 그들이 형체도 없고 흔적도 없는 어떤 것을 '참된 존재'로 여겨 이를 구하려 한다. 반면 그들은 형체도 있고 흔적도 있는 사물에 대해서는 헛된 것으로 여긴다.

송나라 유학자들의 이론에 있어서 형기形氣와 정신은 모두 자기 자신의 사사로운 것에 속하고, 이理는 하늘로부터 얻은 것으로 여긴다. 이를 좀더 추론해보면, 송나라 유학자들은 이理와 기氣를 절연히 구분하여 밝혔으며, 이理는 당연히 형체도 없고 흔적도 없는 '참된 존재實有'라 여기며, 반면 형체를 가지고 흔적을 가진 혈육기질은 곧 조잡한 것으로 여겼다. 송나라 유학자들은 한 걸음 더 나아가 도가와 불가의 말을 유가의 말로 바꾸었으며, 이

로 인해 기氣를 '텅 빈 기'로 여겼으며, 심心을 '성性의 담장'으로 여겼다. (…) 송나라 유학자들은 육경과 공·맹의 서책을 고찰했어도 자신들이 말하던 성性과 천도天道의 내용에 대해 얻어들을 수가 없었으며, 노자·장자와 불교를 연구한 지가 수년에 이르게 되어 비로소 도가·불가의 학설이 이理의 뜻을 놓쳐버리고 말하지 않았다는 사실을 깨닫게 되었다. 이에 유가사상의 형이상·하에 관한 설법과 태극과 양의라는 이름을 접하게 되자 갑자기 깨달음을 얻게 되어 마침내 이理와 기氣를 분변하는 이론을 수립하게 되었으며, 이로 인해 다시는 육경과 공·맹에 나오는 글의 본래 의미를 자세히 살피지 못하게 되었다. (…) 저 한유韓愈의 말은 이러한 경우에 있어서 좋은 가르침이 된다. "배우는 이는 반드시 근신하여 학문을 구하는 길을 선택해야 한다. 양주楊朱, 묵적墨翟, 노자, 장자, 불가의 학문을 배워서 성인의 도에로 나아가고자 하는 것은 마치 강과 바다의 항만을 거치지 않고서 큰 바다에 이르고자 함과 같다."**125** 이것은 바로 송나라 유학자들을 보고 일컬은 말처럼 들린다.

대진, 『맹자자의소증』, '천도'

동아시아 유학 역사상 이理에 대한 이해는 크게 두 가지 입장으로 구분된다. 우선 하나는 주희와 퇴계 이황을 비롯한 상당수 학자들이 주장하듯이, 이理가 어떠한 방식으로든 '영향력 있는' 힘을 가지며 논리적으로는 기

氣보다 앞선다는 주장이다. 이러한 이해는 심지어 어떤 경우에는 이理를 마치 신神과 같은 존재로까지 해석할 수 있는 여지가 있다. 다른 하나는 기론자氣論者들의 주장이 대표적인데, 그들에 의하면 이理는 단지 속성에 불과하고 내적 조리·규칙·질서 같은 개념들이라고 보는 입장이다. 이들 중에서도 극단적인 일부 학자는 이학理學의 독재성을 강하게 비판하는데, 대진의 경우가 대표적이다. 그는 사람이 법에 걸려 죽으면 가련하게 여기는 자가 있지만, 이理에 의해 죽으면 도대체 누가 가련하게 여길 것인가라고 반문하며[126] 주자학적 이학의 '허구적 독단'에 대해 통렬하게 비판했다. 대진의 해석에 따르자면, 도가 남김없이 사물을 체현할 수 있는 것은 만물이 모두 기화氣化에 의해 생성되었기 때문이다. 그러므로 대진의 사상에는 형이상학적 본체론이 존재하기 어렵다.

【맹자자의소증 5】 원문 110

인도人道는 사람과 사람의 관계 및 일상생활에서의 모든 행동을 가리키는 말이다. 천지에 있어서는 음양오행의 기가 변화하고 유행하여, 낳고 낳음이 쉴 새가 없는 것을 도라고 말한다. 사람과 만물에 있어서는 살아가는 일, 그리고 그와 관련된 모든 일은 흡사 음·양 이기二氣의 변화가 끊임없는 것과 같은데, 그것 역시 도라고 말한다.

『역경』에서 "한 번 음이 되고 한 번 양이 되는 것을 도라고 말한다. 이것을 이어받은 것이 선善이며, 이것을 완성한 것이 성性이

다"라고 했다. 이것은 천도의 운행으로 말미암아 사람과 만물이 있게 되었다는 것을 언급한 것이다. 『대대예기』에서 "도에서 음양오행의 기를 나누어 받는 일련의 과정을 명命이라 한다. 사람과 만물이 나누어 받는 정도에 따라 일정한 형체와 지각을 형성한 것을 성性이라 한다"라고 했다. 이것은 사람과 만물이 천도에서 비롯되는 기를 나누어 받은 존재이며, 나누어 받은 것이 같지 않기에 그 본성 또한 같지 않음을 말한 것이다. 『중용』에서 "하늘이 명한 것을 성性이라 이르고, 성에 따름을 도라 한다"라고 했다. 이것은 일상의 일이 모두 성으로 말미암아 일어나며, 성은 천도에 근본하지 않음이 없다는 것을 말하고 있다. 『중용』에서 또한 "군신 간의 관계, 부자간의 관계, 부부간의 관계, 형제간의 관계와 붕우 간의 사귐이라는 이 다섯 가지는 천하에 두루 미치는 도다"라고 했다. 이것은 일상생활에서 사람이 하는 모든 일은 대체로 이 다섯 가지 관계를 벗어나지 않는다는 의미다. 『맹자』에서는 "설契이 사도가 되어 인륜을 가르치니, 부자간에는 친함이 있으며, 군신 간에는 의리가 있으며, 부부간에는 분별이 있으며, 장유 간에는 차례가 있으며, 붕우 간에는 믿음이 있게 되었다"라고 말했다. 이것은 곧 『중용』에서 말한 "도를 닦는 것을 교教라고 말한다"에 해당하는 것이다.

'성'이라고 말하고 '도'라고 말하는 것은 구체적인 사물과 실제 사정을 가리키는 말이다. '인'이라고 말하고 '예'라고 말하며, '의'라고 말하는 것은 순수하고 중정中正한 이치를 가리키는 말이다.

인도는 '성'에 근거하고 있으며, '성'은 천도에 그 근원을 두고 있다. 천지에 존재하는 기는 끊임없이 운동, 변화, 발전하며, 이에 따라 만물은 생존과 번식에서 그침이 없어진다. 그러나 육지에 사는 것은 물에 들어가면 죽는다. 또한 물에 사는 것은 물을 떠나면 죽는다. 남쪽에 사는 것은 따뜻한 데 익숙하기 때문에 추위를 견디지 못한다. 또한 북쪽에 사는 것은 추위에 익숙하기 때문에 더위를 견디지 못한다.

이와 같이 한편에서는 생존을 유지하는 조건이 되는 것이 다른 편에서는 생존에 해가 된다. "천지의 큰 덕을 생生이라 한다."[127] 생물이 일정한 조건 아래에서 살지를 못하고 죽는 것이 어찌 천지가 덕을 잃어버렸기 때문인가? 그러므로 천지의 도를 말할 때에는 그 실제 사물과 실제 사정을 헤아려보면 저절로 도가 드러난다. "한 번 음이 되고 한 번 양이 되는 것을 도라고 말한다"는 것과, "하늘을 세우는 도는 음과 양이며, 땅을 세우는 도는 부드러움과 강함이다"[128]라는 말이 바로 그것이다. 사람의 마음과 지각에는 밝고 어두움이 있다. 밝을 때에는 일을 해나가는 데 잘못됨이 없으나, 어두울 때에는 잘못이 있게 된다. 그러므로 사람의 도를 말할 때에는 인륜과 관련되는 일상사가 모두 도의 실제 사정이 된다. "본성을 따르는 것을 도라 한다"는 말과, "도에 따라서 자신을 수양한다. (⋯) 천하의 빼어난 도리는 다섯 가지가 있다"[129]라는 말이 바로 그러한 것이다. 이러한 도는 수양하지 않으면 안 되는 것이다. "인으로써 도를 닦는다."[130] 성인이

道, 길을 가며 길을 묻다

그 도를 닦는 것을 교敎라고 했다는 말131이 바로 그것이다. 그 순수하고 중정한 이치가 곧 "사람을 세우는 도道인 '인'과 '의'이며"132 상황에 알맞게 일을 처리해나가는 빼어난 도리다.133 상황에 알맞게 일을 처리해나가는 빼어난 도리인 순수하고 중정한 이치는, 그것을 바탕으로 세상의 모든 일을 해나가는 표준이 될 수 있다.

군신, 부자, 부부, 형제, 붕우의 교제 등과 같은 다섯 가지 인륜 관계는 천하의 빼어난 도리인데, 다만 실제 관계를 들었을 뿐이다. 지智, 인仁, 용勇의 덕을 바탕으로 그러한 관계를 실천해나갈 때, 순수하고 중정한 상황에 도달할 수 있다. 그런데 이러한 다섯 가지의 윤리적인 관계를 빼어난 도리라고 부르는 것은, 그것이 이 세상에 두루 작용하여 폐할 수 없기 때문이다. 『역경』에서 천도를 말할 때는 아래로는 사람과 사물에까지 그 작용이 미친다. 그래서 『역경』에서 "도를 완성한 것이 성이다"라고만 말한 것이 아니라, 그것에 앞서 "도를 이어받은 것이 선이다"134라고 말했다. '이어받는다'는 것은 사람과 사물이 천지의 선에 대하여 실제로 계승하여 간격이 없는 것을 가리킨다. '선하다'는 것은 그 순수하고 중정한 것을 가리키는 말이다. '성'은 그 실제 사물과 실제 사정을 나타내는 말이다.

한 가지 일이 '잘되었다'는 것은 곧 그 한 가지 일이 하늘의 이치에 부합된다는 것이다. 만물을 형성하는 본성은 각기 다르지만, 그러나 그 본래의 선은 동일하다. 선은 '반드시 그러해야 하는

2장 원전과 함께 읽는 도

것'이며, 성은 '저절로 그러한 것'이다. 결국에 '필연'으로 돌아가는 것은 바로 그 '자연'을 완성하는 것이다. 이것이 바로 그러한 '자연'의 극치라고 말할 수 있으며, 천지만물의 도는 이러한 데서 모두 실현된다.

천도와 관련해서는 그것이 총체적인 것이어서 나누어 말하지 않는다. 그러나 사람 및 사물과 관련해서는 나누어 말해야 비로소 분명해진다. 『역경』에서 또한 "인자仁者는 도道 이것을 보고 인仁이라고 하고 지자智者는 이것을 보고 지혜라 하나, 백성은 날마다 사용하면서도 모른다. 그러므로 군자의 도는 아는 사람이 드물다"[135]라고 했다. 이것은 본성이 형성된 이후에 제한을 받게 되자 이러한 도를 다 실현하지 못하는 사람들이 많다는 것을 말하고 있다.

대진, 「맹자자의소증」, '도'

【 맹자자의소중 6 】 원문 111

문 : 송나라 유학자들은 명命, 성性, 도道의 개념이 '이理'에 해당하는 것으로 여겼다. 그러므로 "도는 일상 사물에서 마땅히 행해야 할 이理다"[136]라고 말했다. 이미 도가 '마땅히 행해야 할 이理'라면, '도를 닦는다'는 말은 그 의미가 통하지 않는다. 그러므로 주자는 "닦는다는 것은 등급과 제한을 두는 것이다"[137]라고 말했다. 그리고 "도로써 자신을 닦고, 인仁으로써 도를 닦는

다"138라는 구절에서 쓰인 두 개의 '닦는다修'는 글자는 다른 의미일 수가 없다. 그래서 "그 자신을 인仁하게 할 수 있으면"139이라고만 말했지, 더 이상의 해석을 하지는 못했다. 『중용』에 나오는 "빼어난 다섯 가지 도리"에 대해서 주자는 맹자의 "인륜으로써 가르친다"라는 말을 들어서 해석했는데,140 이것은 분명히 『중용』의 본래 의미를 잃어버린 것이다.

『중용』에서 또한 "도라는 것은 잠시라도 떠날 수 없는 것이다"라고 말했다. 주자는 이것이 천리를 보존하라는 말이라고 여겨서, "잠시라도 도를 떠나지 않도록 해야 한다"라고 말했다. 왕양명은 "덕을 함양하고 몸을 기르는 것은 다만 하나의 일에 불과하다. 만일 남이 보지 않을 때도 삼가고 남이 듣지 않을 때도 조심하여, 오직 여기에 뜻을 둔다면, 이것은 곧 신神이 집중되고 기氣가 머무르며, 정精이 굳는 것이니, 바로 도교에서 말하는 장생불사의 이치가 그 속에 들어 있다"141라고 말했다. 또한 "불교에서 '늘 깨어 있으라'고 말하는 것은 바로 '늘 그 본래의 모습을 간직하고 있으라'고 말하는 것일 뿐이다"142라고 말했다.

정자나 주자는 모두 다년간 불교의 이론을 연구한 인물들이다. 왕양명의 말처럼, 그들은 처음 배울 때 하던 일(불교 연구)을 나중에는 표현을 바꾸어 말했다. '늘 본래의 모습을 간직하라'는 말을 '늘 천리를 보존하라'는 말로 바꾸었다. 그렇기 때문에 '늘 깨어 있으라'는 말은 바꿀 것이 없고, 따라서 도리어 '계신공구戒愼恐懼'라는 네 글자의 잘못이 크다고 여겼다. 주자는 "마음이 이미 늘 깨어 있으면서 한편으로는 올바른 법도로 자신을 다스릴 수 있으면, 이것은 안팎으로 수양하는 방법이다"[143]라고 말했다. 또한 "수양하는 과정에서 '계신공구'라는 네 글자는 이미 사람을 심하게 압박하는 말이 되고 있다. 다만 조금씩 깨우치면 그 스스로 성찰하고 깨닫도록 하는 것이 좋다"[144]라고 말했다. 그렇다면『중용』에서 말한 "도는 잠시라도 떠날 수 없다"는 말의 의미를 어떻게 해석해야 하겠는가?

답 : 몸에서 비롯되는 일체의 행위는 모두 도의 작용이 아닌 것이 없다. 그러므로 "잠시라도 떠날 수 없는 것이며, 떠날 수 있으면 도가 아니다不可須臾離也, 可離非道也"[145]라고 했다. 여기에서 '가可'라는 글자는 "사물의 본체가 되기에 빠트릴 수 없다體物而不可遺"[146]에서의 '가'와 같은 것이다. 일반적으로 타인의 눈에 비치는 경우, 사람들은 역시 자신의 태도를 삼갈 줄 안다. 타인의 귀에 들리는 경우에도 사람들은 역시 자신의 잘못에 대해 두려워할 줄 안다. 그러나 타인의 이목이 미치지 못할 때에는 때로는 태만해지기도 한다. 태만에 빠진 신체는 '도'를 잃어버린 것이 아니라고 말할 수 없다. 도라는 것은 거주, 음식, 언어, 행동 및 자신과 자신 주위의 가까운 사람들까지 해당되지 않는 것이 없다. 그러므로 "도로써 자신을 닦는다"[147]라고 말했다. 도로써 자신에게 권할 때는 늘 쉽사리 어긋나고 잘못되기 쉽다. 그러므로 "인으로써 도를 닦는다"[148]라고 말했다. 이것은 '수신修身'으로부

터 시작하는 '수도修道'의 방법에 대하여 미루어 말한 것이다. 그러므로 인·의·예를 표준으로 삼은 것이다.

『중용』의 그 아래 문장에서는 다섯 가지 '달도達道'를 언급하고 있는데, 그것을 행하는 사람에게 책임을 부과한다. 그렇기 때문에 지·인·용으로써 그것을 행할 수 있음을 보였다. "인으로써 도를 닦는다." 그리고 그로 인하여 '의'와 '예'에 미친다. '지'를 언급하지 않은 것은 '지'를 빠트린 것이 아니라, '예'와 '의'에 대해서 밝은 것이 곧 '지'이기 때문이다. "지·인·용, 이 세 가지는 천하의 달덕達德이다"[149]라는 말에서는 '예'와 '의'를 언급하지 않았는데, 이것은 예와 의를 빠트린 것이 아니다. '지'는 '의'를 아는 것이며, '예'를 아는 것이다. 인·의·예는 도가 다 실현되는 것이며, 지·인·용은 도가 다 실현될 수 있도록 하는 수단이다. 그러므로 인·의·예는 차등이 없지만 지·인·용은 실천하는 사람이 어떠하냐에 따라 달라질 수 있다. 그렇기에 '태어나면서 알고 편안히 행하는' 경우도 있고 '배워서 알고 이롭게 여겨 행하는' 경우도 있으며, '애를 써서야 알고 억지로 힘써서 행하는' 경우가 있는 것이다.

옛 성현이 말한 도는 다만 '사람과 사람 사이의 관계 및 일상의 활동'에 관련될 뿐이다. 이러한 활동 중에서 잘못을 일으키지 않으려고 하는 데서 인·의·예의 이름이 생겨난다. 인·의·예는 도에 대해서 어떠한 것도 덧붙인 것이 아니다. 일상생활 속에서 사람과 사람의 관계를 유지해나가는 가운데 어떠한 잘못도 행하지 않는 것, 이것을 '인'이라 부르고 '의'라 부르며, '예'라 부를 뿐이다.

송나라 유학자들은 인·의·예를 합하여 '이理'라고 말했다. 그리고 '일반 사물과 같이 하늘로부터 얻어서 마음속에 자리 잡고 있는 것'으로 여겼다.[150] 그렇기 때문에 '이理'는 '형이상학적'이며, '텅 비어서 어떠한 형적도 없는 것'으로 간주했다. 그리고 '사람이 살아가는 데 필요한 일상적인 활동'은 '형이하학적'이며, '온갖 현상이 어지럽게 나열되어 있는 것'으로 간주했다.[151] 이것은 대체로 '일상적인 인간의 삶'은 저버리고 별도로 '도'라고 하는 것이 있다는 노장老莊과 불교의 주장에서 비롯된 것인데, 송나라 유학자들은 마침내 그것을 '이理'라는 명칭으로 바꾸어서 말했다. 이렇게 되자 천지와 관련해서는 음양을 도라고 말할 수 없고, 사람 및 사물과 관련해서는 기품을 성이라고 말할 수 없으며, 인륜 관계 및 일상 활동과 관련해서는 도라고 말할 수 없게 되었다. 이러한 주장은 육경, 공자 및 맹자의 말과 부합되는 것이 한 곳도 없다.

대진, 『맹자자의소증』, '천도'

도道, 길을 가며 길을 묻다

문 : 『중용』에서 "도가 행해지지 못하는 이유를 내가 알았으니, 지혜로운 자는 지나치고 어리석은 자는 미치지 못하기 때문이다. 도가 밝아지지 못하는 이유를 내가 알았으니, 어진 자는 지나치고 어질지 못한 자는 미치기 못하기 때문이다"라고 말했다. 주자는 '지혜로운 자'에 대해서 "앎이 지나쳐 도를 족히 행할 것이 없는 것으로 여긴다"라고 말했으며, '어진 자'에 대해서는 "행이 지나쳐 도를 족히 알 것이 없는 것으로 여긴다"라고 말했다. 이미 도라고 말했는데 또다시 '족히 행할 것이 없다' '족히 알 것이 없다'라고 여기는 사람은 없다. 저 지혜로운 자가 알고 있는 것, 어진 자가 행하고 있는 것은 또한 무엇을 가리키는가?

『중용』에서 도가 행해지지 않는 이유를 지혜로움과 어리석음의 탓으로 돌리고 어짊과 어질지 못함의 탓으로는 돌리지 않았다. 그리고 도가 밝아지지 못하는 이유를 어짊과 어질지 못함의 탓으로 돌리고 지혜로움과 어리석음의 탓으로 돌리지 않는다. 그 뜻은 어디에 있는가?

답 : '지혜로운 자'는 자기 자신이 미혹되지 않는다고 자부하지만, 종종 행동 중에 잘못이 있다. '어리석은 자'의 마음은 미혹되고 어둡기 때문에 움직이게 되면 늘 잘못을 저지른다. '어진 자'는 자신이 하는 일이 언제나 바른 데서 나오고 사악한 데서는 나

오지 않는다고 자신하지만, 종종 자신의 견해에만 집착하여 이치에 두루 통하지 못한다. '어질지 못한 자'는 그 마음이 잘못된 곳에 빠져 있어서, 비록 어떠한 일이 올바른 일인지를 보기는 하지만, 악한 것이 증대되고 잘못된 것을 따라, 마침내 알지 못하는 자와 같아진다. 그러나 '지혜로운 자'나 '어리석은 자' '어진 자'나 '어질지 못한 자'를 막론하고, 그들이 어찌 '인륜일용' 이외의 것으로 넘어설 수 있겠는가? 그러므로 "사람이 먹고 마시지 않는 이가 없지만, 맛을 아는 이는 드물다"[152]라고 말했다. 여기서 '먹고 마신다'는 것은 '인륜일용'을 비유한 것이다. 만일 '인륜일용'을 버리고 도를 행한다고 한다면, 이것은 음식 이외의 것에서 맛을 알기를 바라는 것과 같다.

'인륜일용'과 관련해서 말한다면, 자신에게서 나오는 모든 것이 바뀌지 않는 법칙에 들어맞는 것이 곧 인이 지극한 것이고 의를 다한 것이며, 따라서 하늘에 합치되는 것이다. '인륜일용'은 '사물'이고, 인·의·예는 그러한 사물의 규칙이다. 오직 인륜일용 중에 있는 자신의 일체 활동을 도라고 부른다. 그러므로 "도로써 자신을 닦고, 인으로써 도를 닦는다"[153]라고 말한 것은 사물과 사물의 규칙을 구분해서 말한 것이며, '중절中節이라는 달도達道' '중용이라는 도'는 사물과 사물의 규칙을 합해서 말한 것이다.

대진, 『맹자자의소증』, '천도'

문 : 안연이 크게 탄식하며 말했다. "선생님의 도는 우러러볼수록 더욱 높고, 뚫을수록 더욱 견고하며, 바라보니 앞에 있더니 홀연 뒤에 있도다."[154] 공손추가 말했다. "도가 높고 아름다우나, 참으로 하늘에 오르는 것과 같아서 따라갈 수 없을 듯하니, 어찌하여 저들로 하여금 거의 미칠 수 있다고 여기게 해서 날마다 부지런히 힘쓰게 하지 않습니까?"[155] 이제 그대는 자신에게서 나오는 모든 인륜일용의 일을 도라고 말했다. 그렇다면 다만 그러한 데서부터 추구해나가서 그 바뀌지 않는 법칙을 얻으면 모든 것이 잘될 터인데, 어찌하여 이와 같이 망연자실하여 근거로 삼을 만한 것이 없다는 말이 나오는가?

답 : 맹자는, "도는 큰 길과 같으니, 어찌 알기 어렵겠는가"[156]라고 말했다. 이것은 사람마다 그 나름대로 길을 따라가야 한다는 뜻이다. 예컨대 군주가 되어서는 군주의 일을 행하고 신하가 되어서는 신하의 일을 행하며, 어버이와 자식이 되어서는 어버이와 자식의 일을 행하는 것, 이것이 이른바 도라는 것이다. 군주가 '어짊'에 머무르지 않는 것은 곧 군주의 도를 잃어버린 것이며, 신하가 '공경함'에 머무르지 않는 것은 곧 신하의 도를 잃어버린 것이다. 어버이가 '자애로움'에 머무르지 않는 것은 어버이의 도를 잃어버린 것이며, 자식이 '효성스러움'에 머무르지 않는 것은

자식의 도를 잃어버린 것이다. 그러나 군주의 도, 신하의 도, 어버이의 도, 자식의 도를 모두 발휘하려 해도 지·인·용의 덕이 없으면 행할 수 없다.

실질적인 측면에서 말하면, 군신, 부자 등의 관계를 '달도達道'라고 말하고, 지·인·용 등의 품덕을 '달덕達德'이라고 말한다. 자세하게 말하면, 지·인·용의 덕을 완전히 갖춘 사람이 군주의 도, 신하의 도, 어버이의 도, 자식의 도를 다 발휘할 때, 그러한 일을 들어서 또한 도라고 말하는 것은 지나친 일이 아니다. 그러므로 『중용』에서 "위대하다, 성인의 도여! 널리 만물을 발육하여 높음이 하늘에 다했다. 지극히 크도다. 예의가 300가지요, 위의威儀가 3000가지다. 그 사람(성인)을 기다린 뒤에 행해진다"[157]라고 말했다. 이것은 도의 광대함이 끝이 없음을 최고로 표현한 것이지만, 그러나 어찌 그러한 도가 인륜일용을 벗어난 것이겠는가! 이러한 일은 지극한 도를 지극한 덕성을 지닌 이에게 귀속시키는 것이니, 그 속에 담긴 오묘한 이치를 어찌 배움이 적은 이가 쉽사리 헤아릴 수 있겠는가! 지금 성인에 대해 배우고자 하는 이는 성인의 말씀과 행동을 보기는 하지만, 혁추奕秋(고대 중국의 바둑 고수)에게 바둑을 배우고자 하는 자가 혁추의 묘수를 헤아릴 수 없는 것처럼, 성인에 대해서 급작스레 미칠 수는 없는 것이다.

안자顔子는 또한 "선생님께서 차근차근히 사람을 잘 이끌어 '문文'으로 나의 지식을 넓혀주고 '예'로 나의 행동을 간략하게 해주셨다"[158]라고 말했다. 『중용』에서 그 세목을 "널리 배우며博學,

자세히 물으며審問, 신중히 생각하며愼思, 밝게 분변하며明辨, 독실히 행해야篤行 한다"라고 상세하게 거론하면서, "과연 이 도(방법)에 능하면 비록 어리석으나 반드시 밝아지며, 비록 유약하나 반드시 강해진다"[159]라는 말로 끝을 맺고 있다. 대개 이러한 도(방법)를 따라 노력하면 성인의 도에 이르기 때문에, 실제로 이러한 도를 따라 날마다 지·인·용의 덕을 증대시켜나가면 장차 자신의 지·인·용의 덕이 성인의 그러한 덕에 마침내 이르게 된다. 자신의 그러한 덕성이 날마다 증대되는 데는 어려운 경우도 있고 쉬운 경우도 있다. 비유하면 한 가지 기능을 익히는데, 처음에는 그 기능이 날이 갈수록 달라지고 달이 갈수록 진전이 있으나, 오래되면 사람들이 그 진전을 알지 못하게 된다. 다시 세월이 흘러가면 자기 자신도 역시 다시 진전이 있을 수 없음을 깨닫게 된다. 그래서 사람들이 비록 국가 제일의 기술자라고 부르더라도 자기 자신은 아직 그렇게 인정할 만한 경지에 이르지 못했음을 알고 있다. 그렇기 때문에 안자는 "공부를 그만두고자 해도 그만둘 수 없어 이미 나의 재주를 다하니, 선생님의 도가 내 앞에 우뚝 서 있는 듯하다. 그리하여 그를 따르고자 하나 어디서부터 시작해야 할지 모르겠다"[160]라고 말했다. 이것이 안자가 도달한 경지다.

대진, 『맹자자의소증』, '천도'[161]

공자의 제자 안연 초상. 타이베이 국립고궁박물원 소장.

도道, 길을 가며 길을 묻다

대진의 사상에서 천도와 인도는 '도' 개념의 두 가지 의미다. 겉보기에 그가 말하고 있는 '도' 개념이 주로 천도를 의미하는 것처럼 보이기는 하지만, 사실은 인도에 중점이 있다. 대진은 『맹자자의소증』 중권에서는 '천도' 항목을 다루었고, 하권에서는 '도' 항목을 포함시켰다. 그런데 하권에서 언급하는 '도'는 곧 '인도'다. 즉 대진은 천도의 경우에는 인도에 대응되는 '천도'라는 명칭을 그대로 사용했으나, 인도는 그대로 '도'라고 함으로써 자신이 강조하는 '도'의 의미가 어디에 있는지를 분명히 했다.

대진은 인도의 핵심을 덕德과 성性으로 설명했다. 덕은 도의 도덕 가치다. 그는 『맹자사숙록孟子私淑錄』에서 "한 번 양했다 한 번 음했다 하면서 끊임없이 널리 퍼져 행하고 낳고 또 낳아 쉬지 않는다. 그 널리 퍼져 행해짐에 주목해서 말하면 도道라 하고, 그 낳고 낳는 점에 주목해서 말하면 덕德이라 한다. 도는 그 실체이고, 덕은 곧 도에서 드러나는 것이다"[162]라고 했다. 대진은 덕이 도의 도덕 가치일 뿐만 아니라, 인도가 의지하여 성립하는 근거라고 지적했다. 그래서 그는 "인도에 낳음이 있으면 길러줌이 있으니, 인仁으로써 만물을 생성하고 예禮로써 만물의 등급을 정하며 의義로써 만물을 바르게 한다. 그 원인을 찾아보면 천지의 덕 때문이니, 이로써 인도가 바로 선다"[163]라고 했다.

대진의 사상에서 성性은 천도로부터 인도로 넘어오는 사이에 거치게 되는 중간고리다. 그는 "인도는 성에 근본하고, 성은 천도에 근원한다"[164]라고 했다. 성性은 인간의 본성으로서 도덕생활의 출발점이다. 인간의 모든 도덕활동과 도덕원칙은 모두 이것을 근간으로 하고 있다. "모든 일상의 일과 행위는 모두 성性을 근본으로 하기 때문에 인도라고 한다."[165] 성은 인도와 천도를 연결하는 통로이므로 "하늘에 있으면 천도이고, 인간에게 있으면 성性이 되며, 일상의 일과 행위에서 보면 인도가 된다."[166] 대진은 '성' 개념을 통해 천도와 인도를 연계시켰으며, 또한 우주론과 윤리론을 유기적으로 합치시킬 수 있었다.

15
단계

중국 근현대의 철학자들

맥락 ⊙ 도는 진화한다

의미 ⊙ 실용, 진화, 변화, 추세, 통합

의미 ⊙ 변하는 것이 천도다

도의 이론은 근대 시기에 이르러서도 지속적으로 발전한다. 특히 19세기 중국은 서구 열강의 침입에 따라 근대 자본주의와 서양의 과학기술, 문화사상을 전폭적으로 수용한다. 이 시기 중국 지식인들은 전통사상의 위기의식을 강하게 느꼈으며, 역사적 변화 추세에 발맞추어 자신의 사상을 재구성하고자 했다. 특히 전통사상의 핵심적 지위에 있던 '도'의 해석에 온갖 힘을 기울였다. 물론 장지동張之洞(1837~1909)과 같은 전통사상의 옹호자도 있었지만, 상당수 학자는 도에서 형이상적 관념론의 요소를 제거하고 구체적으로 현실 사회에 적용할 수 있는 이론체계를 확립하고자 애썼다. 바로 이러한 배경에서 "도는 실용에 존재한다道存乎實用" "변하는 것이 천도다變者天道" 등의 주장들이 등장하게 되었다.

도론과 관련하여 19세기 중국 근대의 중요한 사상가로는 공자진龔自珍, 위원魏源, 옌푸嚴復, 캉유웨이康有爲, 담사동譚嗣同, 쑨원孫文을 거론할 수 있다. 공자진은 역사 발전 과정의 필연적인 추세를 강조했는데, 이에 따라 천도가 부단히 변화한다고 주장했다. 위원은 실천성 없는 형이상학적 도론의 공리공담을 비판했으며, 옌푸는 근대 자연과학과 철학적 기초를 상당 부분 반영하여 "자연 진화의 도가 동식물의 법칙일 뿐만 아니라 인간 또한 그러하다"고 했다. 캉유웨이는 천도를 세勢와 기氣로 파악하여 "변하는 것이 천도다"라고 했으며, 인도의 핵심은 인仁에 있고 인의 본질은 실천성에 있다고 보았다. 그리고 담사동은 도의 핵심을 '통함通'으로 규정하여 도는 통하여 하나가 된다고 했으며, 쑨원은 진화를 자연의 보편적 법칙으로 바꾸어 이것으로써 모든 우주의 발전을 서술하고자 했다. 19세기 중국 근대철학자들의 도론은 한마디로 말하여 철학성은 묽어지고 과학성이 강화된 시기였다고 평가할 수 있다.

공자진龔自珍(1792~1841)

공자진은 청나라 말기의 관료이자 학자다. 그는 당대 저명한 학자였던 외조부 단옥재段玉裁에게 수학했으며, 경금문학파經今文學派의 관점을 받아들였다. 청나라의 전제 통치가 빚어낸 암울한 국면을 비판하고 쇠퇴한 현실을 재기시키고자 노력했던 만청晚淸 사상계의 선구자였다. 그는 시문詩文으로도 일가를 이루어 명성을 떨쳤는데, 그 속에서 엿보이는 개혁 의지

중국 항저우에 있는 공자진 기념관과 그의 초상.

는 이후 개혁적 사상가들에게 상당한 영향을 끼쳤다. 공자진은 주로 천도
와 성인의 도라는 의미에서 도 개념을 사용했다. 그는 특히 역사 발전 과정
의 필연적인 추세를 강조했는데, 이에 따라 천도가 부단히 변화한다고 주
장했다. 그리고 인도에 대해서는 내재적인 궁리진성窮理盡性과 외재적인 제
도·사물의 의미를 상호보완적인 관계로 이해했다.

【공자진 1】 원문 114

천도는 십 년이면 조금 변하고 백 년이면 크게 변한다.

『공자진전집』「의상금방언표」

역사에서 나와 도에 들어간다. 큰 도를 알려고 하면 반드시 먼저
역사를 살펴보아야 한다.

『공자진전집』「존사」

성인의 도는 하늘과 사람 사이에 근본을 두고, 저승과 이승의
차례에 펼쳐지며, 먹고 마시는 데서 시작하여 제작의 과정을 거
쳐 성性과 천도天道를 듣는 데서 끝난다.

『공자진전집』「오경대의종시론」

성인의 도는 제도나 사물의 이름을 바깥으로 삼고, 궁리진성窮理
盡性을 안으로 삼는다.

『공자진전집』「강자병소저서서」

성명性命을 논하는 것은 변변치 않은 것이고, 외우고 배운 것을
믿는 것은 천박한 일이다. 도의 본말은 모두 경전에 갖추어져 있

으니, 말이 옳고 그른지는 단지 그가 실천하는 것을 보면 알 수
있다.

『공자진전집』「강자병소저서서」

위원魏源(1794~1857)

위원은 청대 금문학파今文學派의 지도자였다. 이 학파는 청나라 정부의
고질적인 문제를 효과적으로 해결하기 위해 전통적인 사대부의 지식과 관
습적 경험을 결합하려고 했다. 그는 중국 근대사에서 가장 일찍 서방의 선
진과학 기술지식을 배울 것을 제창하고 기계생산을 고취한 인물이다. 위
원은 공리공담에 반대하여 "백성·사물과 한 형제라는 평상시의 공허한
말이 백성과 사물에 실효가 있는 것은 아무것도 없으니, 천하가 어찌 이러
한 쓸모없는 왕도王道를 쓰겠는가"라고 했다. 즉 그는 노자의 도론을 계승
발전시켰는데, 만물의 본질로서 내용이 없는 추상을 '도'라고 규정할 근거
가 없다고 하여 정주 이학과 다른 도론을 전개했다. 또한 그는 역사는 진보
하는 것이라고 여겼으며, 인간의 직접경험을 강조하여 인간의 총명함이나
지혜 또한 선천적이 아니라 후천적으로 획득되는 것이라 했다.

도는 이름 없는 것을 변함없는 것으로 여기는데, 다만 이름을 붙
인다면 이름 없는 박樸이라고 할 수 있을 따름이다. 박樸이라는
것은 새기지도 않고 다듬지도 않아서 그 본체는 희미하여 볼 수
없으므로 이름이 없다. 그러나 천지가 시작할 때 만물은 그에 의
지하여 생성되었으니, 천하에 무엇이 감히 그 스스로 생겨난 것
과 그 스스로 시작된 것을 신하로 삼겠는가?

「노자본의」, 제27장

도는 기器의 임금이 될 수 있지만, 기는 도를 신하로 삼을 수
없다.

「노자본의」, 제24장

입으로는 심성心性을 말하고, 몸으로는 예의禮義를 실천한다고
하면서 만물일체를 주장하지만, 백성이 고통을 당해도 구제하지
않고 관리들은 다스림이 서툴고 국방의 계획에는 관심이 없다.

「묵고하」 「치편」

무엇을 도의 기器라고 하는가? 예악禮樂이다. 무엇을 도의 결단
이라고 하는가? 병형兵刑이다. 무엇으로 도의 자산이라고 하는
가? 음식과 재화다. 도가 일에 나타난 것을 다스림이라 하고, 일
에 대해 쓴 방책으로 천하후세에 도를 구하고 세상을 다스릴 수
있게 하는 데 도움을 주는 것을 경經이라고 한다.

「묵고상」 「학편」

세상에 수백 년 없어지지 않는 법은 없으며, 궁극적으로 변하지
않는 법은 없고, 폐단을 없애지 않고 이롭게 하는 법은 없으며,
간편하지 않고 변화에 통할 수 있는 법은 없다.

「주염편」

천도와 인간사가 하나임을 알고 나서 명을 만들고 명을 세워 그
천명에 따라 분수에 맞게 살아갈 수 있다.

「묵고상」「학편」

옌푸嚴復(1853~1921)

옌푸는 좌종당左宗棠이 설립한 복주선정학당福州船政學堂의 첫 유학생으
로 영국의 해군대학으로 유학을 갔다. 그는 해군장교가 되었으나, 서양철
학사상의 소개와 번역에 주력했다. 1898년에서 1909년에 이르는 사이에
수많은 책을 번역했다. 이러한 번역 작업은 자립부강을 목적으로 했는데,
특히 진화론적인 영국사상을 소개했다는 점에 큰 의의가 있다. 그는 다윈
의 진화론을 사회학에 도입한 헉슬리의 사상을 통해 '적자생존適者生存'과
'우승열패優勝劣敗'의 관념을 중국사회에 도입했다. 그리고 그로 인해 '생존
경쟁生存競爭'[물경物競]과 '자연도태自然淘汰'[천택天擇] 등의 용어가 중국 지
식인 사회에 유행어로 등장하게 되었다. 옌푸의 사상에 있어서 도론은 근
대 자연과학적 철학 기초를 상당 부분 지니고 있었으며, '도는 자연적으로
진화한다'는 이론적 특색을 보여주었다. 옌푸에게 있어서 도는 실체론적

옌푸는 서양의 자연철학을 중국에 번역 소개하는 데 중점을 두었다. 사진의 『천연론』은 옌푸가 토머스 헉슬리의 『진화와 윤리』를 번역하고 해설을 붙인 책이다.

의미보다는 연구 방법론적 의의가 강하다.

그런데 서양학문의 격치론格致論은 그 도가 육왕학陸王學의 학문 방법과 상반된다. 하나의 이치를 밝히고 하나의 법칙을 세움에 있어서, 반드시 사물 하나하나를 증험하여 모두 그러한 다음에야 바뀌지 않을 법칙으로 확정한다. 그 증험하는 바의 것이 많을수록 귀하게 여기니 넓고 크며, 그 수렴하는 것이 항구적이므로 유구하다. 그 궁극을 연구하면 반드시 도가 하나로 통하게 되고, 좌우로 근원을 만나게 되니 높고 밝다.

『구망결론』

사물이 경쟁한다는 것은 사물이 경쟁하여 스스로 존재한다는 것이다. 하늘이 선택한다는 것은 그 마땅한 종種을 보존하는 것이다. 세상의 사람과 사물들은 다함께 더불어 살며 천지자연의 이로움을 먹고 살아간다. 그렇지만 더불어 부딪치고 얽히면서 사람과 사물들은 각각 경쟁하면서 스스로 존재한다. (…) 이것은 이른바 자연 진화의 학문으로서 생물의 도를 말한 것이다.

『원강』

즐거움은 선이 되고 괴로움은 악이 된다. 괴로움과 즐거움은 보아서 선과 악을 정할 수 있는 것이다. (…) 그러므로 인도가 행할 바는 모두 괴로움을 배제하고 즐거움을 추구하는 것으로 반드

시 즐거운 바가 있어야만 비로소 선함이라 이름하여 분명하게
밝히게 된다.

『천연론』 「신반」

밝은 도가 아니면 그 공功을 헤아릴 수 없고, 바르고 옳은 것이
아니면 그 이로움利을 꾀할 수가 없음을 안다. 공리功利가 어찌
병통일 수 있겠는가? 그것에 이르는 도가 어떠한지를 물을 따름
이다.

『천연론』 「군치」

자연 진화의 학문이 일어난 후에는 옳은 것이 아니면 이롭지 않
고 도道가 아니면 공功이 없는 이치가 불 보듯 분명하게 되었다.

『원부』 「석용」

캉유웨이康有爲(1858~1927)

캉유웨이는 무술변법 시기의 대표적 사상가다. 그의 도론의 중심은 천
도에 있지 않고 인도에 있다. 그는 도란 사람마다 행해야 하는 것이라고 생
각했다. 그리고 도는 세勢이자 곧 기氣라고 보았으며, 이理와 예禮라는 것은
모두 세勢와 도道로부터 생겨났다고 주장했다. 캉유웨이는 도덕적 행위규
범으로서의 도 개념에 있어서 가장 기본적인 내용이 인仁이라고 생각했으
며, 그래서 공자의 도 또한 모두 사람을 위한 것으로서 행하지 않을 수 없
다고 했다. 그는 서구 열강의 침입에 의해 국가와 민족이 풍전등화의 위기

에 처하게 되자 사회제도의 개혁과 변법을 주장했으며, 바로 이러한 시대 배경에서 '변하는 것이 곧 천도變者天道'라는 주장을 하게 되었다.

【캉유웨이 1】 원문 117

도는 행하여 이루는 것이다. 무릇 행해야 하는 것을 '도'라 하고, 행해서 안 되는 것을 '비도非道'라고 한다. 그러므로 천하에 '도라 고 말하는 것은 매우 많은데, 반드시 그것이 '도'인지 아닌지를 따질 필요는 없다. 그렇지만 그것이 행할 수 있는 것인가 행해서 는 안 되는 것인가를 물어보아야 한다.

『논어주』, 권15

세勢라고 하는 것은 하늘天이요, 기氣다. (…) 세勢가 도道를 낳고, 도가 이理를 낳고, 이가 예禮를 낳는다. '세'라는 것은 '도'의 아버 지요, '예'의 증조부다.

『춘추동씨학』, 권6하

도라는 것은 사람마다 행해야 하는 것을 말한다.

『이공교위국교배천의』

공자의 도는 모두 사람을 위한 것이니, 행하지 않을 수 없는 도다.

『이공교위국교배천의』

도란 몸이 마땅히 행해야 할 바로서, 공자가 정해놓은 도가 이러 하다.

『논어주』, 권7

사물이 새로이 생기면 왕성하고 오래되면 늙게 되며, 새로운 것은 신선하고 옛것은 낡으며, 새로운 것은 활기차고 옛것은 생기가 없다. 새로운 것은 통하고 옛것은 정체된다. 이것이 바로 사물의 이치다.

『상청제제육서』

변하는 것이 천도다. 하늘에는 낮만 있고 밤이 없을 수 없으며, 추위만 있고 더위가 없을 수 없으니 하늘은 잘 변함으로써 오래 갈 수 있다. 화산이 금을 유출하고 넓은 바다가 밭이 되며 산은 세월이 지나 호수가 되며, 땅은 잘 변하여 오래갈 수 있다. 사람은 어려서부터 늙어서까지 형체, 안색, 기상이 하나도 변하지 않는 것이 없으니, 잠시도 변하지 않는 것이 없다.

『진정'아라사대피득변정기'서』

담사동譚嗣同(1865~1898)

담사동은 무술변법 시기의 급진적 사상가다. 그는 송명이학의 도론이 공허하다고 비판하고, 도는 일정한 실체에 의존하므로 실체를 떠나 독립적으로 존재할 수 없다고 보았다. 그는 도의 핵심을 '통함通'으로 규정했다. 도는 통하여 하나가 된다고 했고, 통함의 형상은 평등이며, 평등은 하나(도)에 다다름을 말한다고 했다. 또한 담사동은 하나(도)는 통함이고 통함은 곧 인仁이라고 하여, 도가 곧 '인'임을 역설했다. 통함과 '인'은 모두 존재

간의 상호작용이자 연관성이다. 결국 담사동에게 있어서 중요한 것은 도
자체보다는 도의 실행이었다.

순환이 끝이 없으며, 도는 통하여 하나가 된다.

통함의 의미는 '도로써 통하여 하나가 된다'라고 하는 것이 가장
포괄적인 의미다.

통함의 형상은 평등이다.

평등이란 하나道에 다다름을 말한다. 하나는 곧 통함이고 통함
은 곧 인仁이다.

『인학』

쑨원孫文(1866~1925)

쑨원은 중국의 민주주의 혁명지도자이자, 사상가이기도 하다. 그는 스
스로 사회주의자라 칭했으며, 자본주의의 길을 거치지 않는 사회개혁과
토지개혁을 목표로 했다. 쑨원의 철학적 입장은 유물론에 가까웠지만, 중

국 전통 유교사상의 영향을 받아 사회적 실천에 있어서는 줄곧 관념론의 색깔을 강하게 유지했다. 그의 도에 관한 논의는 주로 두 가지 방면에 집중되어 있다. 천도의 영역에서는 물질 진화의 자연의 도이고, 인도의 영역에서는 인도주의다. 이러한 도론은 당시 시대의 사상적 조류이기도 하다.

【쑨원 1】 원문 119

진화하는 것은 저절로 그러한 도다.

『쑨중산전집』, 제6권, 중화서국, 1985년판, 195쪽

사물이 경쟁하고 하늘이 선택하며, 적응하는 것은 생존하고, 적응하지 못하는 것은 도태된다고 하는 것이 種의 진화의 법칙이다.

『쑨중산전집』, 제6권, 중화서국, 1985년판, 142쪽

사회주의는 곧 인도주의다. 인도주의는 박애·자유·평등을 주장하는데, 사회주의의 핵심 또한 이 세 가지에서 벗어나지 않으니 실로 인류의 복음이다.

『총리전집』, 제2집, 상하이 민지서국, 1930년판, 104쪽

펑유란:馮友蘭(1895~1990)

　　중국 현대철학의 최대 과제는 다음 두 가지로 요약된다. 즉 마르크스주의 철학의 중국화가 그 하나이고, 중국 전통철학의 현대화가 다른 하나다. 이 두 가지는 결국 분리될 수 없는 문제다. 중국 전통철학에서 유물론이나 변증법의 전통을 발굴해내는 작업이 전자에 속한다면, 현대 신유가 사상에 대한 연구는 후자에 속한다. 전자는 이미 상당한 연구 성과를 얻었지만 후자에 대한 연구는 지금도 활발하게 진행되고 있다.

　　문화 토론의 열띤 분위기 아래에서 그 색깔을 분명히 드러낸 전통문화 옹호론은 크게 두 가지 경향을 보인다. 하나는 유가부흥론이고 다른 하나는 비판계승론이다. 전통문화의 위기를 인식하고 전통문화에 대해서 이해심을 갖고 접근했다는 점에서는 대체로 일치하지만, 역사적·정치적 배경을 달리하면서 분명한 차이점을 갖는다. 비판계승론자들이 강조하는 '중국화된 사회주의'는 민족과 전통이라는 개념에 이미 사회주의가 현실적으로 밀착되어 있음을 보여준다.

　　반면 유가부흥론자들은 전통의 우월성에 좀더 역점을 두면서 서구적인 어떤 것도 일단 전통과 차별화시킨 다음 받아들인다. 물론 사회주의에 대해서도 수용보다는 비판적 입장을 취해왔다. 중국의 현대 철학자인 펑유란은 유가부흥론의 대표적 학자다. 정치적 박해로 인해 문화대혁명 이후에 비판계승론의 입장을 취하고 있기는 하지만, 원래 그의 입장은 유가부흥론을 지지한다.

　　펑유란은 『신원도新原道』라는 저작에서, 중국 철학의 주요 흐름을 그 나

젊은 날의 펑유란과 만년의 펑유란.

도道, 길을 가며 길을 묻다

름의 두 기준, 즉극고명極高明(높고 밝은 도를 극진히 하다)과 도중용道中庸(적절하고 일상적인 일들로부터 말미암다)이라는 두 개념을 적용하여 서술했다.[167] '극고명'과 '도중용'이라는 말은 『중용』에서 나온 것인데, 평유란은 이 두 개념 간의 대비를 초월성 대 일상성, 출세간出世間 대 즉세간卽世間, 이상 대 현실, 성인 대 현인의 대비로 이해하고 있다. 그리고 그는 중국 철학의 최대 정신이 이러한 두 대립을 극복하는 데 있다고 생각했다. 평유란은 모든 사람의 최고 이상이 '성인'에 있다고 보며, 이러한 성인의 경지가 바로 중국 철학에서 일관성 있게 추구해온 최고의 경지, 즉 인륜일용(일상성)을 초월하면서도 동시에 인륜일용과 함께하는 경지라고 생각했다.

중국 철학에는 하나의 중요한 전통, 즉 하나의 사상적 주류가 있다. 이 전통은 일종의 최고 경지에 도달하는 것을 추구하는데, 이때의 경지는 최고이지만 결코 인륜일용人倫日用에서 떠나지 않는다. 이러한 경지는 곧 세간世間에 속해 있으면서 동시에 세간을 벗어나는 것인데, 이러한 인생의 경지 및 철학을 나는 '극고명이도중용極高明而道中庸'이라고 한다. (…) 세간世間과 출세간出世間은 상호 대립적인 개념이다. 이상적인 것과 현실적인 것도 대립적이다. 나는 이것을 고명高明과 중용中庸의 대립이라고 말한다. 고대 중국 철학에 있어서도 이른바 내內·외外, 본本·말末, 정精·조粗의 대립이 있었다. 한漢나라 이후의 철학에는 현원玄遠과 속무

俗務, 출세出世와 입세入世, 동動과 정靜, 체體와 용用의 대립이 있다. 이 같은 대립들은 내가 말하는 '고명'과 '중용'의 대립이거나 혹은 그와 같은 종류의 대립들이다. 그러나 초세간의 철학이나 초세간의 생활 속에서는 이 같은 대립은 소멸되었다. 대립되지 않는다 해서 이런 대립이 간단히 처리될 수 있는 것은 아니다. 초세간의 철학이나 그 생활 속에서는 이런 대립이 비록 존재한다 해도 이미 통일되어 있다는 말이다. '극고명이도중용'이라 할 때의 '이而'자는 곧 '고명'과 '중용'이 대립되지만 이미 통일되고 있음을 나타낸다. 이 양자가 어떻게 통일되는가? 바로 이것이 중국 철학에서 해결하려 했던 과제 가운데 하나다. 이 문제의 해결을 꾀하는 것이 중국 철학의 정신이며, 이 문제의 해결이 중국 철학의 공헌이다.

『신원도』, 서론

평유란은 『중용』에 나오는 '극고명이도중용極高明而道中庸'이라고 할 때의 '이而'자의 의미에 주목한다. 그는 '이'자가 통일적 관계 속에서 대립하는 '고명'과 '중용'의 관계를 잘 표현한다고 보았다. 그리고 그는 '고명'과 '중용', 이 양자가 대립되면서도 어떻게 통일될 수 있는가 하는 점이 중국 철학에서 해결하려고 했던 가장 중요한 과제라고 생각했다. 그리고 이 문제의 해결을 꾀하는 것이 중국 철학의 정신이며, 또한 이 문제의 해결에서 중국 철학의 공로를 인정받을 수 있다고 생각했다.

평유란의 이러한 주장에서 중국적 사유 방식의 기본 논리인 '체용론體用論'을 주목해봐야 한다. '대립分'과 '통일合'의 변증법적 관계는 체體(본체)와 용用(현상)이라는 이중구조의 논리로 잘 설명할 수가 있다. 이러한 시각에서 볼 때 '도'는 현실의 이상으로서의 '도'이기도 하지만, 다른 한편으로는 이상의 구체화된 모습, 즉 현실의 '도'이기도 하다.

16
단계

한국의 선비들 1 : 천도론

맥락 ⊙ 천도와 인도는 상통한다

의미 ⊙ 왕도, 음양, 천덕, 천지, 화육化育

구절 ⊙ 사람의 마음이 바르면 천·지의 마음도 바르고, 사람의 기가 순
      하면 천·지의 기도 순하다

이이李珥(1536~1584)

이이는 본관이 덕수德水, 자가 숙헌叔獻, 호가 율곡栗谷 또는 석담石潭이
며, 시호가 문성文成이다. 그는 조선시대의 학자이자 정치가로서 대중들에
게 가장 널리 알려진 사람이며, 이황과 함께 조선 성리학의 양대 산맥으로
일컬어지며 존숭받고 있다. 이이는 모두 아홉 차례의 과거에 모두 장원해
'구도장원공九度壯元公'이라 일컬어졌다. 특히 1558년 겨울에 치러진 별시
(문과 초시)에서 「천도책天道策」을 지어 장원했는데, 이 글은 중국 학자들이
구해볼 만큼 당시 명성이 높았다. 이이는 이황의 이원적 이기론에 동의하

지 않았다. 그는 이기理氣의 관계를 불상잡不相雜의 대립이 아니라 불상리
不相離의 묘妙에서 파악했다. 이러한 맥락에서 이이의 사칠론이나 인심도
심설에 대한 해석도 이황의 이원적인 논의와 달라질 수밖에 없었다. 그는
칠정을 형기形氣에 속한 것으로만 보지 않았고, 본연지성 또한 기질지성을
떠나 있는 것이 아니라고 말했다. 이러한 그의 사상은 17세기 이후 그의 문
인들로 형성된 서인, 특히 노론계에 의해 계승되었다. 선조 대에 이르러 사
림이 정치 전면에 나서면서 이이는 유학의 도덕적인 이상이 실현되는 왕도
정치를 꿈꾸었다. 그러나 그의 희망과 달리 사림은 동인과 서인으로 분열
되면서 정쟁을 일삼았고, 이이는 화합과 조정을 위해 노력했으나 성공하지
못했다.

천도론天道論의 고전, 「천도책」

「천도책」은 천도론의 가장 대표적인 고전이다. 이 글은 율곡 이이가
23세(명종 13) 되던 겨울에 있었던 별시에서 장원 급제한 글로서 천문, 기
상의 순행과 이변 등에 대한 대책을 논한 것이다. 이 글은 우선 천도에
대해 언급하고, 그다음으로 해·달·별, 바람·구름·안개·우레·벼락·서
리·이슬·비·눈·우박에 대해 논했으며 그런 후에 만상萬象과 기운에 대해
말했다. 그리고 뒷부분에 이르러 천도와 인간의 관계, 천지가 안정되고 만
물이 육성되는 방법 등에 대해 자신의 생각을 피력했다.

율곡 이이는 철두철미하게 유교의 경전과 중국의 역사서에 근거하여

경기도 파주에 위치한 자운서원. 1615년(광해군 7) 지방 유림의 공의로 율곡 이이의 학문과 덕행을 기리기 위하여 창건되었다. 1650년(효종 원년) 자운紫雲이라는 사액賜額을 받았다.

답했는데, 그 바탕에는 성리학의 이기일원론이 깔려 있다. 「천도책」은 당시 유학자들의 기준으로는 '천재적인 답안지'였고, 그래서 장원으로 뽑혔다. 시험관이었던 정사룡과 양응정 등은 2500여 자에 달하는 책문을 보고 "우리는 여러 날 애써서 생각하던 끝에 비로소 이 '문제'를 구상해냈는데, 이모李某는 짧은 시간에 쓴 대책이 이와 같으니, 참으로 천재다"라고 말했다. 「천도책」은 국내뿐만 아니라 후일 명나라에까지 전해져 그 명성이 드높았다고 한다. 1582년(선조 15) 겨울, 중국의 사신으로 온 황홍헌黃洪憲이 원접사로 마중 나온 율곡을 보고 역관에게 "저 사람이 「천도책」을 지은 사람인가"라고 물어보았다는 일화가 전해진다.

【이이 1】 원문 121

하늘의 일은 소리도 없고 냄새도 없으며, 그 이理는 지극히 미묘하고 그 상象은 지극히 드러났으니, 이 말을 아는 자라야 더불어 천도天道를 논할 수 있습니다. 이제 집사執事께서는 지극히 미묘하고 지극히 뚜렷한 도로써 문목問目을 내어 궁구하고 연구한窮格 논설을 듣고자 하니, 진실로 학문이 천·인天人을 다한 이가 아니면 어찌 능히 이것을 논하겠습니까? 평상시에 선각자들에게 들은 바로써 그 물음에 조금이라도 답하고자 합니다.

『율곡전서』「천도책」

가만히 생각해보건대, 온갖 변화의 근본은 오직 음·양일 뿐입니다. 기氣가 동하면 양이 되고 정하면 음이 됩니다. 움직이고 고요한 것은 기氣요, 움직이게 하고 고요하게 하는 것은 이理입니다. 형상이 천지 사이에 있는 것은 혹은 오행의 바른 기가 모인 것도 있고, 혹은 천지의 괴이한 기를 받은 것도 있습니다. 혹은 음양이 서로 부딪치는 데서 생겨나기도 하고, 혹은 두 기氣가 발산하는 데서 생겨나기도 하기 때문에 해·달·별은 하늘에 걸렸고, 비·눈·서리·이슬은 땅으로 내립니다. 바람과 구름이 일어나고 우레와 번개가 일어나는 것은 모두 기氣가 아닌 것이 없습니다. 그 하늘에 걸리게 하고 땅에 내리게 하며, 구름과 바람이 일어나게 하고 우레와 번개가 일어나게 하는 것은 이理가 아닌 것이 없습니다. 음·양이 진실로 조화를 이루면 저 하늘에 걸린 것은 그 절도를 잃지 않고, 땅에 내리는 것은 다 때에 순응하여, 바람·구름·우레·번개가 다 조화로운 기운 속에 있을 것이니, 이것은 이理의 떳떳한 이치입니다. 음·양이 조화하지 않으면 그 행하는 것이 절도를 잃고 그 발산하는 것이 때를 잃어서, 바람·구름·우레·번개는 다 괴이한 기에서 나옵니다. 이것은 이理가 변한 것입니다. 그러나 사람은 천·지의 마음인지라 사람의 마음이 바르면 천·지의 마음도 바르고, 사람의 기가 순하면 천·지의 기도 순한 것입니다. 그러면 이理의 떳떳하고 변하는 것을 모

두 천도에만 맡겨야 되겠습니까? 저는 이것에 대하여 말하고자
합니다.

『율곡전서』「천도책」

어둡고 아득한 모양鴻濛이 처음으로 갈라져서 해와 달이 교대로
밝으니 해는 태양의 정精이 되고, 달은 태음의 정이 됩니다. 양정
陽精은 빠르게 운행하기 때문에 하루에 하늘을 한 바퀴 돌고, 음
정陰精은 더디게 운행하기 때문에 하루에 다 돌지 못합니다. 양
이 빠르고 음이 더딘 것은 기氣요, 음이 더디게 되는 것과 양이
빠르게 되는 것은 이理입니다. 저는 누가 그렇게 하는지를 알지
못하겠으나, 저절로 그렇게 되는 것이라고 말할 수 있을 따름입
니다.

해는 임금의 상징이요. 달은 신하의 상징입니다. 그 운행하는 궤
도를 같이하고, 그 모이는 데 절도를 같이하기 때문에 달이 해를
가리면 일식이 되고, 해가 달을 가리면 월식이 됩니다. 저 달이
희미한 것은 오히려 변괴가 되지 아니하나, 해가 희미한 것은 음
이 성하고 양이 미약한 까닭으로, 아랫사람이 윗사람을 깔보고
신하가 임금을 거역하는 형상입니다. 하물며 두 해가 한꺼번에
나오거나 두 달이 한꺼번에 나타나는 것은 비상한 괴변이니, 다

305

괴이한 기로 인해 그렇게 되는 것입니다. 제가 일찍이 옛일을 탐구해보니, 재앙과 변괴는 덕을 닦는 치세治世에는 나타나지 않고, 박식薄蝕의 변고는 다 말세의 쇠한 정치에서 나왔으니, 하늘과 사람이 서로 합하는 것을 여기에서 알 수 있습니다. 지금 하늘이 푸른 것은 기가 쌓여 있는 것이요, 바른 색은 아닙니다. 만약 별이 찬란하게 벼리紀가 되지 못한다면 천기天機의 운행은 아마도 구명하지 못할 것입니다. (…) 대개 천지 사이에 가득 찬 것은 모두 기입니다. 음기가 엉기고 모여서, 밖에 있는 양기가 들어가지 못하면 돌고 돌아서 바람이 되는 것입니다. (…) 치세治世는 음·양의 기가 펴져서 맺지 않습니다. 그래서 흩어지더라도 반드시 화하여 불어도 나뭇가지가 울리지 않습니다. 그러나 세도世道가 이미 쇠하면 음·양의 기운이 엉겨서 펴지지 못하기 때문에, 그 흩어질 적에 반드시 격동하여 나무를 꺾고 집을 허물어뜨리는 것입니다. 순풍少女은 화하게 흩어지는 것이요, 폭풍飇母은 격동해서 흩어지는 것입니다. 성왕成王이 한 번 생각을 잘못하자 큰 바람이 벼를 쓰러뜨렸고, 주공이 수년 동안 덕스러운 정치를 펼치자 바다에는 풍파가 일어나지 않았습니다. 그 기운이 그렇게 된 것은 역시 인간의 일에서 말미암은 것입니다.

『율곡전서』「천도책」

만약 산천의 기운이 올라가서 구름이 되는 것이라면, 좋고 나쁜 징조를 그를 통해 볼 수 있을 것입니다. 선왕先王은 영대靈臺를 설치하고 기상을 살펴서 길·흉의 징조를 고찰했습니다. 대개 좋고 나쁜 징조는 일어나는 그날에 이루어지는 것이 아니라, 반드시 전조가 있기 때문입니다. 구름이 희면 반드시 흩어지는 백성이 있고, 구름이 푸르면 반드시 곡식을 해하는 벌레가 있습니다. 그렇다면 검은 구름이 어찌 수재水災의 징조가 되지 않으며, 붉은 구름이 어찌 전쟁의 징조가 되지 않겠습니까. 누런 구름만이 풍년이 들 상서로운 징조이니, 이는 곧 기운이 먼저 나타난 것입니다. (…) 역적 왕망王莽이 한나라를 찬탈했을 때에는 누런 안개가 사방에 쌓였고, 천보天寶의 난 때에는 큰 안개가 낮에 끼어 어두웠으며, 한나라 고조가 백등白登에서 포위되었을 때나, 문천상文天祥이 시시柴市에서 죽게 되었을 때에 다 흙먼지가 일어났습니다. 혹시 신하가 임금을 반역한다거나 혹시 오랑캐가 중국을 침략하면 이런 것은 다 가히 그 비유로써 추측할 수 있을 것입니다. 양기가 발산한 뒤에 음기가 양기를 싸서, 양기가 나오지 못하면, 떨치고 쳐서 우레와 번개가 됩니다. 우레는 반드시 봄과 여름에 일어나니, 이는 천지의 노한 기운입니다. 빛이 번쩍이는 것은 양기가 발하여 번개가 된 것이요, 소리가 두려운 것은 두 기二氣가 부딪쳐서 우레가 된 것입니다.

【이이 5】 원문 125

비와 이슬은 다 구름에서 나오는 것인데 젖은 기운이 성한 것은 비가 되고, 젖은 기운이 적은 것은 이슬이 됩니다. 음양이 서로 합하면 이에 비가 내리는데, 간혹 구름만이 자욱하고 비가 오지 않는 것은 아래위가 서로 합하지 못해서입니다. 『홍범전洪範傳』에 이르기를, "황제가 지극하지 못하면 그 벌은 항상 음陰하다"고 한 것은 바로 이를 두고 말한 것입니다. 또 양이 지극히 성하면 가물고, 음이 성하면 장마가 지는데, 반드시 음양이 조화하여야 비로소 비 오거나 맑은 날씨가 때를 맞춥니다. 대개 신농씨 같은 성인의 순박하고 밝은 시대에 있어서, 맑은 날씨를 바라면 맑고, 비를 바라면 비가 온 것은 진실로 당연한 이치입니다. 성왕聖王이 백성을 다스릴 때 하늘과 땅이 화합하여 5일에 한 번씩 바람이 불고 10일에 한 번씩 비가 내린 것도 역시 그 떳떳한 이치입니다. 이 같은 덕이 있으면 반드시 이 같은 보응이 있는 것이니, 어찌 천도天道가 사사로이 후하게 하는 것이 있겠습니까. 대개 억울한 기운은 한재旱災를 부르기 때문에 한 여자가 억울함을 품어도 오히려 흉년을 이룹니다. 무왕武王이 상商나라를 이긴 것이 족히 천하의 억울한 기운을 해소하기에 충분했고, 안진경顔眞卿이 옥사를 판결한 것이 한 지방의 억울한 기운을 해소하기에 충분

이이의 『율곡전서』.

했으니, 알맞게 비가 내린 것이 괴이할 것이 없습니다. 하물며 태평한 세상에는 본래 한 사내나 한 아녀자조차도 그 은택을 입지 않은 이가 없으니, [어찌 비와 바람이 순조롭지 않겠습니까]. (…) 또한 우박은 어그러진 기운에서 나온 것입니다. 음기가 양기를 협박하기 때문에 그 발할 때는 물을 해칩니다. 옛일을 상고하면 우박이 큰 것은 말 머리만 하고 작은 것은 달걀만 하여, 사람을 상하게 하고 짐승을 죽였던 일이, 혹은 전란이 심한 세상에 일어나기도 했고 혹은 화를 일으킨 임금을 경고하기 위하여 일어나기도 했으니, 그것이 역대의 경계가 되기에 충분하다는 것은 반드시 여러 번 진술하지 않더라도 이를 미루어 알 수 있을 것입니다.

아! 한 기운이 운행하고 조화하여 흩어져서 만 가지 형상이 되는 것이니, 나누어 말하면 천지와 만 가지 형상이 각각 한 기운이나, 합하여 말하면 천지와 만 가지 형상이 모두 같은 한 기운입니다. 오행의 바른 기운이 모인 것은 해와 달과 별이요, 천지의 어그러진 기운을 받는 것은 흐림·흙비·안개·우박이 됩니다. 천둥과 번개는 두 기二氣가 서로 부닥치는 데서 생기고, 바람·구름·비·이슬은 두 기가 서로 합하는 데서 생기는 것이니, 그 구분은 비록 다르나 그 이치는 하나입니다.

「율곡전서」「천도책」

집사께서 篇의 끝에서 또 말하기를, "하늘과 땅이 제자리를 잡고, 만물이 육성되는 것은 그 도가 무엇에 말미암은 것인가"라고 했는데, 저는 이 말에 깊이 느끼는 바가 있습니다. 제가 들건대, "임금은 그 마음을 바르게 함으로써 조정을 바르게 하고, 조정을 바르게 함으로써 사방을 바르게 해야 하니, 사방이 바르면 천지의 기운도 바르다"라고 했고, 또 들건대, "마음이 화하면 몸이 화하고, 몸이 화하면 기운이 화하고, 기운이 화하면 천지의 환한 기운이 응한다"라고 했으니, 천지의 기운이 이미 바르면 해와 달이 어찌 서로 침범하며 별이 어찌 그 자리를 잃는 일이 있겠습니까. 천지의 기운이 이미 화하면 천둥·번개·벼락이 어찌 그 위력을 내며, 바람·구름·서리·눈이 어찌 그 '때'를 잃으며, 흙비가 내리는 어그러진 기운이 어찌 그 재앙을 만들겠습니까. 하늘은 비·볕·더운 것·추운 것과 바람으로써 만물을 생성하고, 임금은 엄숙함과 다스림과 슬기와 계획, 성스러움으로써 위로 천도에 응하는 것입니다. 하늘이 제때에 비를 내리는 것은 엄숙함에 응한 것이며, 제때에 볕이 나는 것은 다스림에 응한 것이며, 제때에 더운 것은 슬기에 응한 것이며, 제때에 추운 것은 계획에 응한 것이며, 제때에 바람 부는 것은 성스러움에 응한 것입니다. 이로써 본다면 천지가 안정되고 만물이 육성하는 것은 어찌 임금 한 사람이 덕을 닦는 데 달려 있다고 하지 않을 수 있겠습니까. 자사子

思가 이르기를, "오직 천하의 지극한 정성이라야 능히 화육化育할 수 있다" 했고, 또 이르기를, "넓고 크게洋洋 만물을 발육하여 높이 하늘에 닿았다" 했으며, 정자가 이르기를, "천덕天德과 왕도王道의 요령은 다만 홀로 삼가는 데 있다" 했습니다.

아! 지금 우리 동방의 동물과 식물이 모두 자연의 화육化育 속에 고무되는 것이 어찌 임금의 홀로 삼가는 데 달려 있지 않겠습니까. 집사께서 이 미천한 자의 어리석은 말을 임금께 상달해주신다면, 가난한 선비는 움막 속에 살더라도 여한이 없을 것입니다. 삼가 대답합니다.

「율곡전서」「천도책」

율곡 이이의 철학사상은 「천도책」에서 그 기본 골격을 확립하며, 이러한 이론은 평생 거의 변하지 않고 지속된다. 이 글을 통해 성리학적 세계관에서 바라본 율곡의 우주론을 살필 수 있고, 우주 만물을 이해하는 일관된 원리로서 이기일원론理氣一元論의 사상적 맹아를 확인할 수 있다.

율곡은 이 글에서 우선 만 가지 변화의 근본이 오직 음·양 두 기운氣일 뿐이라고 했다. 또한 그는 기氣가 움직이면 양이 되고 고요히 있으면 음이 되며, 움직이게 하고 고요하게 하는 것은 이理라고 주장했다. 결국 율곡이 생각하는 이理는 기의 순응과 조화를 이루는 내재적 규칙 또는 조리條理다. 이러한 면에서 그의 사상은 이理의 자발성과 초월성을 긍정하는 퇴계 이황의 사상과 대립된다. 「천도책」을 자세히 살펴보면 불교와 노장철학을 위시한 제자학諸子學 등 여러 종파 및 학파의 사상과도 깊이 연관되어 있음을 알 수 있다. 그렇지만 그는 유학의 본령에 충실했으며, 특히 하늘(천도)과 사람(인도)의 교감을 강조하는 천인상감설天人相感說을 강조했다.

한나라의 사상가 동중서는 '하늘과 사람이 서로 감응한다'는 세계관을 피력했으며, 송나라 유학자들은 이 사상을 바탕으로 하여 이기론理氣論을 정립했으며 이를 통해 자연현상과 인간 사회의 현실을 유기적으로 매개하고자 노력했다. 주돈이가 주창한 '태극도설太極圖說'은 바로 이러한 배경에서 이루어진 신유가의 우주론이었다. 율곡 또한 이러한 세계관의 기초 위에서 사람이 곧 천지의 마음이고, 사람의 마음이 바르면 천지의 마음이 바르고, 사람의 기가 순하면 천지의 기도 순하게 된다고 주장했다. 이러한 논리에서 율곡은 천지를 안정시키고 모든 자연현상이 순조롭게 되기를 기대한다면 정치가 잘되어야 하고, 궁극적으로는 최고지도자인 임금의 덕이 잘 닦여야 한다는 결론을 이끌어낸다.

그런데 자연현상과 인간 사회가 서로 감응해야만 천지가 평안해진다는 주장은 현대 과학적 지식 수준에서 본다면 그대로 받아들이기 힘들다. 즉 이 주장을 단순하게 그대로 받아들인다면 세종의 통치 시절에는 자연재해가 적었고, 연산군 시절에는 수많은 자연재해가 있었다고 생각하게 된다. 그렇지만 자연재해의 빈도를 임금의 덕성과 논리적으로 연계시킬 수 없다는 사실은 현대인의 시각에서 볼 때 너무나 당연하다. 그렇다면 율곡의 생각을 어떻게 해석해야 할까? 율곡의 자연 이해는 조선 중기시대의 유학자라면 당연히 가지고 있었을 만한 시각이다. 자연을 음·양, 이·기로 이해하고, 하늘의 현상이 인간 사회와 연관되어 있다는 그의 관점은 철저하게 유교 경전과 중국 역사서에 근거한 것이다. 그는 당시 지식인들의 수준에서 가장 보편적인 자연관과 철학적인 세계관을 종합해냈다. 그리고 이러한 사상을 통해 천도를 이해하고, 인도를 실현시키고자 했다.

장현광張顯光(1554~1637)

장현광은 본관이 인동仁同, 자가 덕회德晦, 호가 여헌旅軒이며, 시호가 문강文康이다. 그는 과거에 뜻을 두지 않고 학문에 힘써 이황李滉의 문인과 조식의 문인들로부터 학덕과 실력을 인정받았으며, 그 문하에서 수많은 학자를 배출했다. 유성룡 등의 천거로 여러 차례 내외의 관직을 받았으나, 대부분 사퇴했고 강학에 열중했다. 그는 불과 17세 되던 1571년에 「우주요괄첩宇宙要括帖」을 지어 대학자로서의 면모를 드러내기 시작했다. 장현광은 이理와 기氣를 이원적으로 보지 않고 합일적인 것 혹은 한 몸체의 양면적인 현상으로 파악했다. 그는 이러한 관계를 경위설經緯說로 설명했는데, 이理를 경經으로, 기氣를 위緯로 비유하여 이·기가 둘이 아니고 체體와 용用의 관계에 있음을 주장했다. 이러한 그의 사상은 퇴계학과 율곡학 어디에도 구애받지 않는 대단히 이색적이고 독창적인 학설로 주목받았다.

우주 사업을 논한 「도통설道統說」

장현광은 「우주요괄첩」 말미에서 "천하의 으뜸가는 사업을 이룩해야만 천하의 제일가는 인물이 될 수 있다"[168]고 하여 큰 기상과 풍모를 드러냈다. '우주의 나그네旅軒'를 자처하는 그의 호에서 짐작할 수 있듯이 장현광은 천지자연과 인간 사회를 관통하는 '도'에 대해 관심을 쏟았다. 도에 대한 장현광의 생각이 가장 잘 드러나는 글이 바로 「도통설道統說」이다. 그는 이 글에서 "사람이 되어 몸을 가지고 있으면 자연히 이에 대한 도리가 없을 수 없다. 몸은 도 때문에 몸이 되고, 도는 몸을 얻어 도가 되며, '도'와 '몸'을 합한 것이 사람이다"[169]라고 하며, 그러므로 '사람이 진실로 도를 떠날 수 없다'고 했다. 이처럼 장현광의 성리이론이 도를 근간으로 삼고 있다는 측면에서 후대 학자들은 그의 사상을 '도道일원론'으로 평가한다.

【 장현광 1 】 원문 127

도道는 우리 인간이 일상생활에 항상 행하는 도다. 어찌하여 도라 이르는가? 우리 인간은 천지의 형체形體를 받고 천지의 덕德을 받고 천지의 가운데 위치하여 이로써 사람이 되었다. 형체가 없으면 덕을 실을 수 없고, 덕이 없으면 형체를 운용할 수 없으며, 덕을 싣고 있는 형체와 형체를 운용하는 덕이 없으면 그 임무를 다할 수 없다. 형체가 덕을 싣고 있기 때문에 헛된 형체가 되지 않고, 덕이 형체를 운용하기 때문에 진실한 덕이 되며, 형체와 덕이 서로 걸맞기 때문에 훌륭한 사람이 되는 것이다. 이렇게 한 뒤에야 천지에서 받은 형체를 따르고, 천지에서 받은 덕을 충만히 하고, 천지의 가운데 자리한 책임을 다하여 그 도를 다했다고 말할 수 있다.

「여헌집」「도통설」

【장현광 2】 원문 128

이른바 도라는 것은 바로 이 도이니, 이것을 일상생활에 떳떳이 행하는 것이라고 이름하는 까닭은 어째서인가? 진실로 사람이 사람 될 때에 안에는 오장五臟과 육부六腑가 있고, 밖에는 머리와 배와 사지四肢가 있으며, 위로는 눈, 귀, 코, 입이 있고, 아래로는 손, 발, 손가락, 관절이 있어서 모두 각각 맡은 바가 있고 반드시 각각 이에 따른 법칙이 있다. 안에 있는 오장과 육부는 주장을 하고, 밖에 있는 머리와 배와 사지는 그 뜻을 받들며, 위에 있는 눈, 귀 등은 살피고, 아래에 있는 손, 발 등은 공급供한다. 그런즉 안과 밖의 온갖 형체가 갖추어지지 않음이 없고 구비하지 않음이 없어서 합하여 완전한 형체가 된 것이 바로 이 몸이며, 크고 작은 온갖 형체가 각각 해야 할 직책을 맡고 각각 따라야 할 법칙을 본받아서 날로 쓰는 사업이 바로 이 도다. 이것은 곧 형체를 따르고 덕을 충만히 하고 책임을 다하는 것을 일컫는다.

「여헌집」「도통설」

책임이란 무슨 사업을 하는 것인가? 바로 우주 안에 있는 사업이다. 우주 안에 있는 허다한 사업이 모두 우리 인간에게 있으니, 만약 우리 인간이 그 사업을 해내지 못한다면 우주는 빈 그릇이 되고 만다. 그러므로 이미 사람이 되어 이 몸을 가지고 있으면 자연히 이에 대한 도리가 없을 수 없다. 몸은 도 때문에 몸이 되고, 도는 몸을 얻어 도가 되며, '도'와 '몸'을 합한 것을 사람이라 한다. 사람이 진실로 도를 떠날 수 없는 것은 이 때문이다. 떳떳이 행하지 않을 수 없어 잠시도 떠날 수 없기 때문에 도라고 이름한 것이니, '도'는 '도로道路'의 의미를 빌려 비유한 것이다. 저 도로의 '도'자를 빌려서 이러한 도리의 '도'를 비유했으니, 그렇다면 사람은 마땅히 잠시도 도를 떠날 수 없는 신묘함을 알아야 하는 것이다.

『여헌집』「도통설」

'통統'이란 전수함이 있고 계승함이 있음을 일컫는다. 이른바 전수와 계승은 반드시 몸으로 전수하고 대면해서 직접 계승해야만 '통'이라 이르는 것은 아니다. 그 심법心法과 덕업德業이 서로 합하면 비록 백세百世의 간격이 있고 천리千里의 거리로 멀리 떨어져 있더라도 전수하고 계승할 수 있는 것이다. 지극히 성스럽고 지극히 성실하여 천지에 참여함이 있는 자가 아니면 이 '도'의 '통'을 얻었다고 말할 수 있겠는가? 그러나 이 도는 비록 인간에게 있는 것을 가지고 말하더라도 우리 인간을 낸 것은 하늘과 땅이니, 그렇다면 우리 인간이 스스로 그 도를 도라고 할 수 있겠는가? 도의 본원은 바로 말미암아 나온 곳이 있다. (…) 동중서董仲舒는 말하기를, "도의 큰 근원이 하늘에서 나왔으니, 하늘이 망하지 않으면 도 역시 망하지 않는다"라고 한바, 이는 모두 도의 근원이 하늘에서 나왔음을 말한 것이다.

『여헌집』「도통설」

【 장현광 5 】 원문 131

그렇다면 우리 인간을 낳은 것은 하늘과 땅이며 하늘과 땅을 낳은 것은 태극이니, 이른바 태극이라는 것이 어찌 도의 큰 근원이 아니겠는가. 태극은 바로 이 이치의 가장 위에 있는 원두原頭를 칭하니, 하늘과 땅이 생기기 이전에 이 이치가 스스로 항상 있었다. (…) 이 도를 하늘과 땅에 적용해볼 수 있다. 하늘은 음과 양이 있는데 음과 양은 또한 대·소로 나뉘고, 땅은 강剛과 유柔가 있는데 강과 유 또한 대·소로 나뉜다. 해와 달과 별이 하늘에서 형상을 이루고, 물과 불과 흙과 돌이 땅의 형질을 간직하며, 낮과 밤, 추위와 더위가 교대로 운행하고, 비와 바람, 이슬과 우레

가 때때로 일어나며, 봄과 여름, 가을과 겨울이 일정함이 있고, 낳고 자라며 추수하고 보관하는 일에 반드시 차례가 있는 것이 모두 이러한 '도'다. (…) 그리고 [이 도를] 우리 인간에 적용해볼 수 있다. 성性에 오상五常이 있으니 인·의·예·지·신이고, 이것이 발하여 칠정七情이 되니 희·노·애·락·애·오·욕이며, 인륜에는 오품五品이 있으니 부자간의 친함과 군신 간의 의리와 부부 간의 분별과 장유 간의 차례와 붕우 간의 믿음이다. 그리고 세상에 네 가지 사업이 있으니 집안에서는 집이 편안하고 나라에서는 나라가 잘 다스려지고 천하에서는 천하가 태평하게 되고 우주에 있어서는 옛 성인의 사업을 계승하고 후학들의 길을 열어주는 것이다. 오상은 도의 체體가 되니 하늘에서 나온 것이고, 칠정七情은 도의 용用이 되니 마음에 달려 있는 것이며, 오륜은 도의 조리條理이니 친소親疏를 두루 다하는 것이고, 네 가지 사업은 도의 공용功用이니 법이 가까운 곳과 먼 곳에 미치는 것이다. 그런즉 우리 인간의 도가 여기에서 벗어남이 있겠는가? 이른바 지극히 성스럽고 지극히 성실하다는 것은 이 도의 밖에 별도로 다른 도가 있는 것이 아니다. 성스러움은 이 도를 통하여 성스럽게 되고 성실함은 이 도를 순수히 함으로써 성실하게 된다. 그러므로 이 성性을 온전히 하고 정情에 화합하며 윤리를 돈독히 하고 사업을 마치면 인간의 도가 저절로 여기에서 다하는 것이다.

「여헌집」 「도통설」

태극의 도는 하늘에 있어서 기氣가 되면 음양陰陽이라 하고, 땅에 있어서 질質이 되면 강유剛柔라 하며, 사람에게 있어서 덕德이 되면 인의仁義라 한다. 기가 기 된 것도 이러한 이치 때문이고, 질이 질 된 것도 이러한 이치 때문이며, 덕이 덕 된 것도 이러한 이치 때문이니, 즉 이러한 이치 아닌 것이 없다. 이 때문에 모두 도라고 이르는 것이다. 기氣가 있지 않으면 조화의 기틀이 될 수 없으므로 위를 덮고 있는 하늘은 반드시 기를 도로 삼는다. 질質이 있지 않으면 조화의 공을 이룰 수 없으므로 아래에서 싣고 있는 땅은 반드시 질을 도로 삼는다. 덕德이 있지 않으면 화육化育의 도에 참여하여 '지나침을 억제하고 모자람을 도와주는裁成輔相' 사업을 할 수 없으므로 천지의 가운데 위치한 인간은 반드시 덕을 도로 삼게 된다.

『여헌집』「도통설」

우주가 있은 이래로 이 도통道統을 계승한 자가 있었다. 그러므로 삼강三綱은 이 때문에 삼강이 되고 오륜五倫은 이 때문에 오륜이 되었다. 세상은 문명한 세상으로 변화하고, 새와 짐승이 모두 잘 살게 되고, 오랑캐들이 돌아와 교화되었다. 해와 달은 빛나고

장현광 초상.

사계절이 차례를 따르며 음양이 조화롭고 비바람이 제때에 붙었다. 하늘은 높고 밝은 하늘의 덕을 잃지 않으며 땅은 넓고 두터운 땅의 덕을 잃지 않았다. 이러한 도의 공용功用이 어떠한가? 만약 도통이 전해지지 않았더라면 삼강은 삼강이 되지 못하고 오륜은 오륜이 되지 못해서 세상이 혼란한 세상이 되었을 것이다. 만약 이렇게 되었더라면 짐승의 발자국과 새의 발자국이 국경에 교차하고, 오랑캐의 말馬과 오랑캐의 병사들이 중국에 횡행하며, 해·달·별이 빛을 잃고 기후가 바뀌어 음양이 어그러지고, 비바람이 지나쳐 하늘이 재앙을 내리고, 땅이 변괴가 많아 태평의 세대와 전혀 반대가 될 것이다. 이 어찌 우리 인간의 도가 스스로 초래한 결과가 아니겠는가?

『여헌집』「도통설」

【장현광 8】 원문 134

아! 하늘은 똑같은 한 하늘이고 땅은 똑같은 한 땅이다. 하늘과 땅이 일찍이 없어지지 않았으니, 도가 또한 어찌 없어지겠는가? 다만 사람들이 스스로 사람의 도를 다하지 못하므로 도통이 끊겨서 이어지지 못하는 것이다.

『여헌집』「도통설」

장현광은 특별한 사승 관계없이 특색 있는 방대한 학문체계를 수립했다. 그는 학문의 본질이 도를 배우는 데 있다고 보았으며, 이러한 관점에서 도학道學·이학理學·심학心學·정학正學·성학聖學 등의 개념들이 '도'를 중심으로 서로 상통한다고 주장했다.

'학學'이라고 하는 것은 이 '도'를 배운다는 것이니, 그러므로 '도학'이라 한다. 도는 본연의 이치이자 당연의 이치이기 때문에 '이학'이라고도 한다. 도학지학道學之學은 마음에서 벗어나지 않는 까닭에 '심학'이라 하며, 이러한 이치理를 밝히고 이러한 도를 체득하여 마음을 다스리는 학문이 '학'으로서는 더 바른 것이 없기에 '정학'이라고 한다. 이른바 학문이란 배워서 성인의 경지에 이르려고 하는 것이니, 그러므로 '성학'이라고도 한다.[170]

한마디로 말하여, 장현광의 학문체계는 도를 중심으로 하여 이루어진다. 그래서 그는 "이른바 도는 이기를 합하고 체용을 겸하며, 항상 하나이고 항상 존재하는 것이다"[171]라고 하며 도일원론을 주창했다. 장현광은 도의 근원이 하늘에서 나왔다고 말함으로써 천도론 중심의 입장을 분명히 했다. 그는 하늘과 땅이 없어지지 않는 한, '도' 또한 없어지지 않으며, 다만 사람들이 스스로 자신의 도를 다하지 못하여 도통道統이 이어지지 못하는 것이라고 주장했다. 결국 그가 역설하는 우주 사업의 핵심은 자신의 도를 다하여 도통을 계승하는 것에서 시작된다.

17
단계

한국의 선비들 2 : 인도론

맥락 ⊙ 도는 안심입명安心立命이고 평상심의 도리다

의미 ⊙ 안심, 입명, 지조, 천도, 평상심

구절 ⊙ 도란 사람을 기다려서 행해진다

안향安珦(1243~1306)

안향은 고려 후기의 문신이자 학자다. 그는 본관이 순흥順興, 자가 사온 士蘊, 호가 회헌晦軒이며, 시호가 문성文成이다. 초명이 안유安裕였는데 후에 안향安珦으로 고쳤다. 경상북도 흥주興州(지금의 경상북도 영주시 순흥) 출신으로서, 우리나라에 주자학을 최초로 도입한 학자로 유명하다. 그는 1289년 11월에 왕과 공주를 호종하여 원나라에 갔다가 주자서朱子書를 손수 베끼고 공자와 주자의 화상畫像을 그려 가지고 이듬해 돌아왔다. '회헌晦軒'이라는 아호는 주희朱熹의 회암晦庵이라는 호에서 따온 것이다. 학교 재건과 인재 양성을 통해 자신의 이상을 실현하고자 노력했다. 이러한 면

에서 그를 단순히 주자학의 전래자보다는 주자학의 '주체적' 수용자로 평가할 수 있다.

【안향 1】 원문 135

'국자감 제생들을 깨우치는 글'

성인의 도는 일상생활에서 윤리를 실천하는 것일 뿐

자식이 효도하고, 신하가 충성하고

예로 집안을 다스리고, 신의로 벗을 사귀고

자신을 경敬으로 닦아 모든 일을 반드시 정성스럽게 할 따름이네

『회헌실기』, 권1, '유국자제생문'

이 글은 안향이 1304년(고려 충렬왕 20) 대성전에 공자의 상像을 봉안한 후에, 국자감의 학생들을 교육한 글이다. 그는 여기서 인도를 강조했는데, 성인의 도가 일상생활에서 윤리를 실천하는 것일 뿐이라고 강조했다. 안향은 도를 실천하는 구체적인 실천 행위로 자식으로서 효도하고, 신하로서 충성하고 예로써 집안을 다스리고, 신의로써 벗을 사귀고, 경敬으로써 스스로를 닦으라고 권면했다. 안향이 한국 주자학의 수용자인 점을 고려하면, 우리나라 주자학은 수용 초기부터 인도 중심이었음을 알 수 있다.

김굉필金宏弼(1454~1504)

김굉필은 본관이 서흥瑞興, 자가 대유大猷, 호가 한훤당寒暄堂 또는 사옹簑翁이고, 시호가 문경文敬이다. 그는 김종직의 문하에 들어가 『소학』을 배웠으며, 이를 계기로 『소학』에 심취해 스스로를 '소학동자'라 일컬었다. 평생토록 『소학』을 독신篤信하고 모든 처신을 그 가르침에 따라 행해 『소학』의 화신化身'이라는 평을 들었다. 성균관 유생으로 있을 당시에 장문의 상소를 올려 척불斥佛과 유학의 진흥에 관한 견해를 피력했다. 1498년 무오사화가 일어나자, 김종직의 문도로서 붕당을 만들었다는 죄목으로 장杖 80대를 맞고 평안도 희천에 유배되었다가 2년 뒤 순천에 이배되었다. 그는 유배지에서도 학문 연구와 후진 교육에 힘썼는데, 특히 희천에서는 조광조에게 학문을 전수해 조선 유학사의 도학道學을 잇는 계기를 마련했다. 1504년 갑자사화가 일어나자 무오戊午 당인黨人이라는 죄목으로 극형에 처해졌다.

【 김굉필 1】 원문 136

'『소학』을 읽다'

이제껏 글공부를 하여도 천도를 깨닫지 못했으나
『소학』에서 어제의 잘못을 깨달았네
이로부터 정성껏 자식 도리 다할 뿐
어찌 구구하게 호사스런 삶을 부러워하랴

도道, 길을 가며 길을 묻다

이 시는 김굉필 스스로가 하늘의 이치를 깨우치려는 거창한 천도天道 공부에 매달리기보다 어제 저지른 잘못을 깨닫고 부모에게 제대로 효도할 수 있는 일상의 공부에 매진하겠다는 다짐을 적은 것이다. 그의 『소학』 사랑은 각별했다. 그는 말년까지 스스로 '소학동자'로 자처하면서 사람들이 시사時事에 대해 의견을 물으면 "나는 소학동자니 어찌 대의를 알겠는가?" 라고 반문했다. 조선 왕조는 수기치인의 바탕으로서 소학 교육을 강조했다. 조선 초부터 향교를 비롯한 각급 학교의 학생들에게 소학을 온전히 익힐 것을 주문했다. 세종대에는 『소학』을 널리 보급하기 위해 이 책을 다량으로 찍어내기도 했다. 그럼에도 과거 응시를 준비하는 사람들에게 소학은 단순히 어린아이들이나 배우는 유치한 학문으로 여겨졌던 것이 일반적인 풍토였다. 그렇지만 김굉필은 입으로만 성리性理와 도학道學을 논할 것이 아니라 몸과 마음에서 직접 체험하는 공부를 강조했고, 바로 이러한 공부가 인도의 실현이라고 보았다.

박영朴英(1471~1540)

박영은 본관이 밀양密陽, 자가 자실子實, 호가 송당松堂이고, 시호가 문목文穆이다. 그의 선조는 대대로 선산善山에서 살았으며, 어머니는 양녕대군의 딸이다. 박영은 어릴 때부터 무예에 뛰어났으며, 후일 무과에 급제하여 경상좌도 병마수군절도사를 역임하기까지 했다. 그는 항상 무인武人의 신분을 고민하며 자신이 군자가 되지 못한 것을 한탄했다. 1494년 성종이

별세하자 가솔들을 이끌고 고향으로 돌아가 낙동강 기슭에 집을 짓고 '송당松堂'이라는 편액을 걸어 강학에 힘썼다. 박영은 '무인'에서 '문인'의 삶으로 전환하면서 조선조 도학道學의 계보를 잇는 중요한 학자가 된다. 그는 김굉필의 제자인 동향 출신의 학자 정붕鄭鵬을 통해 도학의 길로 나아가게 되며,『대학』과 심득心得의 공부에 주력했다. 일반적으로 '김굉필—조광조' 계통의 도학적 계보를 강조하지만, 이외에도 '김굉필—정붕—박영'의 학문 계보를 또 하나의 '도학파'로 인정할 수 있다.

후대 학자들 사이에서 '정붕—박영'의 사승관계를 결정짓는 중요한 사건으로 '청산 대학'을 거론한다. 즉 박영은 이 사건을 계기로 '김굉필—정붕'으로 이어지는 도학파의 계보에 들게 되며, 더 나아가서 도학정신의 핵심을 자득하게 된다. 그렇다면 '청산 대학' 사건이란 무엇인가?

【 박영 1 】 원문 137

'박영이' 낙동강 가에 집터를 잡아 집을 짓고 지금까지 종사하던 무관의 일을 버려두고 매인 데 없는 자유분방한 기절氣節을 꺾고서 오로지 글만 읽었다. 어느 하루는 정붕에게 학문을 청했는데. (…) 정붕은『대학』을 주며 말하기를 "학문의 도는 격물格物과 치지致知에 있으니 마땅히 이 책을 정독하라"라고 했다. 박영은 물러나와 비봉산의 절간에 은거하면서 열심히 읽기를 거지리 않았다. 어느 날 정붕이 박경朴耕과 함께 방문하여 담론하다가 손을 들어 냉산冷山을 가리키며 묻기를, "저 푸른 산 밖에는 다시

어떤 것이 있는가?"라고 하자, 박영이 능히 대답하지 못했다. 이에 정붕이 말하기를 "자네의 독서가 정밀하고 깊지 못하니 마땅히 다시 읽게나"라고 했다. 박영은 "예"라고 답하고 물러나와 가르침을 저버리지 않고 다시 몇 달을 정성껏 읽었더니 황홀하리만큼 환하게 깨닫는 바가 있었다. 스스로 말하기를 "이 산 바깥에 다시 산이 있을 뿐이니 어찌 다른 물건이 있으리오" 했다. 박영은 이 말로서 정붕에게 대답했는데, 이에 정붕은 "이제야 자네의 독서하는 공을 알겠네. 도는 가까이 있는데도 사람들은 먼 곳에서만 구하고 있네. '격물치지'는 절실하게 가까운 밑바닥을 따라서 힘을 쓴다면 투철하게 해득할 수 있을 것이니 특별히 높고 먼 곳에서 구할 필요가 없지"라고 말했다.

『송당집』, 권4, '시장'

박영이 『대학』을 읽고 나서 환하게 깨달은 실체가 무엇인가? 그는 "이 산 바깥에 다시 산이 있을 뿐이니 어찌 다른 물건이 있으리오"라고 탄식했다. 여기에서 인용한 '냉산(청산) 문답'의 장면은 마치 선학禪學 조사들의 선문답을 보는 것과 같고, 박영의 독백은 선불교의 오도송悟道頌을 듣는 듯하다. 정붕은 박영의 이 말을 듣고서야 비로소 그의 공부를 인정한다. 그렇다면 정붕이 박영에게 주고자 했던 가르침의 핵심은 무엇인가? 그것은 바로 "(유학의) 도가 가까이 있는데도 사람들은 먼 곳에서 구하고들 있다"라는 말에서 찾을 수 있다. 『대학』에서 강조하는 유학의 도는 일용인륜지도日用人倫之道인 것이다.

　일상의 도를 강조하는 좋은 사례가 유치명柳致明(1777~1861)과 이상정
李象靖(1711~1781)의 경우다. 퇴계학파의 적통嫡統을 계승한 것으로 평가받
는 유치명은 임종의 순간에 제자 김건수金健壽가 한 말씀 해주기를 청하자,
"대산(이상정) 선생께서 제자들과 영결永訣을 고할 때의 말씀에서 더 보탤
것이 없네"라고 했다. 그렇다면 이상정은 과연 삶의 마지막 순간에 무엇을
말했던가? 그는 자신의 병이 위급해지자 문하의 제자들을 불러들여 그들
에게 마지막 전하는 말로 "여러분이 착실하게 공부하기를 바랄 뿐이네. 유
학의 일은 다만 평범한 것인데, 평범한 일상 가운데 오묘한 이치가 있다네"
라고 했다. 이상정과 유치명은 유학 공부의 핵심이 평범한 일상에 있다고
강조한 것이다.

　'유학의 일은 평범한 것'이라고 하는 말이 절실하게 가슴에 와닿는다.
나이가 들수록 평범하게 사는 것 또한 쉽지 않다는 사실을 깨닫는다. 부
모님을 기쁘게 해드리고, 형제들과 우애 있게 지내며 이웃과 더불어 화목
하게 살아가는 우리의 흔한 일상이 그 어떤 거대한 이념보다 더 중요하다.
그러한 면에서 유학은 일상을 강조한다. 유학의 도는 평범한 곳에 있다. 정
말 중요하고 소중한 것은 우리에게 잔잔한 행복을 가져다주는 일상의 삶
이다.

이황李滉(1501~1570)

이황은 조선시대의 대표적인 성리학자로서 본관이 진성眞城, 자가 경호景浩, 호가 퇴계退溪이며, 시호가 문순文純이다. 그는 주자의 이기론理氣論, 사단칠정론四端七情論, 천명도天命圖 및 『심경心經』을 바탕으로 하여 경敬의 철학을 수립했으며, 한국 유학사에 큰 영향을 끼쳤다. 49세에 관직을 사직하고 고향에 돌아와 한서암에서 독서와 강학에 열중했으며, 그 이후 여러 차례 관직을 제수받았지만 대부분 사양하고 나가지 않거나 잠시 나갔다가 이내 돌아왔다. 53세 때에 정지운의 '천명도'를 보고 그 내용을 수정하고 '천명도설'을 지었는데, 이것이 계기가 되어 기대승과 사단칠정론에 대한 논변을 시작했다. 편지를 통해 오고 간 이 토론은 무려 8년간이나 지속되었다. 1561년 도산서당을 짓고, 이후로는 제자들과 더불어 강학하고 독서하며 저술하기에 열중했다. 1568년에 '무진육조소戊辰六條疏'를 올렸으며, 경연에서 「사물잠」「서명」『논어』『주역』을 강의했다. 그리고 이해 12월에는 『성학십도聖學十圖』를 지어 임금에게 바쳤다. 사십대 이후에 양성한 제자들은 모두 삼백여 명에 달하는데, 정계와 학계에서 우뚝한 인물로 활동한 이들이 다수다. 이황의 학문은 근대에 이르기까지 조선 성리학, 그중에서도 영남학파의 중심 학설이 되었고, 임진왜란 이후에는 일본에도 전해져 일본 근세 유학의 형성 계기를 이루게 된다. 현대에 와서도 이황의 사상을 연구한 수많은 논저가 국내외에서 발표되었다.

퇴계 이황, 성인학^{聖人學}의 인도론

"사람은 사람다워야 한다"라는 말이 있다. 그렇다면 사람다운 사람이란 어떤 사람인가? 유학에서는 한마디로 '성인^{聖人}'이라고 한다. 유학의 모든 이념은 사람다운 사람, 즉 성인이 되는 데 목표를 둔다. 그리고 성인이 되려는 삶의 과정은 '도'라고 할 수 있다.

일찍이 이황은 아들 준에게 보내는 편지에서 맏손자의 이름을 '안도安道'라 짓고 그 의미를 풀이해주었다. 그는 맏손자가 사람다운 사람, 즉 성인이 되기를 바라는 의미에서 그 이름을 '안도'라고 지어주었던 것이다. '안도'의 의미는 말 그대로 '도에 편안히 거하다'라는 뜻이다. 그러면 이황이 말하는 '도'란 무엇인가? 이황에 따르면, 도는 사람이 살아가는 데 있어 먹는 음식과 같고 입는 옷과도 같아서 잠시라도 없을 수 없는 것이니, 일상의 도리가 아닐 수 없다. 그의 이러한 생각은 유학의 핵심을 정확하게 간파한 것으로서 퇴계학파의 학자들에게 깊은 영향을 주었다.

【이황 1】 원문 138

손자 '아몽'의 이름을 '안도'라 짓고 절구 두 편을 지어 보여준 시

『대학』 배울 나이가 되었건만 가르침을 놓쳤으니
'도'자로 이름 지어준 게 속임수 같구나
훗날 이를 보고 의복처럼 편안히 여긴다면
비로소 나의 현인 되리라는 기대가 지나치지 않음을 믿겠지

　　유학의 이상적 인간상은 '성인'이다. 맹자 이전에는 성인이 우리 현실과 동떨어진 이상적 존재로만 여겨졌다. 그런데 맹자는 이러한 성인의 경지가 노력을 통해 도달할 수 있다고 보았다. 맹자는 노력하기만 하면 누구나 순임금 같은 성인이 될 수 있다고 보았다.[172] 성인에 대한 맹자의 이러한 이해는 신유학의 시대에 와서 많은 영향을 끼쳤다. 신유학의 선구로 평가받는 주돈이는 『통서』에서 "성인은 배워서 도달할 수 있다聖可學"라고 했고, 정이 또한 「안자소호하학론顔子所好何學論」에서 "성인은 배워서(노력해서) 될 수가 있다"고 했다. 이황도 배워서 성인이 될 수 있다는 확신을 가지고 칠십 평생을 지경持敬의 삶으로 일관했다.

【이황 2】 원문 139

손자 '아몽'의 이름을 '안도'라 짓고 절구 두 편을 지어 보여준 시

읽고 외는 공부야 어릴 때 할 것이고

이제부턴 깊은 도리를 탐구해야지

온 힘을 다 쏟아서 학문에 매진할 뿐

옛 성현을 따르기 어렵다고 하지 말라

『퇴계집속집』, 권2, '손아아몽, 명명왈안도, 시이절운'

이중에서 "옛 성현을 따르기 어렵다고 하지 말라"는 구절이 바로 '성가학聖可學', 즉 "성인은 배워서 도달할 수 있다"는 이념과 일치한다. 이황은 사람다운 사람, 즉 성인이 되는 데 공부의 목표를 두었고, 성인이 되는 유학의 도를 고차원적인 이념이 아니라 구체적이고도 일상적인 삶 속에서 찾았다. 이러한 이황의 교학이념은 유가의 교학이념과 일치하며, 이 전통은 그의 후학들의 생각과 삶 속에서 뿌리 깊게 이어졌다.

【이황 3】 원문 140

'도'를 강론하다

성현의 말씀에 실마리 있으니
오묘하긴 해도 아득하진 않다네
근원의 흐름이 저절로 있으니
터럭 하나 차이도 다툼이 있네
강론은 하여 무얼 하려는가
도에 뜻을 두어 편안하려는 것일세

『퇴계집』, 권2, 시 : 유산서사 십이수, '강도'

성인을 추구하는 이황의 삶은 곧 죽음 이후의 내세보다 우리가 지금 발딛고 살아가는 현재에 중점을 두고 있다. 이것은 유교의 정신과 상통한다. 유교에서는 삶을 이해하기 위한 하나의 단서로서 죽음을 물었다. 즉 유교에서는 죽음이 무엇인가를 묻기보다는 삶이 무엇인가를 물었으며, 삶이 무엇인가를 묻기보다는 어떻게 살 것인가를 고민했다. 즉 유교인들이 두려워한 것은 죽음이 아니라 무의미한 삶이었다. 이러한 차원에서 유교인들은 편안한 일상의 형태로서 고종명考終命의 자연스런 죽음을 맞이했다. 그래서 기정진奇正鎭(1798~1879)은 "나는 70세 이후에 병이 들어도 약을 먹지 않았다. 대개 늙고 병들고 죽는 것은 평상의 일이다"[173]라고 했다. 그들은 죽음에 앞서 자신의 죽음을 타자의 죽음처럼 차분하게 응시했다. 죽기 싫어 몸부림치지 않고, 심지어 '자신의 묘지명自撰墓誌銘'을 직접 쓰고 죽음을 준비했다. 이러한 모습은 얼핏 체념과 달관 사이에 있는 듯이 보인다.

이황의 '고종기考終記'를 읽어보면 그 마지막 모습이 너무나 일상적이라는 점에서 오히려 우리들에게 큰 감동을 준다. 기록에 따르면, 이황은 1570년 11월 9일 병세를 느끼기 시작한 후 12월 8일에 작고한다. 그런데 이황은 인생을 마감하는 절체절명의 순간에도 평정심을 흩뜨리지 않고 절제된 삶을 보여주었다. 병석에 누워서도 제자들에게 답서를 보내고, 자제들에게는 다른 사람들로부터 빌려 온 서적을 잊지 말고 돌려주라고 명한다. 그리고 자신이 교정한 서적의 잘못된 곳을 고치라 말하고, 자신의 장례를 어떻게 치를 것인지에 대해서도 소상하게 지시한다.

그의 여상如常함은 작고하던 날의 기록에서 더욱 빛을 발한다. "8일 아침에 매화 화분에 물을 주라고 하셨다. 이날, 날씨는 맑았다. 유시酉時(오후 5~7시) 초에 갑자기 흰 구름이 지붕 위로 모여들고 눈이 한 치쯤 내렸다. 잠시 뒤에 선생은 와석臥席을 정돈하라 말씀하셨는데, 부축하여 몸을 일으켜드리자 앉아서 돌아가셨다. 그러자 구름은 흩어지고 눈이 갰다."

사람은 누구나 죽음 앞에서는 약해진다. 평소 강했던 사람일수록 더욱 약한 모습을 보이는 경우가 많다. 그렇지만 이황은 죽음을 목전에 두고서도 평상심을 잃지 않고 의연했다. 진정한 유학자에게 있어서 삶은 죽음의 순간에 완성된다. 그리고 삶과 죽음이 결코 이분법적으로 이해되지 않는다. 평상과 일상의 모습으로 맞이한 이황의 죽음이야말로 진정한 웰다잉이자 평생토록 도를 추구했던 유학자의 삶의 정점이라 할 수 있다.

기대승奇大升(1527~1572)

기대승은 나주 출신으로서, 본관이 행주幸州, 자가 명언明彦, 호가 고봉高峯 또는 존재存齋이며, 시호가 문헌文憲이다. 그는 1558년 문과에 응시하기 위해 서울로 가던 중 김인후, 이항 등과 만나 '태극설'을 논했고, 정지운의 '천명도설天命圖說'을 보고서 이황을 찾아가 의견을 나누었다. 그 뒤 이황과 12년에 걸쳐 서신을 교환했고, 그 가운데 1559년에서 1566년까지 8년 동안에 이루어진 '사칠논변四七論辨'은 유학사상 지대한 영향을 끼친 논쟁으로 유명하다. 그는 학행學行을 겸비한 선비로서 학문에서는 사칠이기설四七理氣說에 있어서 이황의 상대가 되었고, 정치적으로는 지치주의적至治主義的인 왕도론을 임금에게 간언했다. 제자로는 정운룡, 고경명, 최경회, 최시망 등이 있다.

성인의 도를 보려면 반드시 『맹자』에서 시작해야 한다는 데 대한 논의

"성인의 도를 보려면 반드시 『맹자』로부터 시작해야 한다求觀聖人之道, 必自孟子始論"는 말은 한유韓愈의 「송왕운수재서送王塤秀才序」 끝부분에 등장한다. 그런데 이 말은 우리나라 유학자들이 즐겨 인용했다. 일찍이 이색李穡은 "그대가 추鄒나라의 글에 대해서 그토록 음미하며 즐기고 있으니, 성인의 도를 구해 본다고 하는 측면에서 볼 때 정말 바람직한 일이라고 하겠다. 따라서 나 역시 다른 글에서 찾을 것 없이 『맹자』의 글을 통해서 나의 이야기를 마무리해볼까 한다"[174]라고 했고, 조익趙翼은 "한자韓子가 '성인의 도를 구해 보려면 반드시 『맹자』에서부터 시작해야 한다'라고 했으니, 이는 참으로 적절한 말이라고 해야 할 것이다"[175]라고 했다.

한편 이 주제는 책문으로도 활용되었는데, 기대승의 글이 대표적인 사례다. 기대승은 자신의 글에서 '도'에 관한 유학적 입장을 잘 개진했는데, 그는 특히 맹자 이후 단절된 도학의 적통嫡統을 정주학程朱學이 계승했다는 도통론道統論의 관점을 분명하게 피력했다. 그리고 구봉령具鳳齡 또한 "성인의 도를 보려고 하면 반드시 『맹자』로부터 시작해야 한다"는 한유의 설에 대해 논하는 전문적인 글을 지었다.[176] 그는 여기서, 맹자는 성인의 마음을 전하는 자이니 그 가운데 있는 것을 성실하게 모은 것이 요임금의 마음이고, 요임금의 마음은 순임금, 우임금, 탕왕, 문왕, 무왕, 주공을 거쳐 공자에게 전해졌으며, 공자의 도는 안자와 증자에게 전해지고 이것이 다시 자사를 거쳐 맹자에게 전해졌다는 도통론을 제기했다. 구봉령은 이러한 도통론에 의거하여 성인의 도를 구하려면 반드시 『맹자』로부터 시작해야 한다고 주장했다.

【기대승 1】 원문 141

다음과 같이 논합니다. "도는 어디에 있는가?" "천지간에 있습니다." "도는 어디에 드러나는가?" "성인에게 드러납니다." "도는 어디에 붙어 있는가?" "육경六經에 붙어 있습니다." "천지는 도가 있는 곳이요, 성인은 도가 드러난 것이요, 육경은 도가 붙어 있는 곳이니, 도를 찾으려고 한다면 또 어디에서 찾아야 하겠는가?" "천지간에서 찾아야 합니다." "천지간에 있는 도를 내 알 수가 없으니, 어찌해야 하는가?" "성인에게서 찾아야 합니다." "성인을 만나볼 수 없으니, 어찌해야 하겠는가?" "육경에서 찾아야 합니다." "육경에서 찾으면 도를 얻을 수 있는가?" "가능합니다." "그렇다면 육경 중에 어느 책을 시작으로 삼아야 하겠는가?" "한유韓愈의 말에 이르기를 '성인의 도를 보려고 하면 반드시 『맹자』로부터 시작해야 한다' 했으니, 이것이 그 기준이 됩니다."

『고봉집』「구관성인지도, 필자맹자시론」

천지간에 있는 도는 천지가 형성되기 이전에 숨어 있었고 또 이미 형성된 뒤에 행해져서 체體와 용用이 한 근원이요, 현顯과 미微가 간격이 없다. (…) 그렇다면 성인이란 천지의 마음인 셈이다. 한 덩어리의 천리天理가 형체의 안에 갖추어져 있어서 천지天地와 일월日月, 사시四時와 귀신鬼神도 능히 어기지 못하니, 도가 성인에게 드러나 있다는 것은 옳은 말이 아니겠는가. 그러나 성인은 세상에 항상 나오는 것이 아니니, 인간이 태어난 이래로 성인이 몇 명이나 있었는가. 성인이 이 세상에서 살아감에 그 육신은 기화氣化의 가운데서 생장生長하고 사라져 또한 장차 조화에 따라 없어지고 만다. 그렇게 되면 성인과 함께 말로 전할 수 없는 '도' 또한 없어지고 마는 것이다. 그렇다면 또한 어디로부터 도가 드러남을 보아서 찾을 수 있겠는가. 성인의 마음은 천지에 통하고 성인의 말씀은 육경에 드리워 있으니, 성인이 이미 별세했더라도 그 죽지 않은 정신은 진실로 육경 가운데 분명히 나타나 있다. 그렇다면 도를 찾는 자가 성인을 만나볼 수 없어서 육경에서 찾는 것은 그 또한 부득이한 일인 것이다. 그런데도 한유의 말씀이 이와 같음은 어째서인가?

『고봉집』「구관성인지도, 필자맹자시론」

"성인의 도는 하늘과 같아서 하늘이라 하면 하늘에 있는 일월성신日月星辰이 다 포함된 것이요, 성인의 도는 땅과 같아서 땅이라 하면 땅에 있는 산천초목이 다 포함된 것입니다." "그러면 하늘의 한 성신星辰을 가리키면서 하늘이라고 칭하는 것이 가하겠는가?" "불가합니다." "땅의 한 초목을 가리키면서 땅이라 칭하는 것이 가하겠는가?" "불가합니다." "그렇다면 성인의 한 가지 일을 가리키면서 성인이라고 이르는 것이 가하겠는가?" "불가합니다. 사람이 성인을 관찰하되 다 알 수 없는 것이니, 이는 마치 천지를 보아도 완전히 보지 못하는 것과 같은 것입니다. 성인의 도를 육경에서 찾는 것이 또한 어찌 이와 다르겠습니까. 성인의 재능은 만 가지 일을 다 하고 성인의 깊은 도는 육경에 나와 있으니, 그 도를 찾는 자들이 어찌 완전히 보고 다 알 수 있겠습니까. 그 도를 찾되 그 요점을 잃습니다. 이에 이단異端의 학문이 생겨났습니다.……"

「고봉집」「구관성인지도, 필자맹자시론」

맹자는 하늘이 내신 아성亞聖의 재주로 위로는 증자曾子와 자사 子思의 전통을 이어 그 정통을 얻었습니다. 그의 학문은 지언知言 과 양기養氣를 위주로 했고, 그의 도는 성선설性善說과 인의仁義를 법으로 삼았습니다. 양주와 묵적의 학설을 배척하고 앞 시대 성 인의 도를 보호하며 부정한 말을 추방하고 인심을 바로잡는 것 으로 자기의 임무를 삼았습니다. 그리고 배우는 자들로 하여금 공자를 높이고 인의를 숭상하며 왕도王道를 귀히 여기고 패도覇 道를 천하게 여길 줄을 알게 했습니다. 그 공로는 홍수를 막고 맹 수를 축출한 것과 똑같은 것입니다. 어찌 위대하지 않겠습니까. 『맹자』 한 권에 나타나 있는 온갖 변화는 모두 마음으로부터 나 왔으니, 모두가 성인의 도를 발명하고 육경을 보좌하는 내용들 입니다. 그렇다면 성인에게 맹자가 있음은 마치 몸에 눈이 있는 것과 같으며, 육경 중에 『맹자』가 있음은 마치 그물에 벼리가 있 는 것과 같습니다. 이와 같다면 한유의 말씀이 어찌 본 바가 없 이 자기 멋대로 한 것이겠습니까?

「고봉집」 「구관성인지도, 필자맹자시론」

편자 미상의 『양선생서兩先生書』는 이황과 기대승 사이의 논쟁을 모은 책이다. 국립
중앙박물관 소장.

더욱이 한유의 시절에는 도가와 불가의 폐해가 심하여 양주와 묵적의 사상이 유행하던 맹자의 시대에 비할 바가 아니었습니다. 이들 사상의 폐해가 깊고 넓어서 위로는 천자로부터 아래로는 공경대부에 이르기까지 이단사상을 높이고 스승으로 삼았습니다. 그리하여 천하 사람들이 흐리멍덩하게 그 가운데 빠져들어가 스스로 깨닫지 못했으니, 올바른 길이 황폐해지고 성인의 학문 단절이 맹자의 시대보다도 훨씬 더 심했습니다. 이단에서 말하는 도는 그들 스스로가 말하는 도이지 우리 유학에서 말하는 도가 아니며, 그들이 말하는 덕은 그들 스스로가 주장하는 덕이지 우리 유학에서 말하는 덕이 아닙니다. 저들은 도덕과 인의를 성인에게서 찾지 아니하고 인심에 근본을 두지 않았습니다. 다만 작은 사랑과 하찮은 의리를 가지고 참모습이 아닌 그림자나 비슷한 어떤 것을 인의仁義라고 주장하여 장차 인류로 하여금 서로 이적夷狄과 금수가 되어 구원하지 못할 지경에 이르게 했습니다. 그러므로 한유는 이것을 걱정하면서 항상 맹자를 추존하여 그 공로가 우임금보다 못하지 않다고 말했던 것입니다. 한유는 "양주·묵적과 노장학과 불교의 학문을 따르면서 성인의 도로 가고자 한다면, 마치 끊어진 항구와 막힌 물을 항해하면서 바다에 이르기를 기대하는 것과 같아 불가능하다"[177]고 주장하며, 학자들이 도를 신중히 선택할 것을 경계했습니다. 이것으로 본다면 한유의 뜻이 좋지 않습니까.

『고봉집』「구관성인지도, 필자맹자시론」

【기대승 6】 원문 146

"그렇다면 한유의 도道가 맹자의 도를 계승하여 성인의 뜻을 발명함이 있단 말인가?" "한유가 맹자를 계승했다고 말하는 것은 불가하나, 한유가 맹자를 몰랐다고 하는 것도 불가합니다. 한유는 맹자를 잘 알았습니다. 그러므로 일찍이 말하기를 '맹씨孟氏는 순수하다' 했고, 또 말하기를 '맹자가 죽자 그 도道가 전함을 얻지 못했다' 했습니다. 그러나 한유의 학문은 바른 선택은 했으나 정밀하지 못했고 도를 말했으나 상세하지 못했으니, 비록 도를 보호하는 공을 드러냈다 하더라도 도를 전하는 책임을 만대에 책임지지는 못했습니다. 그렇다면 맹자의 뒤를 계승하여 성인의 뜻을 발명함이 있다고 말할 수야 있겠습니까? 한유의 이 말씀은 뜻이 진실로 좋습니다. 그러나 여전히 부족함이 있다고 여깁니다. 그래서 저는 한유의 말을 뒤이어, '성인의 도를 보려고 하면 반드시 사서四書로부터 시작해야 하고, 사서의 책을 보려고 하는 자는 반드시 정주程朱로부터 시작해야 한다'는 말을 추구하고자 합니다. 삼가 논합니다."

『고봉집』「구관성인지도, 필자맹자시론」

기대승은 이 글 첫머리에서 "도는 어디에 있는가?" "천지간에 있습니다." "도는 어디에 드러나는가?" "성인에게 드러납니다." "도는 어디에 붙어 있는가?" "육경六經에 붙어 있습니다"라고 자문자답했다. 즉 그는 성인의 '도'가 육경에 나와 있다고 보았으며, 묵자나 양주, 노장 등이 각각 성인의 도를 말하고는 있지만 도의 근본적인 요체를 관통하지 못했다고 비판했다. 그에 따르면, 성인의 도의 전체상은 천지자연을 담은 육경에 제시되어 있고, 육경의 모형은 천지자연이다. 즉 육경을 제대로 연구하면 천지자연의 도리와 만난다는 것이다. 바로 이 지점에서 한유와 『맹자』가 등장한다. 한유는 육경의 복원 과정에서 '성인의 도'가 분명하게 드러날 수 있다는 기대감을 피력하고 있으며, 성인의 도를 찾아가는 데 있어서 『맹자』가 기준이 된다고 보았다. 기대승 또한 맹자를 높게 평가하여 '하늘이 내신 아성亞聖'이자 '증자와 자사의 전통을 이어 그 정통을 얻었다'고 했다. 그런데 그는 여기서 한 걸음 더 나아가 "인의仁義의 도를 보려고 하면 반드시 사서四書로부터 시작해야 하고, 사서의 책을 보려고 하는 자는 반드시 정주程朱로부터 시작해야 한다"고 주장했다. 즉 기대승은 육경을 이해하기 위해서는 '사서'의 이해가 바탕이 되어야 하고, 사서의 이해는 정주의 주해를 바탕으로 이해해야 한다는 점을 분명히 하고 있다. 이러한 기대승의 주장은 정주의 주해가 육경의 지위와 거의 동격이라는 인식을 바탕에 깔고 있다. 바로 여기에 조선시대 유학자들의 정주학 인식의 특징이 있다.

기대승이 말하는 성인은 천지의 마음 그 자체이며 따라서 성인의 도는 성인 그 자체다. 성인의 도는 천지자연의 도다. 천지자연에 도의 원형이 있고 고대 성인은 천지의 마음을 따라 전장典章 제도를 만들었다. 전장

제도의 모든 것이 육경에 들어 있기 때문에 육경을 알아야만 성인의 도를 알 수 있다는 것이다. 기대승은 당시 학문하는 이들의 세태를 비판했다. 그는 당시 학자들이 근본적인 것을 싫어하고 새로운 것만을 좋아하는데, 이러한 학풍은 심성수양의 도학 공부를 강조하는 정주학의 전통과는 위배된다고 보았다. 그래서 그는 성인의 도를 보려고 하면 반드시 사서로부터 시작해야 하고, 사서의 공부는 정주학으로부터 시작해야 한다고 했던 것이다.

고응척高應陟(1531~1605)

고응척은 본관이 안동安東, 자가 숙명叔明, 호가 두곡杜谷 또는 취병翠屛이다. 그는 김범金範의 문인으로서 향리에서 학문 연구에 전심하여 『대학』 『주자혹문』 등을 읽고 깨달은 바가 많았다. 친형이 당나라 한유韓愈의 문장 읽기를 권했으나, 성현의 글이 있는데 어찌 한유의 문장을 배울 것이냐고 거절했으며, 여러 해 동안 『대학』 읽기에만 열중했다. 1561년 식년문과에 급제하여 이듬해 함흥교수로 부임했다가, 1563년 사직한 뒤 향리에서 도학道學을 연마했다. 그는 특히 『대학』의 여러 편을 시조로 읊어 교훈시를 만들고, 자신의 사상을 시詩, 부賦, 가歌, 곡曲으로 체계화했다.

'도'라는 글자 道字

그림자 같고 바람과 같아 손에 들어오기 어려우니
당연히 어찌 백운관白雲觀에 있으리오
수많은 말들이 집안을 가득 채우더라도
채색 옷 끌며 춤추는 사이 넘지 못하네

도를 깨닫고 체인해서 성인의 경지에 이르는 것은 쉽지 않으며, 공자도 제대로 할 수 없는 일이었다. 고웅척은 '도라는 글자道字'라는 시에서 도를 깨닫기 어려움을 은근하게 그려냈다. 도는 마치 그림자 또는 바람과 같아 쉽게 깨달을 수 없는 것이다. 눈에 보이지도 않고 손으로 잡을 수도 없다. 당시 학자들은 여러 가지 수식과 비유로 꾸며 도를 설명하며 '도가 무엇이다'라고 확정한다. 하지만 도를 나타내고 표현한 말들이 집안을 가득 채운다 하더라도, 이것은 제대로 도를 파악해 체득한 것이라고 할 수 없다. 고웅척은 말로 나타내기도 어렵고 그 깨달음에 이르기도 쉽지 않은 도를 시로 표현했던 것이다. 그는 한 걸음 더 나아가 도의 실천이 중요함을 마지막 구절에서 보여주고 있다. 이 구절은 효도의 상징인 채색 옷 입고 부모님 앞에서 춤추는 모습을 떠올리게 한다. 고웅척은 노래자老萊子가 일흔이 되어서도 늙은 어버이를 기쁘게 해드리기 위해 색동옷을 입고 재롱을 부렸다는 고사를 인용하며 생활 속에서 '도'의 실천이 중요함을 역설했다. 도는 말로 꾸민다고 드러나는 것이 아니다. 자신의 삶 속에서 구체적 실천을 통해서만 깨달을 수 있다는 뜻이다. 즉 온갖 말로 정교하게 '도'의 의미를 설명해낸다 하더라도 그러한 도는 일상생활 속에서 실천하는 '일용인륜지도'보다 나을 수 없다는 의미다.

장흥효張興孝(1564~1633)

장흥효는 본관이 안동安東, 자가 행원行源, 호가 경당敬堂이다. 그는 이황의 고제高弟인 김성일과 유성룡을 사사했고, 뒤에 다시 정구의 문하에서 학문을 닦아 퇴계학의 적전嫡傳을 계승했다. 일찍부터 관직 진출을 단념하고 후진 양성과 존심양성의 공부에 열중했는데, 문하의 제자가 무려 수백 명에 달했다. 특히, 역학을 깊이 연구하여 호방평胡方平의 『역학계몽통석易學啓蒙通釋』에 나오는 '분배절기도分配節氣圖'를 보고 그 잘못된 점을 의심하여 20년 만에 '십이권도十二圈圖'를 추연해냈다. 장현광은 이것을 보고 "참으로 앞 시대 사람들이 발명하지 못한 것을 발명했다"라고 극찬했다. 특히 그는 평생토록 지경持敬을 행하며, 유학과 성리학의 가르침을 생활 속에서 실천하고자 노력했다.

'도란 사람을 기다려서 행해진다道待人行'

크도다, 도의 이치여! 큰 것으로 말하면 그 크기가 밖이 없고 작은 것으로 말하면 그 작기가 안이 없다. 실을 수도 없고 깨트릴 수도 없는 것이면서 지극히 은미한 것이 그 안에 들어 있다. 반드시 지덕인至德人을 기다려서야 이 도가 곧 행해질 뿐, 진실로 지덕인이 아닐진대 도란 헛되이 행해지지 않는다.

도를 행하려면 덕을 닦아야 하고 덕을 닦으려면 성誠·경敬해야 한다. 고요할 때 삼가고 두려워함이 있고 움직일 때 홀로 있음을 삼가니, 움직임의 때와 고요함의 때가 교대로 닦여서 체體와 용用이 아울러 세워진다. 모여서 지극히 커지면 천박하고 고루한 이의 가슴으로는 받아들이지 못하고, 쪼개져 지극히 작아지면 거칠고 성글게 학문한 이로서는 알지 못한다. 도란 옛날에만 있었고 지금에 없는 것이 아니다. 천지간에 환히 가득 차 있다. 진실로 지덕인이 아니면 '도' 따로 사람 따로 될 뿐이니 사람이 지극한 도를 넓히는 것이지 도가 사람을 넓히는 것은 아니다.[178]

아! 도란 큰 길과 같아 탕탕평평蕩蕩平平하다. 소인은 보기만 하고 군자만이 갈 뿐이니, 우리 군자들이여, 가히 삼가 조심하지 않을 수 있겠는가? 이 도를 거스르면 흉해지고 이 도를 행하면 길해지는바, 거부하는가 행하는가에 따라서 소인이 되고 군자가 되는 것이다. 사람이 도를 창성하게 한다면 어찌 군자가 되지 않

장흥효의 유적지 광풍정光風亭(강학처, 아래 건물)과 제월대霽月臺(휴식처, 위 건물)의 모습.

겠으며, 군자가 되고자 할진대 어찌 이 도를 행하지 않겠는가?

『경당집』「도대인행」

───────────────────────────────

　장흥효의 성리이론에서 중요한 부분을 차지하는 것 중 하나가 바로 심론心論이다. 그가 말하는 심心은 천지天地와 더불어 한 몸인 '심'이다. 장흥효는 우주만물의 보편심普遍心과 내 마음에 내재하는 심心이 근원적으로 일치한다고 보았으며, 내 속에 있는 우주심宇宙心의 근거가 '인仁'이라고 생각했다. 장흥효가 생각하는 '심'은 '도'와 연계된다. 즉 그가 생각하는 도는 천지와 더불어 한 몸인 '심'의 회복이며, 그렇기 때문에 그는 "도란 사람을 기다려서 행해진다"라고 했던 것이다. 그는 우주심의 회복을 위한 방법, 즉 성인聖人이 되기 위한 수양을 성리학적 공부의 핵심이라 생각했고, 이러한 맥락에서 성誠과 경敬을 강조했다. 그는 수양에 있어서 자신의 사욕을 버리고 천리天理의 공심公心을 회복하라는 가르침을 펼쳤는데, 이것은 바로 도덕심의 회복을 강조하는 유가사상의 핵심과 일치한다.

장계향張桂香(1598~1680)

　부인은 성이 장씨張氏이고 본관이 안동이며, 저명한 성리학자 장흥효의 딸이다. 흔히 '정부인 안동 장씨'로 불리는데, 그녀의 아들 이현일李玄逸이 정2품에 오르면서 정부인에 추증되었기 때문이다. 그녀는 1616년 이시명과 결혼하여 슬하에 6남 2녀를 두었는데, 퇴계 학통을 계승한 학자 이휘일과, 숙종 때 남인의 중심인물인 이현일 등 형제 모두를 현자로 키워냈다. 그녀는 '여중군자女中君子'로 불릴 만큼 남성 중심의 세계에서도 자신의 자취를 뚜렷하게 남겼다. 아버지 장흥효의 가르침을 받아 일평생 지경持敬의 삶을 살았으며, 평생토록 성인의 삶을 따라가고자 노력했다. 부인은 성인의 용모와 언어가 근본적으로는 보통 사람보다 다른 것이 없으며, 그 행동도 모두 인륜人倫의 날마다 행하는 일로 보았으며, 그러므로 우리가 근심할 것은 오로지 성인의 도를 배우지 않는 것일 뿐이라고 강조했다.

【장계향 1】 **원문 149**

> 만약 성인이 보통 사람의 부류가 아니고 보통 사람들의 수준을 훨씬 뛰어넘는 존재라고 한다면 진실로 따라갈 수 없을 것이다. 그렇지만 그 용모와 언어가 처음부터 보통 사람보다 다른 것이 없으며, 그 행동도 또한 모두 인륜의 날마다 하는 일이라면 사람들은 오직 성인의 도를 배우지 않는 것을 근심해야 한다. 진실로 성인의 도를 배운다면 무슨 어려운 일이 있겠는가?

「정부인안동장씨실기」「행실기」

성인의 도리와 삶을 배우고자 하는 장씨 부인의 의지는 어릴 때부터 강하게 드러났다. 대략 10세 전후에 쓰인 것으로 알려진 「성인음聖人吟」이라는 시에서도 비록 성인의 얼굴은 볼 수 없지만 그 말씀(경전)을 들을 수 있으니 결국 그 마음(도리)도 볼 수 있을 것이라 읊조렸다.

【장계향 2】원문 150

내가 성인이 살던 시대에 나지 않았으니
성인의 얼굴을 볼 수 없네
그러나 성인의 말씀을 들을 수 있으니
성인의 마음도 볼 수 있겠네

『정부인안동장씨실기』「성인음」

성인을 지향하는 장씨 부인의 이러한 삶은 개인적인 성찰과 수양에서 그러했을 뿐만 아니라, 타인을 가르치고 권면할 때도 마찬가지였다. 장씨 부인은 자녀를 훈육할 때도 다른 어머니들처럼 자애로움과 사랑만 보인 것이 아니라, 그 학문적 성취를 격려하고 성인을 닮고자 하는 참 공부를 하도록 이끌었다. 바로 이런 면에서 후대 사람들은 장씨 부인의 삶을 가장 압축적으로 요약하여 '여중군자'로 칭했던 것이다. 이러한 모습에서 '도'의 삶을 추구하는 '성인학聖人學'의 이상을 분명하게 확인할 수 있다.

박지원朴趾源(1737~1805)

박지원은 본관이 반남, 자가 미중美仲 또는 중미仲美, 호가 연암燕巖이며,
시호가 문도공文度公이다. 그는 어릴 때부터 특히 사마천의 『사기』를 비롯
한 역사 서적에 많은 관심을 보였으며, 문장 쓰는 법을 터득하고 많은 논
설을 습작했다. 처음 과거에서 뜻을 이루지 못한 이후로 과거나 관직에 뜻
을 두지 않고 오직 학문과 저술에만 전념했다. 1768년 백탑 근처로 이사
를 하고 박제가, 이서구, 서상수, 유득공, 유금 등과 이웃하면서 학문적으
로 깊은 교유를 가졌다. 그리고 이때를 전후해 홍대용, 이덕무, 정철조 등
과 어울려 이용후생利用厚生에 대해 자주 토론했다. 홍국영의 세도 시절에
황해도 금천 연암협으로 은거했는데, 그의 아호를 연암으로 한 것도 이에
연유한다. 1780년에 삼종형 박명원이 청의 고종 70세 진하사절進賀使節 정
사로 북경으로 가게 되자 이를 수행하여 북경과 열하를 여행하고 돌아왔
다. 이때의 견문을 정리해서 쓴 책이 바로 『열하일기熱河日記』다. 이 책으로
인해 그의 문명이 세상에 널리 알려지게 되었다. 박지원은 서학西學과 천문
학에도 깊은 관심을 보였으며, 이러한 학문적 경향성은 곧 그의 실학사상
에 반영되었다.

【 박지원 1 】 원문 151

내가 통역관 홍명복洪命福에게 "자네, 도道를 잘 아는가" 하니,
홍은 두 손을 마주 잡고, "아, 그게 무슨 말씀이세요" 하며 공손

히 반문한다. 나는 또다시 "도란 알기 어려운 것이 아닐세. 바로 저 강 언덕에 있는 것을" 했다. 홍명복은, "이른바 '먼저 저 언덕에 오른다'[179]는 말을 지적한 말씀입니까" 하고 묻는다. 나는 "그런 말이 아니야. 이 강은 바로 저들과 우리의 경계로서 응당 언덕이 아니면 곧 물일 것일세. 무릇 세상 사람의 윤리와 만물의 법칙이 마치 이 물가나 언덕이 있음과 같으니 '도'란 다른 데서 찾을 게 아니라, 곧 이 물과 언덕 가에 있는 것이란 말이네" 하고 답했다. 홍명복은 또다시 "외람되이 다시 여쭈옵니다. 이 말씀은 무엇을 이른 것입니까" 하고 묻는다. 나는 또 답했다. "옛글에 '인심人心은 위태해지고 도심道心은 희미하다'라고 했는데, 저 서양 사람들은 일찍이 기하학에 있어서 한 획의 선線들을 변증할 때도 선이라고만 해서는 오히려 그 세밀한 부분을 표시하지 못했기 때문에 곧 빛이 있고 없음의 가늠이라고 표현했고, 이에 불씨佛氏는 다만 붙지도 않고 떨어지지도 않는다는 말로 설명했지. 그러므로 그 잘 처신하려면 오직 '도'를 아는 이라야 능할 수 있을 테니 옛날 정나라의 자산子産[180] 같은 이면 능히 그러할 수 있겠지."

『열하일기』 「도강록」

박지원은 이곳과 저곳을 갈라놓는 강 언덕을 길道이라 했다. 강의 이곳과 저곳은 선·악에 비유한 것이며, 강 언덕은 그것이 처음 갈라지는 기미

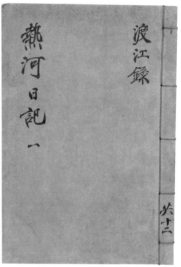

황창배가 그린 기암괴석을 감상 중인 연암 박지원(영인문학관 소장). 책은 성호기념관에 소장되어 있는『열하일기』제1권.

도道, 길을 가며 길을 묻다

幾를 말한 것이다. 성리학자들은 선·악의 분기점이 되는 기미幾, 즉 마음이 싹트는 '첫 순간'을 중시했다. '기幾'는 송나라 시대에 이르러 주돈이가 심성 수양의 중요한 개념으로 강조했다. 주돈이는 『통서』에서 '기선악幾善惡'이라고 했는데, 이때 '기선악'이라는 구절의 의미는 다양하게 해석될 수 있다. 대략적인 의미로 볼 때 '기幾'는 선·악의 분기점이 되는 조짐, 징조, 기미, 발단을 의미하고, '기선악'은 기미를 잘 알아차려서 악으로 흐르려 하는 마음을 막고 선을 지향해가라는 의미로 새겨볼 수 있다. 우리 마음에 움직임이 생기는 첫 순간은 선과 악이 갈리는 최초의 순간이기 때문에 마음 수양에 있어서 대단히 중요하다. 식물을 분재하여 그 형태를 구성할 때 아직 어려서 부드러운 시기에 조작하면 수월하게 원하는 모양을 만들 수 있지만, 어느 정도 성장하여 자신의 고정된 형체가 이루어진 이후에 다른 모습으로 가공하는 것은 쉽지 않다. 인간의 성정도 마찬가지다. 선·악의 기미가 보이는 그 단초를 잘 알아서 결단해야만 악惡과의 싸움에서 이길 수 있다. 그래서 『주역』에서도 "기미幾를 잘 아는 것이 바로 신묘함神이다"[181]라고 했다.

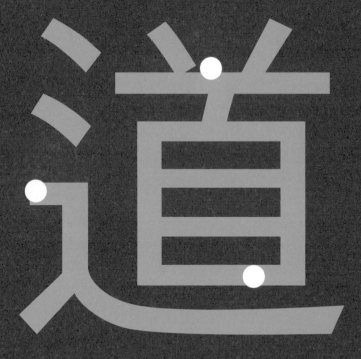

3장

책머리에

閑來無事不從容
睡覺東窓日已紅
萬物靜觀皆自得
四時佳興與人同

道通天地有形外
思入風雲變態中
富貴不淫貧賤樂
男兒到此是豪雄

[程顥, '秋日偶成']

제1장 풀이하는 글

盡日尋春不見春
芒鞋踏破朧頭雲

歸來笑拈梅花嗅

春在枝頭已十分.(羅大經, 『鶴林玉露』, 丙編 第6卷, '某尼悟道詩')

1단계 : 『주역』 『서경』

[주역 1] 원문1

復自道, 何其咎, 吉.(『周易』 「小畜卦」의 爻辭)

履道, 坦坦, 幽人, 貞, 吉.(『周易』 「履卦」의 爻辭)

隨有獲, 貞凶, 有孚在道, 以明, 何咎.(『周易』 「隨卦」의 爻辭)

反復其道, 七日, 來復, 利有攸往.(『周易』 「復卦」의 卦辭)

[주역 2] 원문2

形而上者謂之道, 形而下者謂之器.(『周易』 「繫辭傳」)

一陰一陽謂之道.(『周易』 「繫辭傳」)

[서경 1] 원문3

皇天用訓厥道, 付畀四方, 乃命建侯樹屛, 在我後之人.(『書經』 「康王之誥」)

[서경 2] 원문4

無偏無陂, 尊王之義, 無有作好, 尊王之道, 無有作惡, 尊王之

路. 無偏無黨, 王道蕩蕩, 無黨無偏, 王道平平, 無反無側, 王道
正直.(『書經』「洪範」)

[서경 3] 원문 5

天固不可信, 然在我之道, 惟以延長武王之德, 使天不容捨文
王所受之命也.(『書經』「君奭」)

2단계 : 『노자』 『장자』

[노자 1] 원문 6

道可道, 非常道, 名可名, 非常名. 無名天地之始, 有名萬物之母.
故常無欲以觀其妙, 常有欲以觀其徼. 此兩者, 同出而異名, 同
謂之玄. 玄之又玄, 衆妙之門.(『老子』, 제1장)
吾不知其名, 字之曰道, 強爲之名曰大.(『老子』, 제25장)
道常無名, 樸 (…) 始制有名.(『老子』, 제32장)
道隱無名. 夫唯道, 善貸且成.(『老子』, 제41장)

[노자 2] 원문 7

致虛極, 守靜篤. 萬物竝作, 吾以觀復. 夫物芸芸, 各復歸其
根.(『老子』, 제16장)
大曰逝, 逝曰遠, 遠曰反.(『老子』, 제25장)

爲天下式, 常德不忒, 復歸於無極. 知其榮, 守其辱, 爲天下谷, 爲

天下谷. 常德乃足, 復歸於樸.(『老子』, 제28장)

反者, 道之動.(『老子』, 제40장)

用其光, 復歸其明, 無遺身殃.(『老子』, 제52장)

元德深矣遠矣. 與物反矣.(『老子』, 제65장)

[노자 3] 원문8

太上下知有之 (…) 功成事遂, 百姓皆謂我自然.(『老子』, 제17장)

希言自然.(『老子』, 제23장)

人法地, 地法天, 天法道, 道法自然.(『老子』, 제25장)

道之尊, 德之貴, 夫莫之命而常自然.(『老子』, 제51장)

以輔萬物之自然, 而不敢爲.(『老子』, 제64장)

[노자 4] 원문9

孔德之容, 惟道是從.(『老子』, 제21장)

上德不德, 是以有德, 下德不失德, 是以無德. 上德無爲而無以爲,

下德爲之而有以爲. 上仁爲之而有以爲, 上義爲之而無以爲, 上禮

爲之而莫之應, 則攘臂而扔之. 故失道而後德, 失德而後仁, 失仁

而後義, 失義而後禮. 夫禮者, 忠信之薄, 而亂之首. 前識者, 道之

華, 而愚之始. 是以大丈夫處其厚, 不居其薄, 處其實, 不居其華,

故去彼取此.(『老子』, 제38장)

[장자 1] 원문10

道不可聞, 聞而非也. 道不可見, 見而非也. 道不可言, 言而非也.
知形形之不形乎. 道不當名.(『莊子』「知北遊」)

[장자 2] 원문11

夫道, 有情有信, 無爲無形. 可傳而不可受, 可得而不可見. 自本
自根, 未有天地, 自古以固存. 神鬼神帝, 生天生地. 在太極之先
而不爲高, 在六極之下而不爲深. 先天地生而不爲久, 長於上古
而不爲老.(『莊子』「大宗師」)

[장자 3] 원문12

東郭子問於莊子曰, 所謂道, 惡乎在. 莊子曰, 無所不在. 東郭
子曰, 期而後可. 莊子曰, 在螻蟻. 曰, 何其下邪. 曰, 在稊稗. 曰,
何其愈下邪. 曰, 在瓦甓. 曰, 何其愈甚邪. 曰, 在屎溺. 東郭子不
應.(『莊子』「知北遊」)

[장자 4] 원문13

其爲物無不將也, 無不迎也, 無不毀也, 無不成也. 其名爲攖寧.
攖寧也者, 攖而後成者也.(『莊子』「大宗師」)

[장자 5] 원문14

若夫乘天地之正, 而御六氣之辯, 以遊無窮者, 彼且惡乎待哉.

故曰, 至人無己, 神人無功, 聖人無名.(『莊子』「逍遙遊」)

3단계 : 『논어』

[논어 1] 원문15

且予縱不得大葬, 予死於道路乎.(『論語』「子罕」)

道聽而塗說, 德之棄也.(『論語』「陽貨」)

[논어 2] 원문16

道之以政, 齊之以刑, 民免而無恥. 道之以德, 齊之以禮, 有恥且
格.(『論語』「爲政」)

[논어 3] 원문17

斯民也, 三代之所以直道而行也.(『論語』「衛靈公」)

曾子曰, 士不可以不弘毅, 任重而道遠.(『論語』「泰伯」)

道不同, 不相爲謀.(『論語』「衛靈公」)

[논어 4] 원문18

有子曰, 君子務本, 本立而道生.(『論語』「學而」)

參乎. 吾道一以貫之.(『論語』「里仁」)

[논어 5] 원문19

富與貴, 是人之所欲也, 不以其道得之, 不處也. 貧與賤, 是人之所
惡也, 不以其道得之, 不去也.(『論語』「里仁」)

有子曰, 禮之用, 和爲貴. 先王之道, 斯爲美, 小大由之.(『論語』「學
而」)

甯武子, 邦有道則知, 邦無道則愚.(『論語』「公冶長」)

[논어 6] 원문20

子貢曰, 夫子之文章, 可得而聞也, 夫子之言性與天道, 不可得而
聞也.(『論語』「里仁」)

朝聞道, 夕死可矣.(『論語』「公冶長」)

君子上達, 小人下達.(『論語』「憲問」)

子曰, 莫我知也夫. 子貢曰, 何爲其莫知子也. 子曰, 不怨天, 不尤
人, 下學而上達. 知我者其天乎.(『論語』「憲問」)

[논어 7] 원문21

人而不仁, 如禮何. 人而不仁, 如樂何.(『論語』「八佾」)

夫仁者, 己欲立而立人, 己欲達而達人. 能近取譬, 可謂仁之方也
已.(『論語』「八佾」)

[논어 8] 원문22

予一以貫之.(『論語』「衛靈公」)

[논어 9] 원문23

子謂子產, 有君子之道四焉. 其行己也恭, 其事上也敬, 其養民也惠, 其使民也義.(『論語』「公冶長」)

君子道者三, 我無能焉. 仁者不憂, 知者不惑, 勇者不懼.(『論語』「憲問」)

子曰, 由也, 女聞六言六蔽矣乎.(『論語』「陽貨」)

[논어 10] 원문24

孔子曰, 不知命, 無以爲君子也.(『論語』「堯曰」)

[논어 11] 원문25

死生有命, 富貴在天.(『論語』「顔淵」)

[논어 12] 원문26

見利思義, 見危授命.(『論語』「憲問」)

[논어 13] 원문27

曾子有疾, 召門弟子曰, 啓予足, 啓予手. 詩云, 戰戰兢兢, 如臨深淵, 如履薄氷. 而今而後, 吾知免夫, 小子.(『論語』「泰伯」)

[논어 14] 원문28

曾子言曰, 鳥之將死, 其鳴也哀, 人之將死, 其言也善.(『論語』

「泰伯」)

[논어15] 원문29

子曰, 志士仁人, 無求生以害仁, 有殺身以成仁.(『論語』「衛靈公」)

4단계 : 『중용』

[중용1] 원문30

天地之道, 可一言而盡也, 其爲物不貳, 則其生物不測. 天地之道, 博也, 厚也, 高也, 明也, 悠也, 久也. 今夫天, 斯昭昭之多, 及其無窮也, 日月星辰繫焉, 萬物覆焉. 今夫地, 一撮土之多, 及其廣厚, 載華嶽而不重, 振河海而不洩, 萬物載焉 (…) 詩云, 維天之命, 於穆不已. 蓋曰, 天之所以爲天也. 於乎不顯, 文王之德之純. 蓋曰, 文王之所以爲文也. 純亦不已.(『中庸』, 제26장)

[중용2] 원문31

天命之謂性, 率性之謂道, 修道之謂敎. 道也者, 不可須臾離也. 可離, 非道也. 是故, 君子戒愼乎其所不睹, 恐懼乎其所不聞.(『中庸』, 제1장)

[중용 3] 원문 32

君子之道, 費而隱. 夫婦之愚, 可以與知焉. 及其知也, 雖聖人亦有
所不知焉. 夫婦之不肖, 可以能行焉. 及其至也, 雖聖人亦有所不
能焉. 天地之大也, 人猶有所憾. 故君子語大, 天下莫能載焉. 語
小, 天下莫能破焉. 詩云, 鳶飛戾天, 魚躍于淵, 言其上下察也. 君
子之道, 造端乎夫婦, 及其至也, 察乎天地.(『中庸』, 제12장)

[중용 4] 원문 33

誠者, 天之道也, 誠之者, 人之道也. 誠者, 不勉而中, 不思而得, 從
容中道, 聖人也. 誠之者, 擇善而固執之者也.(『中庸』, 제20장)

[중용 5] 원문 34

大哉, 聖人之道, 洋洋乎. 發育萬物, 峻極于天. 優優大哉. 禮儀
三百, 威儀三千. 待其人而後行. 故曰, 苟不至德, 至道不凝焉. 故
君子尊德性, 而道問學. 致廣大, 而盡精微. 極高明, 而道中庸. 溫
故而知新. 敦厚而崇禮. 是故, 居上不驕, 爲下不倍. 國有道, 其言
足以興, 國無道, 其默足以容. 詩曰, 旣明且哲, 以保其身, 其此之
謂與.(『中庸』, 제27장)

仲尼祖述堯舜, 憲章文武. 上律天時, 下襲水土. 辟如天地之無不
持載, 無不覆幬. 辟如四時之錯行, 如日月之代明. 萬物竝育而不
相害, 道幷行而不相悖.(『中庸』, 제27장)

仲尼曰, 君子中庸, 小人反中庸. 君子之中庸也, 君子而時中. 小人之
反中庸也, 小人而無忌憚也.

子曰, 中庸其至矣乎. 民鮮能久矣.

子曰, 道之不行也, 我知之矣. 知者過之, 愚者不及也. 道之不明
也, 我知之矣. 賢者過之, 不肖者不及也. 人莫不飮食也, 鮮能知
味也.

子曰, 道其不行矣夫.

子曰, 舜其大知也與. 舜好問以好察邇言. 隱惡而揚善. 執其兩端,
用其中於民. 其斯以爲舜乎.

子曰, 人皆曰予知, 驅而納諸罟擭陷阱之中, 而莫之知辟也. 人皆
曰予知, 擇乎中庸, 而不能期月守也.

子曰, 回之爲人也, 擇乎中庸, 得一善, 則拳拳服膺, 而弗失之矣.

子曰, 天下國家, 可均也, 爵祿, 可辭也, 白刃, 可蹈也, 中庸, 不
可能也.

子路問強. 子曰, 南方之強與, 北方之強與, 抑而強與. 寬柔以教,
不報無道, 南方之強也. 君子居之. 衽金革, 死而不厭, 北方之強
也. 而強者居之. 故君子和而不流, 強哉矯. 中立而不倚, 強哉矯.
國有道, 不變塞焉, 強哉矯. 國無道, 至死不變, 強哉矯.

子曰, 素隱行怪, 後世有述焉, 吾弗爲之矣. 君子遵道而行, 半塗
而廢, 吾弗能已矣. 君子依乎中庸. 遯世不見知而不悔, 唯聖者
能之.

5단계 : 『맹자』

[맹자 1] 원문36

孟子曰, 仁也者, 人也. 合而言之, 道也.(『孟子』「盡心下」)

[맹자 2] 원문37

仁者, 愛人, 有禮者, 敬人. 愛人者, 恒愛之, 敬人者, 人恒敬
之.(『孟子』「離婁下」)

惻隱之心, 仁之端也, 羞惡之心, 義之端也, 辭讓之心, 禮之端
也, 是非之心, 智之端也.(『孟子』「公孫丑上」)

仁, 人心也, 義, 人路也. 舍其路而弗由, 放其心而不知求, 哀哉.
人有鷄犬放, 則知求之, 有放心, 而不知求. 學問之道無他, 求其
放心而已矣.(『孟子』「告子上」)

仁之實, 事親是也, 義之實, 從兄是也. 智之實, 知斯二者弗去是
也, 禮之實, 節文斯二者是也, 樂之實, 樂斯二者. 樂則生矣, 生
則惡可已也.(『孟子』「離婁上」)

[맹자 3] 원문38

誠者, 天之道也, 思誠者, 人之道也. 至誠而不動者, 未之有也, 不
誠, 未有能動者也.(『孟子』「離婁上」)

道, 길을 가며 길을 묻다

[맹자 4]　원문39

聖王不作, 諸侯放恣, 處士橫議, 楊朱墨翟之言盈天下. 天下之言,
不歸楊, 則歸墨. 楊氏爲我, 是無君也. 墨氏兼愛, 是無父也. 無父
無君, 是禽獸也 (…) 楊墨之道不息, 孔子之道不著, 是邪說誣民,
充塞仁義也. 仁義充塞, 則率獸食人, 人將相食.(『孟子』「滕文公
下」)

[맹자 5]　원문40

孟子見梁惠王, 王曰, 叟不遠千里而來, 亦將有以利吾國乎. 孟子
對曰, 王何必曰利. 亦有仁義而已矣.(『孟子』「梁惠王上」)

[맹자 6]　원문41

〈公孫丑曰〉, 敢問夫子惡乎長. 〈孟子〉曰, 我知言, 我善養吾浩然
之氣. 敢問何謂浩然之氣. 曰, 難言也. 其爲氣也, 至大至剛, 以直
養而無害, 則塞於天地之間. 其爲氣也, 配義與道, 無是, 餒也. 是
集義所生者.(『孟子』「公孫丑上」)

[맹자 7]　원문42

居天下之廣居, 立天下之正位, 行天下之大道. 得志與民由之, 不
得志獨行其道. 富貴不能淫, 貧賤不能移, 威武不能屈. 此之謂大
丈夫.(『孟子』「滕文公下」)

［ 맹 자 8 ］　원문 4 3

孟子曰, 道在爾而求諸遠, 事在易而求之難. 人人親其親, 長其長
而天下平.(『孟子』「離婁上」)

〈孟子曰〉, 先生以仁義說秦楚之王, 秦楚之王悅於仁義, 而罷三
軍之師, 是三軍之士樂罷而悅於仁義也. 爲人臣者懷仁義以事其
君, 爲人子者懷仁義以事其父, 爲人弟者懷仁義以事其兄, 是君
臣, 父子兄弟去利, 懷仁義以相接也. 然而不王者, 未之有也. 何必
曰利.(『孟子』「告子下」)

孟子曰, 天下有道, 以道殉身, 天下無道, 以身殉道, 未聞以道殉乎
人者也.(『孟子』「盡心上」)

6단계 : 한유

［ 한 유 1 ］　원문 4 4

博愛之謂仁, 行而宜之之謂義. 由是而之焉之謂道. 足乎己無待
於外之謂德. 仁與義爲定名, 道與德爲虛位. 故道有君子小人,
而德有凶有吉.(韓愈, 『原道』)

［ 한 유 2 ］　원문 4 5

老子之小仁義, 非毀之也, 其見者小也. 坐井而觀天, 曰天小者,
非天小也. 彼以煦煦爲仁, 孑孑爲義, 其小之也則宜. 其所謂道,

道, 길을 가며 길을 묻다

道其所道, 非吾所謂道也. 其所謂德, 德其所德, 非吾所謂德也.
凡吾所謂道德云者, 合仁與義言之也, 天下之公言也. 老子之所
謂道德云者, 去仁與義言之也, 一人之私言也.(韓愈,『原道』)

[한유 3] 원문46

周道衰, 孔子沒, 火於秦, 黃老於漢, 佛於晉魏梁隋之間. 其言道
德仁義者, 不入於楊, 則入於墨, 不入於老, 則入於佛. 入於彼,
必出於此. 入者主之, 出者奴之. 入者附之, 出者汙之. 噫! 後之
人其欲聞仁義道德之說, 孰從而聽之.(韓愈,『原道』)

[한유 4] 원문47

老者曰, 孔子吾師之弟子. 佛者曰, 孔子吾師之弟子也. 爲孔子
者, 習聞其說, 樂其誕而自小也. 亦曰, 吾師亦嘗師之云爾. 不惟
擧之於其口, 而又筆之於其書. 噫, 後之人, 雖欲聞仁義道德之
說, 其孰從而求之. 甚矣, 人之好怪也. 不求其端, 不訊其末, 惟
怪之欲聞.(韓愈,『原道』)

[한유 5] 원문48

古之爲民者四, 今之爲民者六. 古之敎者處其一, 今之敎者處其
三. 農之家一, 而食粟之家六. 工之家一, 而用器之家六. 賈之家
一, 而資焉之家六. 奈之何民不窮且盜也.(韓愈,『原道』)

[한유 6] 원문49

古之時, 人之害多矣. 有聖人者立, 然後教之以相生養之道. 爲
之君, 爲之師, 驅其蟲蛇禽獸, 而處之中土. 寒, 然後爲之衣. 饑,
然後爲之食. 木處而顚, 土處而病也, 然後爲之宮室. 爲之工, 以
贍其器用. 爲之賈, 以通其有無. 爲之醫藥, 以濟其夭死. 爲之葬
埋祭祀, 以長其恩愛. 爲之禮, 以次其先後. 爲之樂, 以宣其湮
鬱. 爲之政, 以率其怠倦. 爲之刑, 以鋤其強梗. 相欺也, 爲之符
璽, 斗斛權衡以信之. 相奪也, 爲之城郭甲兵以守之. 害至而爲
之備, 患生而爲之防.(韓愈,『原道』)

[한유 7] 원문50

今其言曰, 聖人不死, 大盜不止, 剖斗折衡, 而民不爭. 嗚呼, 其亦
不思而已矣. 如古之無聖人, 人之類滅久矣. 何也. 無羽毛鱗介以
居寒熱也, 無爪牙以爭食也.(韓愈,『原道』)

[한유 8] 원문51

是故君者, 出令者也. 臣者, 行君之令而致之民者也. 民者, 出粟
米麻絲, 作器皿, 通貨財, 以事其上者也. 君不出令, 則失其所以爲
君. 臣不行君之令而致之民, 則失其所以爲臣. 民不出粟米麻絲,
作器皿, 通貨財, 以事其上, 則誅. 今其法曰, 必棄而君臣, 去而父
子, 禁而相生養之道. 以求其所謂清靜寂滅者. 嗚呼, 其亦幸而出
於三代之後, 不見黜於禹湯文武周公孔子. 其亦不幸而不出於三

道, 길을 가며 길을 묻다

代之前, 不見正於禹湯文武周公孔子也.

帝之與王, 其號名殊, 其所以爲聖一也. 夏葛而冬裘, 渴飮而饑食, 其事雖殊, 其所以爲智一也. 今其言曰, 曷不爲太古之無事. 是亦責冬之裘者曰, 曷不爲葛之之易也. 責饑之食者曰, 曷不爲飮之之易也.

傳曰, 古之欲明明德於天下者, 先治其國. 欲治其國者, 先齊其家. 欲齊其家者, 先修其身. 欲修其身者, 先正其心. 欲正其心者, 先誠其意. 然則古之所謂正心而誠意者, 將以有爲也. 今也欲治其心, 而外天下國家, 滅其天常. 子焉而不父其父, 臣焉而不君其君, 民焉而不事其事.

孔子之作春秋也, 諸侯用夷禮, 則夷之. 進於中國, 則中國之. 經曰, 夷狄之有君, 不如諸夏之亡. 詩曰, 戎狄是膺, 荊舒是懲. 今也擧夷狄之法, 而加之先王之敎之上, 幾何其不胥而爲夷也.(韓愈, 『原道』)

[한유 9] 원문 52

夫所謂先王之敎育, 何也. 博愛之謂仁, 行而宜之謂義, 由是而之焉之謂道, 足乎己無待於外之謂德. 其文, 詩書易春, 其法, 禮樂刑政, 其民, 士農工賈. 其位, 君臣父子師友賓主昆弟夫婦. 其服, 麻絲, 其居, 宮室, 其食, 粟米果蔬魚肉. 其爲道易明, 而其爲敎易行也.(韓愈, 『原道』)

[한유 1 0] 원문53

是故以之爲己, 則順而祥. 以之爲人, 則愛而公. 以之爲心, 則和而平. 以之爲天下國家, 無所處而不當. 是故生則得其情, 死則盡其常. 郊焉而天神假, 廟焉而人鬼享. 曰, 斯道也, 何道也.(韓愈, 『原道』)

[한유 1 1] 원문54

曰, 斯吾所謂道也, 非向所謂老與佛之道也. 堯以是傳之舜, 舜以是傳之禹, 禹以是傳之湯, 湯以是傳之文武周公, 文武周公傳之孔子, 孔子傳之孟軻. 軻之死, 不得其傳焉. 荀與揚也, 擇焉而不精, 語焉而不詳. 由周公而上, 上而爲君, 故其事行. 由周公而下, 下而爲臣, 故其說長.(韓愈, 『原道』)

[한유 1 2] 원문55

然則如之何而可也. 曰, 不塞不流, 不止不行. 人其人, 火其書, 廬其居, 明先王之道以道之, 鰥寡孤獨廢疾者, 有養也. 其亦庶乎其可也.(韓愈, 『原道』)

7단계 : 주돈이

[태극도설 1] 원문56

도道, 길을 가며 길을 묻다

自無極而爲太極. 太極動而生陽, 動極而靜, 靜而生陰. 靜極復動. 一動一靜, 互爲其根, 分陰分陽, 兩儀立焉. 陽變陰合, 而生水火木金土. 五氣順布, 四時行焉. 五行, 一陰陽也, 陰陽, 一太極也, 太極, 本無極也. 五行之生也, 各一其性. 無極之眞, 二五之精, 妙合而凝. 乾道成男, 坤道成女, 二氣交感, 化生萬物. 萬物生生, 而變化無窮焉. 惟人也, 得其秀而最靈. 形旣生矣, 神發知矣, 五性感動, 而善惡分, 萬事出矣. 聖人定之以中正仁義(原註: 聖人之道, 仁義中正而已矣), 而主靜(原註: 無欲故靜), 立人極焉. 故聖人與天地合其德, 日月合其明, 四時合其序, 鬼神合其吉凶」. 君子修之吉, 小人悖之凶. 故曰, 立天之道, 曰陰與陽, 立地之道, 曰柔與剛, 立人之道, 曰仁與義. 又曰, 原始反終, 故知死生之說. 大哉易也, 斯其至矣.(周敦頤, 『太極圖說』)

[통서 1] 원문57

誠者, 聖人之本. 大哉乾元, 萬物資始, 誠之源也. 乾道變化, 各正性命, 誠斯立焉. 純粹至善者也. 故曰, 一陰一陽之謂道, 繼之者善也, 成之者性也. 元亨, 誠之通, 利貞, 誠之復. 大哉易也, 性命之源乎.(周敦頤, 『通書』, 誠上)

[통서 2] 원문58

聖, 誠而已矣. 誠, 五常之本, 百行之原也. 靜無而動有, 至正而明達也. 五常百行非誠, 非也, 邪暗塞也. 故誠則無事矣. 至易而

行難. 果而確, 無難焉. 故曰, 一日克己復禮, 天下歸仁焉.(周敦頤,『通書』, 誠下)

[통서3] 원문59

聖人之道, 仁義中正而已矣. 守之貴, 行之利, 廓之配天地. 豈不易簡. 豈爲難知. 不守不行不廓耳.(周敦頤,『通書』, 道)

[통서4] 원문60

聖希天, 賢希聖, 士希賢. 伊尹顔淵, 大賢也. 伊尹恥其君不爲堯舜, 一夫不得其所, 若撻於市. 顔淵不遷怒, 不貳過, 三月不違仁. 志伊尹之所志, 學顔子之所學. 過則聖, 及則賢, 不及則亦不失於令名.(周敦頤,『通書』, 志學)

[통서5] 원문61

聖可學乎. 曰, 可. 曰, 有要乎. 曰, 有. 請問焉. 曰, 一爲要. 一者, 無欲也, 無欲則靜虛動直, 靜虛則明, 明則通. 動直則公, 公則溥. 明通公溥, 庶矣乎.(周敦頤,『通書』, 聖學)

[통서6] 원문62

春秋, 正王道, 明大法也, 孔子爲後世王者而修也. 亂臣賊子誅死者於前, 所以懼生者於後也. 宜乎萬世無窮, 王祀夫子, 報德報功之無盡焉.(周敦頤,『通書』, 孔子上)

[통서7] 원문63

道德高厚, 敎化無窮, 實與天地參而四時同, 其惟孔子乎.(周敦頤,『通書』, 孔子下)

[통서8] 원문64

童蒙求我, 我正果行, 如筮焉. 筮, 叩神也. 再三則瀆矣, 瀆則不告也. 山下出泉, 靜而淸也. 汨則亂, 亂不決也. 愼哉. 其惟時中乎. 艮其背, 背非見也. 靜則止, 止非爲也, 爲不止矣. 其道也深乎.(周敦頤,『通書』, 蒙艮)

8단계 : 장재

[장재1] 원문65

太和所謂道.(『正蒙』「太和」)

由太虛, 有天之名, 由氣化, 有道之名. 合虛與氣, 有性之名, 合性與知覺, 有心之名.(『正蒙』「太和」)

萬物形色, 神之糟粕, 性與天道云者, 易而已矣. 心所以萬殊者, 感外物爲不一也. 天大無外, 其爲感者絪縕二端而已. 物之所以相感者, 利用出入, 莫知其鄉, 一萬物之妙者與.(『正蒙』「太和」)

神天德, 化天道. 德其體, 道其用, 一於氣而已.(『正蒙』「神化」)

[장재 2] 원문66

運於無形之謂道, 形而下者不足以言之.(『正蒙』「天道」)

形而上者, 得意斯得名, 得名斯得象. 不得名, 非得象者也. 故語道至於不能象, 則名言亡矣.(『正蒙』「天道」)

世人知道之自然, 未始識自然之爲體爾.(『正蒙』「天道」)

[장재 3] 원문67

太虛無形, 氣之本體, 其聚其散, 變化之客形爾 (…) 太虛不能無氣, 氣不能不聚而爲萬物, 萬物不能不散而爲太虛. 循是出入, 是皆不得已而然也. 然則聖人盡道其間, 兼體而不異者, 存神其至矣.(『正蒙』「太和」)

太虛者, 氣之體. 氣有陰陽, 屈伸相感之無窮, 故神之應也無窮. 其散無數, 故神之應也無數. 雖無窮, 其實湛然. 雖無數, 其實一而已. 陰陽之氣, 散則萬殊, 人莫知其一也. 合則混然, 人不見其殊也. 形聚爲物, 形潰反原.(『正蒙』「乾稱」):

[장재 4] 원문68

此道不明, 正由懵者略知體虛空爲性, 不知本天道爲用, 反以人見之小因緣天地. 明有不盡, 則誣世界乾坤爲幻化. 幽明不能擧其要, 遂躐等妄意而然. 不悟一陰一陽範圍天地通乎晝夜三極大中之矩, 遂使儒佛老莊混然一塗. 語天道性命者, 不罔於恍惚夢幻, 則定以「有生放無」, 爲窮高極微之論. 入德之途, 不知擇術而求, 多見其蔽於詖而陷於淫矣.(『正蒙』「太和」)

[장재 5] 원문69

人倫, 道之大原也.(『張子語錄』, '下')

禮者聖人之成法也, 除了禮, 天下更無道矣.(『經學理窟』「禮樂」)

仁義禮智, 人之道也, 亦可謂性.(『張子語錄』, '中')

百姓日用而不知, 蓋所用莫非在道. 飮食男女皆性也, 但已不自
察.(『橫渠易說』「繫辭上」)

[장재 6] 원문70

天道四時行, 百物生, 無非至敎. 聖人之動, 無非至德, 夫何言
哉.(『正蒙』「天道」)

天體物不遺, 猶仁體事無不在也. 禮儀三百, 威儀三千, 無一物而
非仁也. 昊天曰明, 及爾出王, 昊天曰旦, 及爾游衍, 無一物之不體
也.(『正蒙』「天道」)

上天之載, 有感必通, 聖人之爲, 得爲而爲之.(『正蒙』「天道」):

天不言而四時行, 聖人神道設敎而天下服. 誠於此, 動於彼, 神之
道與.(『正蒙』「天道」)

義以反經爲本, 經正則精. 仁以敦化僞深, 化行則顯. 義入神, 動
一靜也. 仁敦化, 靜一動也. 仁敦化則無體, 義入神則無方.(『正蒙』
「神化」)

仁統天下之善, 禮嘉天下之會, 義公天下之利, 信一天下之動.(『正

蒙』「大易」)

成心忘然後可與進於道.(『正蒙』「大心」)

可欲之謂善, 志仁則無惡也. 誠善於心之謂信, 充內形外之謂
美, 塞乎天地之謂大, 大能成性之謂聖, 天地同流陰陽不測之謂
神.(『正蒙』「中正」)

志道則進據者不止矣, 依仁則小者可游而不失和矣.(『正蒙』「中
正」)

循天下之理之謂道, 得天下之理之謂德, 故曰, 易簡之善配至
德.(『正蒙』「至當」)

仁道有本, 近譬諸身, 推以及人, 乃其方也. 必欲博施濟衆, 擴之
天下, 施之無窮, 必有聖人之才, 能弘其道.(『正蒙』「至當」)

道遠人則不仁.(『正蒙』「至當」)

性天經然後仁義行, 故曰, 有父子君臣上下, 然後禮義有所錯.(『正
蒙』「至當」)

道所以可久可大, 以其肖天地而不離也. 與天地不相似, 其違道也
遠矣.(『正蒙』「至當」)

[장재 7] 원문 71

乾稱父, 坤稱母. 予茲藐焉, 乃混然中處. 故天地之塞, 吾其體. 天
地之帥, 吾其性. 民吾同胞, 物吾與也.(『正蒙』「乾稱」)

도道, 길을 가며 길을 묻다

[장 재 8] 원문72

大君者, 吾父母宗子, 其大臣, 宗子之家相也. 尊高年, 所以長其
長. 慈孤弱, 所以幼其幼. 聖其合德, 賢其秀也. 凡天下疲癃殘疾
惸獨鰥寡, 皆吾兄弟之顚連而無告者也. 于時保之, 子之翼也.
樂且不憂, 純乎孝者也. 違曰悖德, 害仁曰賊. 濟惡者不才, 其踐
形, 唯肖者也.(『正蒙』「乾稱」)

9단계 : 주희

[주 희 1] 원문73

道者, 事物當然之理. 苟得聞之, 則生順死安, 無復遺恨矣. 朝
夕, 所以甚言其時之近.(『論語集註』「里仁」)

朝聞夕死得無近於釋氏之說乎 (…) 曰, 吾之所謂道者, 君臣父
子夫婦昆弟朋友, 當然之實理也. 彼之所謂道則以此爲幻爲妄
而絕滅之, 以求其所謂淸淨寂滅者也. 人事當然之實理, 乃人之
所以爲人, 而不可以不聞者, 故朝聞之而夕死, 亦可以無憾. 若彼
之所謂淸淨寂滅者, 則初無所效於人生之日用, 其急於聞之者,
特懼夫死之將至, 而欲倚是以敵之耳. 是以爲吾之說者, 行法俟
命而不求知死. 爲彼之說者, 坐亡立脫, 變見萬端, 而卒無補於
世敎之萬分也.(『論語或問』「理仁」)

問, 道者, 事物當然之理, 然嘗思道之大者, 莫過乎君臣父子夫

婦朋友之倫. 而其有親, 有義, 有別, 有信. 學者苟至一日之知,
則孰不聞焉. 而卽使之死, 則亦覺未甚濟得事. 然而所謂道者,
果何處眞切至當處. 又何以使人聞得而逡死亦無憾.

曰, 道誠不外乎日用常行之間. 但公說未甚濟事者, 第恐知之或
未眞耳. 若是知得眞實, 必能信之篤, 守之固. 幸而未死, 則可以
充其所知, 爲聖, 爲賢. 萬一卽死, 則亦不至昏昧過了一生, 如禽
獸然, 是以爲人必以聞道爲貴也.

曰, 所謂聞者, 莫是大而天地, 微而草木, 幽而鬼神, 顯而人事,
無不知否.

曰, 亦不必如此, 大要知得爲人底道理則可矣. 其多與少, 又在人
學力也.

曰, 看得此章, 聖人非欲人聞道而必死, 但深言道之不可不聞耳.
若將此二句來反之曰, 若人一生而不聞道, 雖長生亦何爲. 便自
明白. 曰, 然. 若人而聞道, 則生也不虛, 死也不虛. 若不聞道, 則
生也枉了. 死也枉了.(『論語語類』「里仁」)

朝聞道, 則生得是, 死便也死得是. 若不聞道, 則生得不是, 死便
也恁地. 若在生仰不愧, 俯不怍, 無纖毫不合道理處, 則死如何
不會是.(『論語語類』「里仁」)

蓋道卻是事物當然之理, 見得破, 卽隨生隨死, 皆有所處. 生固
所欲, 死亦無害.(『論語語類』「里仁」)

若聞道而死, 方是死得是. 死是, 則在生也都是. 若不聞道, 在生
也做不是, 到死也不是. 吾儒只是要理會這道理, 生也是這理,

死也只是這理. 佛家卻說被這理勞攘, 百端費力, 要掃除這理, 教無了. 一生被這理撓, 一生被這心撓.(『論語語類』「里仁」)

[주 희 2] 원문74

蓋所謂道者, 率性而已. 性無不有, 故道無不. 在大而父子君臣, 小而動靜食息, 不假人力之爲, 而莫不各有當然不易之理, 所謂道也. 是乃天下人物之所共由, 充塞天地, 貫徹古今, 而取諸至近, 則常不外乎吾之一心.(『中庸或門』)

[주 희 3] 원문75

道之用廣, 而其體則微密, 而不可見, 所謂費而隱也. 卽其近而言之, 男女居室人道之常, 雖愚不肖, 亦能知而行之極, 其遠而言之, 則天下之大事物之多, 聖人亦容有不盡知盡能者也 (…) 夫自夫婦之愚不肖, 所能知行, 至於聖人天地之所不能盡, 道蓋無所不在也. 故君子之語道也. 其大至於天地聖人, 所不能盡, 而道無不包, 則天下莫能載矣. 其小至於愚夫愚婦之所能知能行, 而道無不體, 則天下莫能破矣. 道之在天下, 其用之廣, 如此可謂費矣. 而其所用之體, 則不離乎此, 而有非視聽之所及者, 此所以爲費而隱也.(『中庸或門』)

子思, 引此詩, 以明化育流行, 上下昭著, 莫非此理之用, 所謂費也. 然其所以然者, 則非見聞所及, 所謂隱也.(『中庸章句』, 제12장)

[주희 4] 원문 76

夫子之一理渾然而泛應曲當, 譬則天地之至誠無息, 而萬物各
得其所也 (…) 蓋至誠無息者, 道之體也, 萬殊之所以一本也. 萬
物各得其所者, 道之用也, 一本之所以萬殊也.(『論語集註』「里
仁」)

[주희 5] 원문 77

其曰體用一源者, 以至微之理言之, 則沖漠無朕, 而萬象昭然已
具也. 其曰顯微無間者, 以至著之象言之, 則卽事卽物, 而此理
無乎不在. 言理則先體而後用. 蓋擧體而用之理已具, 是所以
爲一源也. 言事則先顯而後微, 蓋卽事而理之體可見, 是所以爲
無間也.(『太極圖說解』)

[주희 6] 원문 78

誠者, 眞實無妄之謂, 天理之本然也. 誠之者, 未能眞實無妄, 而
欲其眞實無妄之謂, 人事之當然也. 聖人之德, 渾然天理, 眞實
無妄, 不待思勉而從容中道, 則亦天之道也. 未至於聖, 則不能
無人欲之私, 而其爲德不能皆實. 故未能不思而得, 則必擇善,
然後可以明善. 未能不勉而中, 則必固執, 然後可以誠身, 此則所
謂人之道也.(『中庸章句』, 제20장)

[주희 7] 원문79

率性之謂道, 言循其所得乎天以生者, 則事事物物莫不自然各
有當行之路. 是則所謂道也. 蓋天命之性, 仁義禮智而已. 循其
仁之性, 則自父子之親以至於仁民愛物, 皆道也. 循其義之性,
則自君臣之分以至於敬長尊賢, 亦道也. 循其禮之性, 則恭敬辭
讓之節文, 皆道也. 循其智之性, 則是非邪正之分別, 亦道也. 蓋
所謂性者, 無一理之不具, 故所謂道者, 不待外求而無所不備,
所謂性者, 無一物之不得, 故所謂道者, 不假人爲而無所不周.
雖鳥獸草木之生, 僅得形氣之偏, 而不能有以通貫乎全體, 然其
知覺運動, 榮悴開落, 亦皆循其性而各有自然之理焉. 至於虎狼
之父子, 蜂蟻之君臣, 豺獺之報本, 雎鳩之有別, 則其形氣之所
偏, 又反有以存其義理之所得. 尤可以見天命之本然, 初無間隔,
而所謂道者, 亦未嘗不在是也. 是豈有待於人爲, 而亦豈人之所
得爲哉.(『中庸或門』)

10단계 : 육구연

[육 구 연 1] 원문80

人孰無心. 道不外索, 患在戕賊之耳, 放失之耳.(『陸九淵集』「與
舒西美」)

道未有外乎此心者. 自可欲之善至於大而化之之聖, 聖而不可

知之神, 皆吾心也.『陸九淵集』「敬齋記」:

天地之間, 何物而非天地之爲者 (…) 道奚而可與天地殊. 心奚
而可與天地異.(『陸九淵集』, 外集, 卷1,「天地設位聖人成能人謀鬼
謀百姓與能」)

[육구연 2] 원문81

道塞宇宙, 非有所隱遁, 在天曰陰陽, 在地曰剛柔, 在人曰仁義.
故仁義者, 人之本心也.『陸九淵集』「與趙監」:

乃天下之常道, 豈是別有妙道? 謂之典常, 謂之彛倫, 蓋天下之
所共由, 斯民之所日用, 此道一而已矣, 不可改頭換面.『陸九淵
集』「與王順伯」:

道者, 天下萬世之公理, 而斯人之所共由者也. 君有君道, 臣有
臣道, 父有父道, 子有子道, 莫不有道.(『陸九淵集』「論語說」)

[육구연 3] 원문82

夫太極者 實有是理 聖人從而發明之耳 非以空言立論 使後人簸
弄於頰舌紙筆之間也 其爲萬化根本 固自素定 其足不足 能不能
豈以人言不言之故邪.(『陸九淵集』「與朱元晦」)

某竊謂 尊兄未會實見太極 上面 不必更加無極字 下面 必不加
着眞體字 上面 加無極字 正是疊床上之床 下面 着眞體字 正是
架屋下之屋 虛見之與實見 其言固是不同也 又謂極者 正以其
究竟至極 無名可名 故特謂之太極 猶曰舉天下之至極 無以加

此云耳 就今如此 又何必更於上面加無極字也 若謂欲言其無方
所 無形狀 則前書 固言 宜如詩言上天之載 而於其下贊之 曰無
聲無臭可也 豈宜以無極字加於太極之上 繫辭言神無方矣 豈可
言無神 言易無體矣 豈可言無易 老氏以無爲 天地之始 以有爲
萬物之母 以常無觀妙 以常有觀微 直將無字 搭在上面 正是老
氏之學 豈可諱也 (…) 中庸曰 中也者 天下之大本也 和也者 天
下之達道也 致中和 天地位焉 萬物育焉 此理至矣 外此豈更復
有太極哉 (…) 至如 直以陰陽 爲形器 而不得爲道 此尤不敢聞
命 易之爲道 一陰一陽而已 先後 始終 動靜 晦明 上下 進退 往
來 闔闢 盈虛 消長 尊卑 貴賤 表裏 向背 順逆 存亡 得喪 出入
行藏 何適而非一陰一陽哉.(『陸九淵集』「與朱元晦」)

11단계 : 진순

[북계자의 1] 원문83

道, 猶路也. 當初命此字是從路上起意. 人所通行方謂之路, 一人
獨行不得謂之路. 道之大綱, 只是日用間人倫事物所當行之理.
衆人所共由底方謂之道. 大槪須是就日用人事上說, 方見得人所
通行底意親切. 若推原來歷, 不是人事上劃然有個道理如此, 其
根原皆是從天來. 故橫渠謂由太虛, 有天之名, 由氣化, 有道之名.
此便是推原來歷. 天卽理也. 古聖賢說天, 多是就理上論. 理無形

狀, 以其自然而言, 故謂之天. 若就天之形體論, 也只是個積氣, 恁地蒼蒼茫茫, 其實有何形質. 但橫渠此天字是說理. 理不成死定在這裏. 一元之氣流出來, 生人生物, 便有個路脈, 恁地便是人物所通行之道. 此就造化推原其所從始如此. 至子思說率性之謂道, 又是就人物已受得來處說, 隨其所受之性, 便自然有個當行之路, 不待人安排著. 其實道之得名, 須就人所通行處說, 只是日用人事所當然之理, 古今所共由底路, 所以名之曰道.(陳淳,『北溪字義』, 卷下, ‘道’)

[북 계 자 의 2] 원문84

老莊說道, 都與人物不相幹, 皆以道爲超乎天地器形之外. 如雲道在太極之先, 都是說未有天地萬物之初, 有個空虛道理. 且自家身今見在天地之後, 只管想像未有天地之初一個空虛底道理, 與自家身有何幹涉.(陳淳,『北溪字義』, 卷下, ‘道’)

[북 계 자 의 3] 원문85

佛氏論道, 大概亦是此意. 但老氏以無爲宗, 佛氏以空爲宗, 以未有天地之先爲吾眞體, 以天地萬物皆爲幻化, 人事都爲粗跡, 盡欲屛除了, 一歸眞空, 乃爲得道. 不知道只是人事之理耳. 形而上者謂之道, 形而下者謂之器. 自有形而上者言之, 其隱然不可見底則謂之道, 自有形而下者言之, 其顯然可見底則謂之器. 其實道不離乎器, 道只是器之理. 人事有形狀處都謂之器, 人事中之理便

도道, 길을 가며 길을 묻다

是道. 道無形狀可見, 所以明道曰: 道亦器也, 器亦道也. 須著如此說, 方截得上下分明.(陳淳, 『北溪字義』, 卷下, '道')

[북 계 자 의 4] 원문86

道非是外事物有個空虛底, 其實道不離乎物, 若離物則無所謂道. 且如君臣有義, 義底是道, 君臣是器. 若要看義底道理, 須就君臣上看, 不成脫了君臣之外別有所謂義. 父子有親, 親底是道, 父子是器. 若要看親底道理, 須就父子上看, 不成脫了父子之外別有所謂親. 卽夫婦, 而夫婦在所別; 卽長幼, 而長幼在所序; 卽朋友, 而朋友在所信. 亦非外夫婦長幼朋友而有所謂別序與信. 聖門之學, 無一不實. 老氏淸虛厭事, 佛氏屛棄人事, 他都是把道理做事物項頭玄妙底物看, 把人事物做下面粗底, 便都要擺脫去了.

若就事事物物上看, 亦各自有個當然之理. 且如足容重, 足是物, 重是足當然之理. 手容恭, 手是物, 恭是手當然之理. 如視思明, 聽思聰, 明與聰便是視聽當然之理. 又如坐如屍, 立如齊, 如屍如齊便是坐立當然之理. 以類而推, 大小高下, 皆有個恰好底道理, 古今所通行而不可廢者.

自聖門實學不明, 然後有老莊佛氏一切等說. 後世儒者才說到道, 便涉老莊去. 如子雲用心亦甚苦, 然說到道理, 皆是黃老意. 如中首所謂靈根及爰淸爰淨, 遊神之庭, 惟寂惟寞, 守德之宅等說, 都是純用老子意.

論道之大原, 則是出於天. 自未有天地之先, 固是先有理. 然才

有理, 便有氣. 才有氣, 此理便在乎氣之中, 而不離乎氣. 氣無所
不在, 則理無所不通. 其盛著見於造化發育, 而其實流行乎日用人
事, 千條萬緒, 人生天地之內, 物類之中, 全具是道, 與之俱生, 不
可須臾離. 故欲求道者, 須是就人事中, 盡得許多千條萬緒當然之
理, 然後可以全體是道, 而實具於我.

非可舍吾身人事, 超乎二氣之表, 只管去窮索未有天地始初之妙
爲道體, 則在此身有何幹涉. 此佛老莊列異端邪說所以爲吾道之
賊, 學者不可不嚴屛峻卻, 而聖門實學, 坦如康莊, 學者亦不可自
暴自棄而不由也.(陳淳, 『北溪字義』, 卷下, ‘道’)

[북 계 자 의 5] 원문87

學者求道, 須從事物千條萬緒中磨煉出來.(陳淳, 『北溪字義』, 卷下,
‘道’)

[북 계 자 의 6] 원문88

道流行乎天地之間, 無所不在, 無物不有, 無一處欠缺. 子思言
鳶飛魚躍上下察以證之, 有以見道無不在, 甚昭著分曉. 在上則
鳶飛戾天, 在下則魚躍於淵, 皆是這個道理. 程子謂此是子思吃
緊爲人處, 活潑潑地. 所謂吃緊雲者, 只是緊切爲人說. 所謂活
潑潑地雲者, 只是眞見這道理在面前, 如活底物相似. 此正如顏
子所謂卓爾, 孟子所謂躍如之意, 都是眞見得這道理分明, 故如
此說.(陳淳, 『北溪字義』, 卷下, ‘道’)

[북계자의 7] 원문89

易說一陰一陽之謂道, 陰陽, 氣也, 形而下者也. 道, 理也, 只是
陰陽之理, 形而上者也. 孔子此處是就造化根原上論. 大凡字
義, 須是隨本文看得透方可. 如誌於道, 可與適道, 道在邇等類,
又是就人事上論. 聖賢與人說道, 多是就人事上說. 惟此一句,
乃是贊易時說來歷根原. 儒中竊禪學者, 又直指陰陽爲道, 便是
指氣爲理了.(陳淳,『北溪字義』, 卷下, '道')

[북계자의 8] 원문90

韓公原道頭四句, 如所謂博愛之謂仁, 行而宜之之謂義, 盡說從
外面去. 其論德, 如足乎己, 無待於外之言, 雖未圓, 猶未害. 至
由是而之焉之謂道, 則道全在人力修爲之方有, 而非子思中庸率
性本然之道.(陳淳,『北溪字義』, 卷下, '道')

如老子失道而後德, 失德而後仁, 失仁而後義等語, 又把道都脫
從上面去說, 與德仁義都分裂破碎了. 揚子雲又謂"老氏之言道
德, 吾有取焉耳, 及捶提仁義, 吾無取焉耳. 是又把道德仁義判
做二物, 都不相交涉了.(陳淳,『北溪字義』, 卷下, '道')

[북계자의 9] 원문91

韓公學無原頭處, 如原道一篇鋪敍許多節目, 亦可謂見得道之
大用流行於天下底分曉, 但不知其體本具於吾身, 故於反身內
省處殊無細密工夫, 只是與張籍輩吟詩飲酒度日. 其中自無所執

守, 致得後來潮陽之貶, 寂寞無聊中, 遂不覺爲大顚說道理動了,
故俯首與之同遊而忘其平昔排佛老之說.(陳淳, 『北溪字義』, 卷
下, '道')

12단계 : 왕수인

[왕 수 인 1] 원문92

夫道, 天下之公道也. 學, 天下之公學也. 非朱子可得而私也. 非
孔子可得而私也. 天下之公也, 公言之而已.(『傳習錄』, 卷中, '答羅
整庵少宰書')

[왕 수 인 2] 원문93

言益詳, 道益晦, 析理益精, 學益支離無本, 而事於外者益繁以難
(…) 今之所大患者, 豈非記誦詞章之習. 而弊之所從來, 無亦言之
太詳, 析之太精者之過歟.(『王陽明全集』, '別湛甘泉序')

[왕 수 인 3] 원문94

斯道之本無方體形象, 而不可以方體形象求之也. 本無窮盡止極,
而不可以窮盡止極求之也.(『王陽明全集』, '博約說')
道不可言也, 強爲之言而益晦. 道無可見也, 妄爲之見而益遠. 夫
有而未嘗有, 是眞有也, 見而未嘗見, 是眞見也 (…) 夫有無之間,

見與不見之妙, 非可以言求也.(『王陽明全集』, '見齋說')

[왕수인 4] 원문95

這心體卽所謂道. 心體明卽是道明. 更無二. 此是爲學頭腦處.(『傳習錄』, 卷上, '門人徐愛錄')

道無方體. 不可執著. 卻拘滯於文義上求道遠矣. 如今人只說天. 其實何嘗見天. 謂日月風雷卽天, 不可. 謂人物草木不是天, 亦不可. 道卽是天. 若識得時, 何莫而非道. 人但各以其一隅之見, 認定以爲道止如此, 所以不同. 若解向裏尋求, 見得自己心體, 卽無時無處不是此道. 互古互今. 無終無始. 更有甚同異?心卽道. 道卽天. 知心則知道知天. 諸君要實見此道, 須從自己心上體認, 不假外求始得.(『傳習錄』, 卷上, '門人陸澄錄')

[왕수인 5] 원문96

夫良知卽是道. 良知之在人心, 不但聖賢雖常人亦無不如此, 若無有物欲牽蔽, 但佰著眞知發用流行將去, 則無不是道.(『傳習錄』, 卷中, '答陸原靜書')

使人於事君處友仁民愛物, 與凡動靜語默閒, 皆只是致他那一念事親從兄, 眞誠惻怛的良知, 卽自然無不是道.(『傳習錄』, 卷中, '答聶文蔚')

天命之謂性, 命卽是性. 率性之謂道, 性卽是道. 修道之謂敎, 道卽是敎 (…) 道卽是良知. 眞知原是完完全全, 是的還他是, 非的

還他非, 是非只依著他, 更無有不是處, 這眞知還是你的明師.(『傳習錄』, 卷下, '門人黃省曾錄')

[왕수인 6] 원문 97

馬子莘問, 修道之敎, 舊說謂聖人品節吾性之固有, 以爲法於天下, 若禮樂刑政之屬. 此意如何. 先生曰, 道卽性卽命. 本是完完全全, 增減不得, 不假修飾的. 何須要聖人品節. 卻是不完全的物件. 禮樂刑政是治天下之法, 固亦可謂之敎. 但不是子思本旨 (…) 聖人率性而行, 卽是道 (…) 人能修道, 然後能不違於道, 以復其性之本體. 則亦是聖人率性之道矣.(『傳習錄』, 卷上, '門人薛侃錄')
心也性也命也, 一也. 通人物, 達四海, 塞天地, 亘古今, 無有乎弗具, 無有乎弗同, 無有乎或變者也, 是常道也.(『王陽明全集』, '稽山書院尊經閣記')

[왕수인 7] 원문 98

世之學者稍能傳習訓詁, 卽皆自以爲知學, 不復有所謂講學之求, 可悲矣. 夫道必體而後見, 非已見道而後加體道之功也. 道必學而後明, 非外講學而復有所謂明道之事也. 然世之講學者有二, 有講之以身心者, 有講之以口耳者. 講之以口耳, 揣摸測哽, 求之影響者也. 講之以身心, 行著習察, 實有諸己者也. 知此, 則知孔門之學矣.(『傳習錄』, 卷中, '答羅整庵少宰書')

[왕수인 8] 원문99

以事言謂之史, 以道言謂之經. 事卽道, 道卽事. 春秋亦經, 五經
亦史, 易是包犧氏之史, 書是堯舜下史, 禮樂是三代史. 其事同,
其道同, 安有所謂異.(『傳習錄』, 卷上, '門人徐愛錄')

[왕수인 9] 원문100

但謂上一截, 下一截, 亦是人見偏了如此. 若論聖人大中至正之
道, 徹上徹下. 只是一貫. 更有甚上一截, 下一截. 陰一陽之謂道但
仁者見之便謂之仁. 知者見之便謂之智. 百姓又曰用而不知. 故
君子之道鮮矣. 仁智豈可不謂之道. 但見得偏了, 便有弊病.(『傳習
錄』, 卷上, '門人陸澄錄')

13단계 : 왕부지

[왕부지 1] 원문101

天下之物理無窮, 已精而又有其精者, 隨時以變, 而改不失於正.
但信諸己而卽執之, 云何得當. 況其所爲信諸己者, 又或因習氣
或守一先生之言, 而漸漬以爲己心乎.(『俟海』)

[왕부지 2] 원문102

誠與道, 異名而同實者也. 修道而存誠, 而誠固天人之道也.(『尙

書引義』「康誥」)

道一也, 在天則爲天道, 在人則有人道. 人之所謂道, 人道也.(『張子正蒙注』, 卷9)

此太極之所以出生萬物, 成萬理而起萬事者也. 資始資生之本體也, 故謂之道.(『周易內傳』, 卷5)

故道以陰陽爲體, 陰陽以道爲體, 交與爲體, 終無有虛懸孤致之道.(『周易外傳』, 卷3)

天下之生, 無不可與道爲體. 天下之理, 無不可與道爲本.(『周易外傳』, 卷6)

道者, 天地萬物之通理, 卽所謂太極也.(『張子正蒙注』, 卷1)

夫人與人爲倫類而道出焉. 有心之不可昧而日用之不可遺者曰道. 人受之天以爲性之體, 而有是道則有是心以應之, 曰仁曰義曰禮. 人秉之性而發見於心, 以行仁義禮於道之中者曰智曰仁曰勇. 乃更有其會歸者以貫於心德, 而爲性之實焉, 皆人道也.(『四書訓義』, 卷2)

人道者卽天分其一眞無妄之天道以授之, 而成乎所生之性者也.(『四書訓義』, 卷2)

[왕 부 지 3] 원문103

據器而道存, 離器而道毁.(『周易外傳』, 卷2)

天下惟器而已矣, 道者器之道, 器者不可謂道之器也. 無其道則無其器, 人類能言之. 雖然, 苟有其器矣, 豈患無道哉.(『周易外

謂之者, 從其謂而立之名也. 上下者, 初無定界, 從乎所擬議而施
之謂也. 然則上下無殊畛而道器無異體, 明矣.(『周易外傳』, 卷5)

無其器則無其道無其器則無其道 (…) 洪荒無掛讓之道, 唐虞無
弔伐之道, 漢唐無今日之道, 則今日無他年之道者多矣. 未有弓矢
而無射道, 未有車馬而無御道, 未有牢體壁幣, 鍾聲管弦而無禮
樂之道. 則未有子而無父道, 未有弟而無兄道, 道之可有而且無
者多矣. 故無其器則無其道, 誠然之言也.(『周易外傳』, 卷5)

[왕부지 4] 원문 104

統此一物, 形而上則謂之道, 形而下則謂之器, 無非一陰一陽之
和而成. 盡器則道在其中矣.(『思問錄』, 內篇)

[왕부지 5] 원문 105

道, 體乎物之中, 以生天下之用者也.(『周易外傳』, 卷1)

故善言道者, 由用以得體, 不善言道者, 妄立一體而消用以從
之.(『周易外傳』, 卷2)

郡有之器, 皆與道爲體者矣.(『周易外傳』, 卷2)

道以陰陽爲體, 陰陽以道爲體, 交與爲體, 終無有虛懸孤致之
道.(『周易外傳』, 卷3)

與道爲體一與字, 有相與之義. 凡言體, 皆函一用字在. 體可見,
用不可見, 川流可見, 道不可見. 則川流爲道之體, 而道以善川

流爲用. 此一義也.(『讀四書大全說』, 卷5)

14단계 : 대진

[맹 자 자 의 소 증 1] 원문106

道, 猶行也. 氣化流行, 生生不息, 是故謂之道. 易曰, 一陰一陽
之謂道. 洪範, 五行, 一曰水, 二曰火, 三曰木, 四曰金, 五曰土. 行
亦道之通稱. 舉陰陽則賅五行, 陰陽各具五行也. 舉五行卽賅陰
陽, 五行各有陰陽也. 大戴禮記曰, 分於道謂之命, 形於一謂之
性. 言分於陰陽五行以有人物, 而人物各限於所分以成其性. 陰
陽五行, 道之實體也. 血氣心知, 性之實體也. 有實體, 故可分,
惟分也, 故不齊. 古人言性惟本於天道如是.(戴震,『孟子字義疏
證』, 卷中, ‘道’)

[맹 자 자 의 소 증 2] 원문107

問, 易曰, 形而上者謂之道, 形而下者謂之器. 程子云, 惟此語截
得上下最分明, 元來止此是道, 要在人默而識之. 後儒言道, 多
得之此. 朱子云, 陰陽, 氣也, 形而下者也. 所以一陰一陽者, 理
也, 形而上者也, 道卽理之謂也. 朱子此言, 以道之稱惟理足以
當之. 今但曰“氣化流行, 生生不息, 乃程朱所目爲形而下者, 其
說據易之言以爲言, 是以學者信之. 然則易之解可得聞歟?

曰, 氣化之於品物, 則形而上下之分也. 形乃品物之謂, 非氣化之謂. 易又有之, 立天之道, 曰陰與陽. 直擧陰暢, 不聞辨別所以陰陽而始可當道之稱, 豈聖人立言皆辭不備哉. 一陰一陽, 流行不已, 夫是之謂道而已 (…) 由人物逆而上之, 至是止矣. 六經孔孟之書不聞理氣之辨, 而後儒創言之, 遂以陰陽屬形而下, 實失道之名義也.(戴震, 『孟子字義疏證』, 卷中, ‘道’)

[맹 자 자 의 소 증 3] 원문108

問, 後儒論陰陽, 必推本太極, 云, 無極而太極, 太極動而生陽; 動極而靜, 靜而生陰, 靜極複動. 一動一靜, 互爲其根, 分陰分陽, 兩儀立焉. 朱子釋之云, 太極生陰陽, 理生氣也. 陰陽旣生, 則太極在其中, 理複在氣之內也. 又云, 太極, 形而上之道也, 陰陽, 形而下之器也. 今旣辨明形乃品物, 非氣化, 然則太極兩儀, 後儒據以論道者, 亦必傅合失之矣. 自宋以來, 學者惑之已久, 將何以解其惑歟.

曰, 後世儒者紛紛言太極, 言兩儀, 非孔子讚易太極兩儀之本指也. 孔子曰, 易有太極, 是生兩儀, 兩儀生四象, 四象生八卦. 曰儀, 曰象, 曰卦, 皆據作易言之耳, 非氣化之陰陽得兩儀四象之名 (…) 孔子以太極指氣化之陰陽, 承上文明於天之道言之, 卽所云, 陰一陽之謂道, 以兩儀四象八卦指易畫. 後世儒者以兩儀爲陰陽, 而求太極於陰陽之所由生, 豈孔子之言乎.(戴震, 『孟子字義疏證』, 卷中, ‘道’)

問, 宋儒之言形而上下, 言道器, 言太極兩儀, 今據孔子讚易本文
疏通證明之, 洵於文義未協. 其見於理氣之辨也, 求之六經中無
其文, 故借太極兩儀形而上下亡語以飾其說, 以取信學者歟.
曰, 舍聖人立言之本指, 而以己說爲聖人所言, 是誣聖 ; 借其語
以飾吾之說, 以求取信, 是欺學者也. 誣聖欺學者, 程朱之賢不
爲也. 蓋其學借階於老莊釋氏, 是故失之. 凡習於先入之言, 往
往受其蔽而不自覺. 在老莊釋氏就一身分言之, 有形體, 有神識,
而以神識爲本. 推而上之, 以神爲有天地之本, 遂求諸無形無跡
者爲實有, 而視有形有跡爲幻. 在宋儒以形氣神識同爲己之私,
而理得於天. 推而上之, 於理氣截之分明, 以理當有其無形無跡
述之實有, 而視有形有跡爲粗. 盆就彼之言而轉之, 因視氣曰空
氣, 視心曰性之郛郭 (…) 由考之六經孔孟, 茫然不得所謂性與
天道者, 及從事老莊釋氏有年, 覺彼之所指, 獨遺夫理義而不言,
是以觸於形而上下之云, 太極兩儀之稱, 頓然有悟, 遂創爲理氣
之辨, 不複能詳審文義 (…) 善夫韓退之氏曰, 學者必愼所道. 道
於楊墨老莊佛之學而欲之聖人之道, 猶航斷港絶潢以望至於海
也. 此宋儒之謂也.(戴震, 『孟子字義疏證』, 卷中, ‘道’)

人道, 人倫日用身之所行皆是也. 在天地, 則氣化流行, 生生不
息, 是謂道. 在人物, 則凡生生所有事, 亦如氣化之不可已, 是謂

道. 易曰, 一陰一陽之謂道. 繼之者, 善也, 成之者, 性也. 言由天道以有人物也. 大戴禮記曰, 分於道謂之命, 形於一謂之性. 言人物分於天道, 是以不齊也. 中庸曰, 天命之謂性, 率性之謂道. 言日用事爲, 皆由性起, 無非本於天道然也. 中庸又曰, 君臣也, 父子也, 夫婦也, 昆弟也, 朋友之交也, 五者, 天下之達道也. 言身之所行, 擧凡日用事爲, 其大經不出乎五者也. 孟子稱契爲司徒, 敎以人倫. 父子有親, 君臣有義, 夫婦有別, 長幼有序, 朋友有信, 此卽中庸所言修道之謂敎也. 曰性, 曰道, 指其實體實事之名. 曰仁, 曰禮, 曰義, 稱其純粹中正之名. 人道本於性, 而性原於天道. 天地之氣化流行不已, 生生不息. 然而生於陸者, 入水而死. 生於水者, 離水而死. 生於南者, 習於溫而不耐寒. 生於北者, 習於寒而不耐溫. 此資之以爲養者, 彼受之以害生. 天地之大德曰生, 物之不以生而以殺者, 豈天地之失德哉. 故語道於天地, 擧其實體實事而道自見, 一陰一陽之謂道, 立天之道曰陰與陽, 立地之道曰柔與剛是也. 人之心知有朋闇, 當其明則不失, 當其闇則有差謬之失. 故語道於人, 人倫日用, 鹹道之實事, 率性之謂道, 修身以道 (…) 天下之達道五是也. 此所謂道, 不可不修者也, 修道以仁, 及聖人修之以爲敎是也. 其純粹中正, 則所謂立人之道曰仁與義, 所謂中節之爲達道是也. 中節之爲達道, 純粹中正, 推之天下而準也. 君臣父子夫婦昆弟朋友之交, 五者爲達道, 但擧實事而已. 智仁勇以行之, 而後純粹中正. 然而卽謂之達道者, 達諸天下而不可廢也. 易言天道而下及人物, 不徒曰成之者性, 而先曰繼之者善, 繼謂人物於天地其善固繼承不隔者也. 善者, 稱其純粹中正之名. 性者, 指其實體實事之名. 一事之善, 則一事合於天. 成性雖殊而其善也則一, 善, 其必然也. 性, 其自然也. 歸於必然, 適完其自然, 此之謂自然之極致, 天地人物之道於是乎盡. 在天道不分言, 而在人物, 分言之始明. 易又曰, 仁者見之謂之仁, 智者見之謂之智, 百姓日用而不知, 故君子之道鮮矣. 言限於成性而後, 不能盡斯道者衆也.(戴震, 『孟子字義疏證』, 卷下, '天道')

[맹 자 자 의 소 증 6] 원문111

問, 宋儒於命於性於道, 皆以理當之, 故云, 道者, 日用事物當行之理. 既爲當行之理, 則於修道不可通, 故云修, 品節之也, 而於修身以道, 修道以仁, 兩修字不得有異, 但云, 能仁其身而不置解. 於達道五, 擧孟子所稱教以人倫者實之, 其失中庸之本指甚明. 中庸又言道也者, 不可須臾離也, 朱子以此爲存理之說, 不使離於須臾之頃. 王文成於養德養身, 止是一事. 果能戒慎不睹, 恐懼不聞, 而專誌於是, 則神住, 氣住, 精住, 而仙家所謂長生久視之說, 亦在其中矣. 又云, 佛氏之常惺惺, 亦是常存他本來面目耳. 程子朱子皆求之於釋氏有年, 如王文成之言, 乃其初所從事, 後轉其說, 以常存本來面目者爲常存天理, 故於常惺惺之云無所改, 反以戒慎恐懼四字爲失之重.(朱子云, 心既常惺惺, 而以規矩繩檢之, 此內外相養之道也. 又云, 著或慎恐懼四字, 已是壓得重了, 要之止略綽提撕, 今自省覺便是.) 然則中庸言道不可離者, 其解可得聞歟.

曰, 出於身者, 無非道也, 故曰, 不可須臾離, 可離非道.; 可如體物而不可遺之可. 凡有所接於目而睹, 人亦知戒慎其儀容也. 有所接於耳而聞, 人亦知恐懼夫愆失也. 無接於目接於耳之時, 或惰慢矣. 惰慢之身, 即不得謂之非失道. 道者, 居處飲食言動, 自身而周於身之所親, 無不該焉也, 故曰, 修身以道. 道之責諸身, 往往易致差謬, 故又曰, 修道以仁. 此由修身而推言修道之方, 故舉仁義禮以爲之準則. 下言達道而歸責行之之人, 故舉智仁勇以見其能行. 修道以仁, 因及義, 因又及禮, 而不言智, 非遺智也, 明乎禮義即智也. 智仁勇三者, 天下之達德, 而不言義禮, 非遺義遺禮也, 智所以知義, 所以知禮也. 仁義禮者, 道於是乎盡也. 智仁勇者, 所以能盡道也. 故仁義禮無等差, 而智仁勇存乎其人, 有生知安行, 學知利行, 困知勉行之殊. 古賢聖之所謂道, 人倫日用而已矣, 於是而求其無失, 則仁義禮之名因之而生. 非仁義禮有加於道也, 於人倫日用行之無失, 如是之謂仁, 如是之謂義, 如是之謂禮而已矣. 宋儒合仁義禮而統謂之理, 視之如有物焉, 得於天而具於心, 因以此爲形而上, 爲衝漠無朕. 以人倫日用爲形而下, 爲萬象紛羅. 蓋由老莊釋氏之舍人倫日用而別有所謂道, 遂轉之以言夫理. 在天地, 則以陰陽不得謂之道, 在人物, 則以氣稟不得謂之性, 以人倫日用之事不得謂之道. 六經孔孟之言, 無與之合者也.(戴震,『孟子字義疏證』, 卷下, '天道')

[맹 자 자 의 소 증 7]　원문112

問, 中庸曰, 道之不行也, 我知之矣, 智者過之, 愚者不及也. 道
之不明也, 我知之矣, 賢者過之, 不肖者不及也. 朱子於智者云,
知之過, 以道爲不足行. 賢者"云, 行之過, 以道爲不足知. 既謂之
道矣, 以爲不足行, 不足知, 必無其人. 彼智者之所知, 賢者之所
行, 又何指乎. 中庸以道之不行屬智愚, 不屬賢不肖, 以道之不明
屬賢不肖, 不屬智愚, 其意安在.

曰:智者自負其不惑也, 往往行之多謬;愚者之心惑闇, 宜乎動
輒愆失. 賢者自信其出於正不出於邪, 往往執而鮮通;不肖者陷
溺其心, 雖睹夫事之宜, 而長惡遂非與不知等. 然智愚賢不肖,
豈能越人倫日用之外者哉?故曰:"人莫不飲食也, 鮮能知味也.
"飲食, 喻人倫日用;知味, 喻行之無失;使舍人倫日用以爲道, 是
求知味於飲食之外矣. 就人倫日用, 舉凡出於身者求其不易之
則, 斯仁至義盡而合於天. 人倫日用, 其物也;曰仁, 曰義, 曰禮,
其則也. 專以人倫日用, 舉凡出於身者謂之道, 故曰"修身以道,
修道以仁", 分物與則言之也;中節之爲達道, 中庸之爲道, 合物
與則言也.(戴震,『孟子字義疏證』, 卷下, '天道')

[맹 자 자 의 소 증 8]　원문113

問, 顏淵喟然歎曰, 仰之彌高, 鑽之彌堅, 瞻之在前, 忽焉在後.
公孫丑曰, 道則高矣美矣, 宜若登天然, 似不可及也, 何不使彼
爲可幾及而日孶孶也. 今謂人倫日用舉凡出於身者謂之道, 但就

此求之, 得其不易之則可矣, 何以茫然無據又若是歟.

曰, 孟子言夫道若大路然, 豈難知哉, 謂人人由之. 如爲君而行君之事, 爲臣而行臣之事, 爲父爲子而行父之事, 行子之事, 皆所謂道也. 君不止於仁, 則君道夫. 臣不止於敬, 則臣道失. 父不止於慈, 則父道失. 子不止於孝, 則子道失. 然則盡君道臣道父道子道, 非智仁勇不能也. 質言之, 曰達道, 曰達德, 精言之, 則全乎智仁勇者, 其盡君道臣道父道子道, 舉其事而亦不過謂之道. 故中庸曰, 大哉聖人之道. 洋洋乎, 發育萬物, 峻極於天. 優優大哉. 禮儀三百, 威儀三千, 待其人而後行. 極言乎道之大如是, 豈出人倫日用之外哉. 以至道歸之至德之人, 豈下學所易窺測哉. 今以學於聖人者, 視聖人之語言行事, 猶學奕於奕秋者, 莫能測奕秋之巧也, 莫能遽幾及之也. 顔子之言又曰, 夫子循循然善誘人, 博我以文, 約我以禮. 中庸詳擧其目, 曰博學審問慎思明辨篤行, 而終之曰, 果能此道矣, 雖愚必明, 雖柔必強. 蓋循此道以至乎聖人之道, 實循此道以日增其智, 日增其仁, 日增其勇也, 將使智仁勇齊乎聖人. 其日增也, 有難有易, 譬之學一技一能, 其始日異而月不同. 久之, 人不見其進矣. 又久之, 己亦覺不復能進矣. 人雖以國工許之, 而自知未至也. 顔子所以言欲罷不能, 既竭吾才, 如有所立. 卓爾, 雖欲從之, 末由也已, 此顔子之所至也.(戴震, 『孟子字義疏證』, 卷下, '天道')

15단계 : 중국 근현대의 철학자들

[공자진 1] 원문114

天道十年而小變, 百年而大變.(『龔自珍全集』「擬上今方言表」)

出乎史, 入乎道, 欲知大道, 必先爲史.(『龔自珍全集』「尊史」)

聖人之道, 本天人之際, 臚幽明之序, 始乎飲食, 中乎製作, 終乎
聞性與天道.(『龔自珍全集』「五經大義終始論」)

聖人之道, 有制度名物以爲之表, 有窮理盡性以爲之裏.(『龔自珍
全集』「江子屛所著書序」)

談性命者疏也, 恃記聞者陋也, 道之本末, 畢賅乎經籍, 言之然否,
但視其躬行.(『龔自珍全集』「江子屛所著書序」)

[위원 1] 원문115

道以無名爲常, 但可謂之樸而已. 樸之爲物, 未雕未琢, 其體希微
而不可見, 故無名. 然天地之始, 萬物恃之以生, 則天下孰敢臣其
所自生與其所自始哉.(『老子本義』, 제27장)

道可君器, 而器不可宰道.(『老子本義』, 제24장)

口心性, 躬禮義, 動言萬物一體, 而民瘼之不求, 吏治之不習, 國計
邊防之不問.(『黙觚下』「治篇」1)

曷謂道之器, 曰禮樂. 曷謂道之斷, 曰兵刑. 曷謂道之資, 曰食貨.
道形諸事謂之治, 以事筆之方策, 俾天下後世得以求道而制世,
謂之經.(『黙觚上』「學篇」9)

天下無數百年不弊之法, 無窮極不變之法, 無不除弊而能興利之
法, 無不易簡而能變通之法.(『籌鹽篇』)

知天道之與人事一, 而後可造命立命以成其安命.(『默觚上』「學篇」
8)

[옌 푸 1]　원문116

然而西學格致, 則其道與是相反. 一理之明, 一法之立, 必驗之物
物事事而皆然, 而後定之爲不易. 其所驗也貴多, 故博大, 其收斂
也必恒, 故悠久, 其究極也, 必道通爲一, 左右逢源, 故高明.(『救
亡決論』)

物競者, 物爭自存也. 天擇者, 存其宜種也. 意謂民物於世樊然並
生, 同食天地自然之利矣. 然與接爲構民物, 各爭有以自有 (…) 此
所謂以天演之學, 言生物之道者也.(『原強』)

樂者爲善, 苦者爲惡, 苦樂者所視以定善惡者也 (…) 然則人道所
爲, 皆背苦而趨樂, 必有所樂 , 始名爲善, 彰彰明矣.(『天演論』「新
反」)

知非明道, 則無以計其功, 非正誼, 則無以謀其利, 功利何足病, 問
所以致之之道如何耳.(『天演論』「郡治」)

自天演之學興, 而後非誼不利, 非道無功之理, 洞若觀火.(『原富』
「釋庸」)

[캉유웨이 1] 원문117

道行之而成. 凡可行者謂之道, 不可行者謂之非道. 故天下之言道
甚多, 不必辨其道與非道. 但問其可行不可行.(『論語注』, 卷15)

勢者天也, 氣也 (…) 勢生道, 道生理, 理生禮. 勢者, 道之父而禮
之曾祖父也.(『春秋董氏學』, 卷6下)

夫道者, 人人可行之謂.(『以孔敎爲國敎配天議』)

孔子之道, 凡爲人者, 不能不行之道.(『以孔敎爲國敎配天議』)

道者身所當行, 孔子所定之道是也.(『論語注』, 卷7)

夫物新則壯, 舊則老, 新則鮮, 舊則腐, 新則活, 舊則板, 新則通, 舊
則滯, 物之理也.(『上淸帝第六書』)

蓋變者, 天道也. 天不能有晝而無夜, 有寒而無署, 天以善變而能
久. 火山流金, 滄海成田, 歷陽成湖, 地以善變而能久. 人自童幼而
壯老, 形體顔色氣貌, 無一不變, 無刻不變.(『進呈'鵝羅斯大彼得變
政記'序』)

[담사동 1] 원문118

循環無端, 道通爲一.(『仁學』)

通之義, 以道通爲一爲最渾括.(『仁學』)

通之象爲平等.(『仁學』)

平等者, 致一之謂也. 一則通矣, 通則仁矣.(『仁學』)

夫進化者, 自然之道也.(『孫中山全集』, 제6권, 중화서국, 1985년판, 195쪽)

物競天擇, 適者生存, 不適者淘汰, 此物種進化之原則也.(『孫中山全集』, 제6권, 중화서국, 1985년판, 142쪽)

社會主義者, 人道主義也. 人道主義, 主張博愛自由平等, 社會主義之眞髓, 亦不外此三者, 實爲人類之福音.(『總理全集』, 제2집, 상하이 민즈서국, 1930년판, 104쪽)

中國哲學有一個主要底傳統, 有一個思想的主流. 這個傳統就是求一種最高底境界. 這種境界是最高底, 但又是不離乎人倫日用底. 這種境界, 就是卽世間而出世間底. 這種境界以及這種哲學, 我們說它是極高明而道中庸 (…) 世間與出世間是對立底. 理想主義與現實主義底是對立底. 這都是我們所謂高明與中庸的對立. 在古代中國哲學中, 有所謂內與外的對立, 有所謂本與末的對立, 有所謂精與粗的對立. 漢以後哲學中, 有所謂玄遠與俗務的對立, 有所謂出世與入世的對立, 有所謂動與靜的對立, 有所謂體與用的對立. 這些對立或卽是我們所謂高明與中庸的對立, 或與我們所謂高明與中庸的對立是一類底. 在超世間底哲學及生活中, 這些對立都已不復是對立. 其不復是對立, 并不是這些對立, 都已簡單地被取消, 而是在超世間底哲學及生活中, 這些對立雖仍是對立, 而已被統一起來. 極高明而道中庸, 此而卽表示高明與中庸, 雖仍是對立, 而已被統一起來. 如何統一起來, 這是中國哲學所求解決底一個問題. 求解決這個問題, 是中國哲學的精神. 這個問題的解決, 是中國哲學的貢獻.(『新原道』, 緒論)

16단계 : 한국의 선비들 1: 천도론

[이이 1] 원문121

上天之載, 無聲無臭, 其理至微, 其象至顯, 知此說者, 可與論天道也. 今執事先生, 以至微至顯之道, 發爲問目, 欲聞窮格之說, 苟非學究天人者, 烏能與議於此歟. 愚請以平日所聞於先覺者, 以復明問之萬一.(『栗谷全書』, 卷14, 雜著,「天道策」)

[이이 2] 원문122

竊謂萬化之本, 一陰陽而已. 是氣動則爲陽, 靜則爲陰. 一動一靜者, 氣也, 動之靜之者, 理也. 凡有象於兩間者, 或鍾五行之正氣焉, 或受天地之乖氣焉, 或生於陰陽之相激, 或生於二氣之發散. 是故, 日月星辰之麗乎天, 雨雪霜露之降于地. 風雲之起, 雷電之作, 莫非是氣也. 其所以麗乎天, 其所以降于地, 風雲所以起, 雷電所以作, 莫非是理也. 二氣苟調, 則彼麗乎天者, 不失其度, 降于地者, 必順其時, 風雲雷電, 皆囿於和氣矣, 此則理之常也. 二氣不調, 則其行也失其度, 其發也失其時, 風雲雷電, 皆出於乖氣矣, 此則理之變也. 然而人者, 天地之心也. 人之心正, 則天地之心亦正, 人之氣順, 則天地之氣亦順矣. 然則理之常, 理之變者, 其可一委於天道乎. 愚請因是而白之.(『栗谷全書』, 卷14, 雜著,「天道策」)

[이 이 3] 원문123

曰, 自鴻濛初判而兩曜代明, 日爲大陽之精, 月爲大陰之精. 陽精疾運, 故一日而周天, 陰精遲運, 故一夜而不周. 陽速陰遲者, 氣也, 陰之所以遲, 陽之所以速者則理也. 愚未知其孰使之然也, 不過曰自然而然爾.

曰, 君象也, 月, 臣象也. 其行也同道, 其會也同度, 故月掩日而日爲之蝕, 日掩月而月爲之蝕. 彼月而微則猶不爲變, 此日而微則陰盛陽微, 下陵上替, 臣逆君之象也. 而況兩日竝出, 兩月俱見, 則其爲非常之變, 莫非乖氣之使然也. 愚嘗求諸古昔, 災異之作, 不見於修德之治世, 而薄蝕之變, 咸出於叔季之衰政, 則天人交與之際, 斯可知矣. 今夫天之蒼蒼, 氣之積也, 非正色也. 苟非星辰之粲然可紀, 天機之運殆不可究矣 (…) 且夫盈天地間者, 莫非氣也. 陰氣有所凝聚, 而陽之在外者不得入, 則周旋而爲風 (…) 盛治之世, 陰陽之氣, 舒而不結. 故其散也必和, 而吹不鳴條. 世道旣衰, 陰陽之氣, 鬱而不舒, 故其散也必激, 而折木拔屋. 少女則和而散者也, 颶母則激而散者也. 成王一念之失, 大風偃禾, 周公數年之化, 海不揚波. 其氣之使然者, 亦由於人事也.(『栗谷全書』, 卷14, 雜著,「天道策」)

[이 이 4] 원문124

若山川之氣, 上升爲雲, 則休咎之徵, 因此可見. 先王設靈臺, 候雲物, 于以考吉凶之兆焉. 蓋休咎之作, 不作於作之日, 必有所由兆. 故雲之白則必有流散之民, 雲之靑則必有害穀之蟲. 黑雲豈不爲水災之兆, 赤雲豈不爲兵革之徵乎. 黃雲則歲稔之祥也, 此乃氣之先見者耳 (⋯) 莽賊僭位, 黃霧四塞, 天寶亂政, 大霧晝昏, 與夫高皇帝白登之圍, 文山柴市之死, 咸致陰霾. 或以臣下叛君上, 或以夷狄侵中國, 則若此者, 皆可類推也. 至若陽氣發散之後, 陰氣包陽而陽不得出, 則奮擊而爲雷霆. 故雷霆之作, 必以春夏, 此天地之怒氣也. 光之燁燁, 則陽氣發而爲電, 聲之虩虩, 則二氣相薄而爲雷.(『栗谷全書』, 卷14, 雜著,「天道策」)

[이 이 5] 원문125

雨露皆出於雲, 而澤之盛者爲雨, 澤之微者爲露. 陰陽相交, 斯乃下雨, 或密雲不雨者, 上下不交也. 洪範傳曰, 皇之不極, 厥罰常陰者, 其斯之謂乎. 且陽亢則旱, 陰盛則水, 必也陰陽和調, 然後雨暘適時. 夫以神農之聖, 處淳熙之世, 曰暘而暘, 曰雨而雨, 固其宜也. 聖王臨民, 天地交泰, 五日一風, 十日一雨, 亦其常也. 有如此之德, 則必有如此之應矣, 天道豈有私厚歟. 夫冤氣者, 招旱之由也, 是故一女懷冤, 尙致赤地. 則武王之克殷, 足以消天下之冤氣矣, 眞卿之決獄, 足以消一隅之冤氣矣, 甘雨之霆, 不足怪矣. 而況大平之世, 本無匹夫匹婦之不被其澤乎 (…) 且雹者, 戾氣之所出也. 陰氣脅陽, 故其發也害於物. 稽於往古, 則大如馬頭, 小如鷄卵, 傷人殺獸者, 或出於黷武之世, 或警于基禍之主, 則其爲足戒於歷代者, 不必縷陳, 而推此可知矣.

嗚呼, 一氣運化, 散爲萬殊, 分而言之, 則天地萬象, 各一氣也, 合而言之, 則天地萬象, 同一氣也. 鍾五行之正氣者, 爲日月星辰, 受天地之戾氣者, 爲陰霾霧雹. 雷電霹靂, 則出於二氣之相激, 風雲雨露, 則出於二氣之相合, 其分雖殊, 其理則一也. (『栗谷全書』, 卷14, 雜著, 「天道策」)

[이이 6] 원문126

執事於篇終, 又敎之曰, 位天地, 育萬物, 其道何由, 愚於此言深有感焉. 愚聞人君正其心以正朝廷, 正朝廷以正四方, 四方正則天地之氣亦正矣. 又聞心和則形和, 形和則氣和, 氣和則天地之和應矣, 天地之氣旣正, 則日月安有薄蝕, 星辰安有失躔者哉. 天地之氣旣和, 則雷電霹靂, 豈洩其威, 風雲霜雪, 豈失其時, 陰霾戾氣, 豈有作孽者哉. 天以雨暘燠寒風而生成庶物, 人君以肅乂哲謀聖而上應天道. 天之時雨, 若乎肅也, 天之時暘, 若乎乂也, 時燠者, 哲之應也, 時寒者, 謀之應也, 時風者, 聖之應也. 以此觀之,天地之位, 萬物之育, 豈不繫於一人之修德乎. 子思子曰, 惟天下 至誠, 爲能化. 又曰, 洋洋乎發育萬物, 峻極于天. 程子曰, 天德王 道, 其要只在謹獨.

噫, 今我東方動植之物, 咸鼓舞於鳶魚之天者, 豈不繫於聖主之 謹獨乎. 願執事以芻蕘之一得, 上達天聰, 則韋布書生, 庶無遺恨 於篳門圭竇之下矣. 謹對.(『栗谷全書』, 卷14, 雜著, 「天道策」)

[장현광 1] 원문127

道者, 吾人日用常行之道也. 何以謂之道乎. 蓋以吾人受形于天地 之形, 受德于天地之德, 受位乎天地之中, 斯焉以爲人也. 不有是 形, 無以載是德, 不有是德, 無以用其形, 不有載德之形, 用形之 德, 無以責其任矣. 形能載德, 故形不爲徒形, 德能用形, 故德得 爲實德, 形德相準, 故便是人矣. 然後形踐其所受乎天地之形, 德 充其所受乎天地之德, 位塞其所中乎天地之責任, 而可以謂之盡 其道也.(『旅軒集』, 卷7, 雜著, 「道統說」)

[장현광 2] 원문128

所謂道者, 卽此道也, 所以謂之日用常行者, 何也. 固以人之爲人 也, 內則有五臟六腑, 外則有頭腹四體, 上則有目耳鼻口, 下則有 手足指節, 皆各有所職, 必各有其則. 內焉者主之, 外焉者承之, 上焉者察之, 下焉者供之, 然則內外百體之無所不具, 無所不備, 而合之爲全形者, 卽其身也, 大小百體之各職其職, 各則其則, 而有日用事業者, 卽其道也, 此所以踐形充德修責任之謂也.(『旅軒集』, 卷7, 雜著, 「道統說」)

[장현광 3]　원문129

責任者, 何業也. 卽宇宙內事也. 宇宙內許多事業, 都在吾人, 若非吾人責其事業, 則宇宙爲空器矣. 故夫旣爲人而有是身, 則自不得無其道焉. 身以道爲身, 道得身爲道, 合道與身爲之人, 人固不可離道者, 此也. 以其不得不常行, 而不可須臾離, 故曰道. 道者, 道路之借喩也. 借彼道路之道, 喩此道理之道, 則人當就認其固不可須臾離之妙矣.(『旅軒集』, 卷7, 雜著, 「道統說」)

[장현광 4]　원문130

統之爲言, 有傳有承之謂也. 所謂傳所謂承者, 不必身傳面承而謂之統也. 其心法德業之相契, 則隔百世越千里而可以傳承矣. 惟非至聖至誠能有以參天地者, 其可謂之得此道之統耶. 然而是道也, 雖以在人者言, 而生吾人者天地, 則爲吾人者, 豈是自道其道哉. 道之原, 乃自有所出矣 (…) 董子曰, 道之大原, 出於天, 天不亡, 道亦不亡, 此皆言道之原出於天也.(『旅軒集』, 卷7, 雜著, 「道統說」)

[장현광 5]　원문131

然而生吾人者天地也, 而生天地者太極也, 則所謂太極者, 豈非道之大原乎. 太極者, 此理最上原頭之稱也, 天地未有, 而此理自常有焉 (…) 然則是道也, 以天地言之, 天有陰陽, 而陰陽又分爲大小, 地有剛柔, 而剛柔又分爲大小, 日月星辰之象于天, 水火土石之質於地, 晝夜寒暑之代行, 雨風露雷之時作, 春夏秋冬之有常, 生長收藏之必序者, 皆此道也 (…) 就以吾人言之, 性焉有五常, 仁義禮智信也. 發焉有七情, 喜怒哀樂愛惡欲也. 倫焉有五品, 父子之親, 君臣之義, 夫婦之別, 長幼之序, 朋友之信也. 世焉有四業, 家而齊, 國而治, 天下而平, 宇宙而繼往聖開來學也. 五常者, 斯道之體, 出於天者也. 七情者, 斯道之用, 機於心者也. 五倫者, 斯道之條理, 徧盡親疏也. 四業者, 斯道之功用, 準及近遠也. 吾人之道, 其有外於此乎. 所謂至聖至誠者, 不是此道之外, 別自有他道也. 聖以通此道而爲聖, 誠以純此道而爲誠, 則亦自是所性焉全之, 所情焉和之, 所倫焉惇之, 所業焉畢之, 而吾人之道, 自爾盡焉於此矣……(『旅軒集』, 卷7, 雜著, 「道統說」)

[장현광 6] 원문132

太極之爲道也者, 在天爲氣則曰陰與陽也, 在地爲質則曰柔與剛也, 在人爲德則曰仁與義也. 氣之爲氣, 亦此理也, 質之爲質, 亦此理也, 德之爲德, 亦此理也, 卽莫非此理也, 故皆謂之道. 不有氣, 無以爲造化之機, 故覆上之天, 必以氣爲之道也. 不有質, 無以成造化之功, 故載下之地, 必以質爲之道也. 不有德, 無

以出參贊化育, 裁成輔相之事業, 故位中之人, 必以德爲之道
也……(『旅軒集』, 卷7, 雜著, 「道統說」)

[장현광 7] 원문133

自有宇宙以來, 斯道之統, 承之者有其人. 則三綱以之綱, 五倫
以之倫, 世得爲文明之世, 鳥獸咸若, 戎狄歸化, 日月光華, 四時
順序, 陰陽調風雨時, 天不失爲高明之天, 地不失爲博厚之地焉.
斯道之功用, 其如是哉. 若道統無傳, 則綱不綱倫不倫, 世爲昏
亂之世, 獸蹄鳥跡, 交於疆域, 戎馬蠻兵, 橫行中國, 三光晦蝕,
四時易氣, 陰陽乖戾, 風雨淫狂, 天降災沴, 地多變怪, 一與太平
之世相反焉. 此豈非吾人之道, 有以致之哉.(『旅軒集』, 卷7, 雜著,
「道統說」)

[장현광 8] 원문134

嗚呼, 天一天也, 地一地也. 天地未嘗亡矣, 則道豈嘗有亡哉. 人
不能自人, 故統絶而莫之續矣.(『旅軒集』, 卷7, 雜著, 「道統說」)

17단계 : 한국의 선비들 2: 인도론

[안 향 1] 원문135

聖人之道, 不過日用倫理

爲子當孝, 爲臣當忠

禮以制家, 信以交朋

修己必敬, 立事必誠而已.(『晦軒實記』, 卷1, '諭國子諸生文')

[김굉필 1] 원문136

學問猶未識天機

小學書中悟昨非

從此自有名教樂

區區何用羨輕肥.('讀小學')

[박영 1] 원문137

卜築於洛江之上, 盡棄前業, 折節讀書. 一日, 請學於新堂鄭先生鵬 (…) 新堂以大學授之曰, 學問之道, 在格物致知, 宜精讀此書. 先生退棲鳳山僧舍, 熟讀不輟. 新堂與朴斯文耕, 往訪談問, 新堂擧手指冷山曰, 彼山外, 復有何物, 先生不能答. 新堂曰, 子之讀書未精, 宜更讀之. 先生唯唯而退, 不省所指, 更讀數月, 怳然覺曰, 此山之外, 復有山, 寧有他物. 以此復于新堂, 新堂曰, 乃今知子之讀書之功也. 道在邇而求諸遠. 格致當從切近底用力透得, 不必別求高遠.(『松堂集』, 卷4, '諡狀')

[이황 1] 원문138

失敎今當大學年

命名爲道若欺然

他時見此如裘葛

始信吾非濫託賢.(『退溪集續集』, 卷2, 詩 : '孫兒阿蒙, 命名曰安道,
示二絶云')

[이 황 2] 원문139

記誦工夫在幼年

從今格致政宜然

但知學問由專力

莫道難攀古聖賢.(『退溪集續集』, 卷2, 詩 : '孫兒阿蒙, 命名曰安道,
示二絶云')

[이 황 3] 원문140

聖賢有緒言

微妙非玄冥

源流有所自

毫末有所爭

講之欲何爲

志道求其寧.(『退溪集』, 卷2, 詩 : 遊山書事 十二首, '講道')

[기 대 승 1] 원문141

論曰, 道何在乎, 曰, 在乎天地. 道何著乎, 曰, 著乎聖人. 道何寓乎,

曰, 寓乎六經. 天地道之所在也, 聖人道之所著也, 六經道之所寓也, 吾欲求道, 又烏乎求之. 曰, 求之天地. 天地, 吾不得而知之也, 曰, 求之聖人. 聖人吾不得而見之也, 曰, 求之六經. 求之六經而道可得乎, 曰, 可. 然則以何爲始, 曰, 昌黎韓子有言曰求觀聖人之道, 必自孟子始, 此其準的也.(『高峯集』, 卷2, 「求觀聖人之道, 必自孟子始論」)

[기대승 2] 원문142

夫道之在天地也, 隱於未象未形之先, 而行於旣象旣形之後, 體用一源也, 顯微無間也 (…) 則聖人者, 天地之心也. 一團天理, 具於形骸之內, 而天地日月, 四時鬼神, 有所不能違, 道之著於聖人者, 不其然乎. 雖然, 聖人不世出, 自有生民以來, 能有幾聖人哉. 聖人之在斯世, 其形骸之滋息於氣化之中者, 亦將隨化而游散, 則聖人與不可傳者, 亡矣喪矣, 又何從以見道之著而求之耶. 聖人之心. 通乎天地, 聖人之言垂之六經, 聖人旣沒, 而其精神之不死者, 固昭晰於六經之中. 則求道者以聖人之不可見, 而求諸六經者, 其亦不得已焉耳矣. 而韓子之說, 又如是何哉.(『高峯集』, 卷2, 「求觀聖人之道, 必自孟子始論」)

[기대승 3] 원문143

曰, 聖人之道, 如天馬, 天有日月星辰, 皆擧之矣. 聖人之道, 如地焉, 地有山川草木, 皆擧之矣. 指天之一星一辰而謂之天, 可乎. 曰,

不可. 指地之一草一木而謂之地可乎. 曰, 不可. 然則指聖人之一端
而謂之聖人, 其亦可乎. 曰, 不可. 人之觀聖人, 而不能盡識者, 猶
其觀天地, 而不能全覩也. 其求之六經者, 亦奚以異於是. 聖人之
能該於萬事, 聖人之蘊, 布于六經, 求其道者, 豈能全覩而盡識乎.
求其道而失其要. 於是乎有異端之學焉……(『高峯集』, 卷2, 「求觀
聖人之道, 必自孟子始論」)

[기 대 승 4] 원문144

孟子以命世亞聖之才, 上接曾思之統而得其宗. 其學以知言養氣
爲主, 其道以性善仁義爲極. 距揚墨之說, 閑先聖之道, 以放淫
辭, 正人心, 爲已任, 使世之學者, 知宗孔氏, 而崇仁義, 貴正賤霸,
則其功, 比諸抑洪水驅猛獸而與之同, 豈不偉哉. 一篇之中, 千變
萬化, 皆從心上說出, 無非所以發明聖人之道, 而左右乎六經. 則
聖人之有孟子, 猶身之有目也, 六經之有孟子, 猶網之有綱也. 夫
如是. 則韓子之說, 豈無所見而然耶.(『高峯集』, 卷2, 「求觀聖人之
道, 必自孟子始論」)

[기 대 승 5] 원문145

況乎韓子之時, 則老佛之害, 非但揚墨而已也. 植根之固, 而流波
之漫, 所宗而師之者, 下乃公卿輔相. 天下之人, 貿貿焉溺於其中
而不自覺正路之榛蕪, 而聖門之蔽塞, 又有甚於孟子之世也. 其所
謂道, 道其所道, 非吾所謂道也, 其所謂德, 德其所德, 非吾所謂

德也. 道德仁義, 不求於聖人, 不卽於人心, 而徒以是煦煦孑孑者,
擬之於影象聲似之間, 將使生民之類, 胥爲夷狄禽獸, 而莫之救
也. 此韓于之所以爲憂, 而常推尊孟子, 以爲功不在禹下者也. 故
其言有曰, 道揚墨先莊佛之學, 而欲之聖人之道, 猶航斷港絕潢,
以望至於海也, 而且戒學者之必愼其道也, 以此而求之韓子之意,
不亦善乎.(『高峯集』, 卷2,「求觀聖人之道, 必自孟子始論」)

[기대승 6] 원문146

曰, 然則韓子之道, 亦可以繼孟子之道而能有發於聖人之意耶.
曰, 謂韓子爲能繼孟子則不可, 而謂韓子不知孟子, 則亦不可也.
韓子爲能知孟子. 故嘗曰孟氏醇乎, 又曰軻之死, 不得其傳也. 而
韓子之學, 擇之而不精也, 語之而未詳也, 雖能著衛道之功於一
時, 而不能任傳道之責於萬世. 則其可謂能繼孟子, 而有發於聖
人之意乎. 抑韓子之此言, 意固善也. 臣則竊以爲未也, 臣請繼之
曰, 求觀聖人之道, 必自四子始, 而求觀四子之書者, 必自程朱始.
臣謹論.(『高峯集』, 卷2,「求觀聖人之道, 必自孟子始論」)

[고응척 1] 원문147

如影如風入手難

當然豈在白雲關

千言萬語雖充棟

不越牽据彩舞間.('道字')

[장흥효 1] 원문148

大哉, 道乎. 語其大也, 其大無外, 語其小也, 其小無內. 莫能載莫能破, 而至隱存乎其內. 必待至德, 此道乃行, 苟非至德, 道不虛行.

欲道之行, 修德而已, 欲德之修, 誠敬而已. 其靜也則戒懼而已, 其動也則愼獨而已, 動靜交修, 體用偕立. 合之至大, 非淺陋之胸襟所能納, 析之至小, 非粗疏之學問所能悉. 道非古有而今無, 天地間昭融磅礴. 苟非至德之人, 道自道人自人, 人能弘此至道, 非道能弘此人.

嗚呼, 噫噫, 道若大路, 蕩蕩平平. 小人所視, 君子攸行, 吾黨君子, 可不警惕. 悖此道則凶, 行此道則吉,悖之行之, 小人君子. 人莫不榮之, 何不爲君子也. 欲爲君子, 何莫由斯道也.(『敬堂集』, 卷1, 賦,「道待人行」)

[장계향 1] 원문149

使聖人者, 果非生人之類, 而有過常, 絶倫之事, 則誠不可企, 而及之其形貌言語, 初無以異於人, 而所行又皆人倫日用之常, 則人患不學苟學之, 亦何難之有.(『貞夫人安東張氏實紀』, 附錄,「行實記」)

[장계향 2] 원문150

不生聖人時

不見聖人面

聖人言可聞

聖人心可見.(『貞夫人安東張氏實紀』, '聖人吟')

[박지원 1] 원문151

余謂洪君命福首譯曰, 君知道乎. 洪拱曰, 惡, 是何言也. 余曰, 道
不難知, 惟在彼岸. 洪曰, 所謂誕先登岸耶. 余曰, 非此之謂也.
此江乃彼我交界處也, 非岸則水. 凡天下民彝物則, 如水之際岸,
道不他求, 卽在其際. 洪曰, 敢問何謂也. 余曰, 人心惟危, 道心
惟微. 泰西人辨幾何一畫, 以一線諭之, 不足以盡其微, 則曰有
光無光之際. 乃佛氏臨之曰, 不卽不離. 故善處其際, 惟知道者
能之, 鄭之子産.(『熱河日記』「渡江錄」)

후 기

問余何事棲碧山

笑而不答心自閑

桃花流水杳然去

別有天地非人間.(李白, '山中問答')

道, 길을 가며 길을 묻다

'도'의 개념적 이해서

⊙ 우리사상연구소 엮음, 『우리말 철학사전4—마음·도·초월』, 지식산업사, 2005

'우리말로 철학하기' '주체적으로 사유하기'를 목표로 하여 엮은 책이다. 즉 철학 개념의 내용을 단순히 소개하는 차원에서 그치지 않고 우리 생활세계에서 풀어내려는 편찬 의도를 지닌다. '도'의 항목에서도 이러한 노력이 엿보이기는 하지만, 동아시아 도론에 대한 개괄적 설명이 주를 이룬다. 이것은 필자의 역량이 부족하기 때문이기보다는 도론이 갖는 개념 특성상 어쩔 수 없는 한계로 보인다.

⊙ 이동철·최진석·신정근 엮음, 『21세기의동양철학』, 을유문화사, 2005

동양철학은 우리 시대에 어떤 의미인가에 대한 고민을 배경으로 이루어진 책이다. '도'의 항목에서는 공자, 법가, 노장, 불교, 사마천, 최한기의 도론을 필자의 주체적인 시각에서 풀어 소개했다. 마지막 부분에서는 '그럼 지금 어느 도를 써야 할까'라는 주제를 통해 앞서 소개한 도론의 특징을 취사선택하려는 시도를 모색했다.

⊙ 최영찬 외, 『동양철학과문자학』, 아카넷, 2003

문자학 연구방법을 통해 유가철학의 주요 개념을 이해하고자 한 책이다. 필자는 이러한 의도를 충족시키기 위해 형形, 음音, 의意의 근원을 고찰하는 방법을 활용했다. 내용 중에서 특히 '인仁', '도道와 이理'의 항목을 참고할 필요가 있다.

⊙멍페이위안蒙培元, 『성리학의 개념들』, 홍원식 외옮김, 예문서원, 2008

성리학적 범주를 체계적으로 설명하려는 책이다. 단순히 이론체계만을 설명하려는 것이 아니라, 성리학 범주가 인간 생명을 체험하는 가운데서 얻어진 것이고, 그러므로 그것이 가리키는 것은 인간 정신이 관조하는 의미의 세계라는 문제의식에서 집필했다. '도道와 기器' '이理와 기氣' '태극과 음양' '형이상과 형이하' '체와 용' 등의 부분을 유기적인 관계성을 염두에 두고 읽어보면 많은 도움이 된다.

⊙미조구치유조溝口雄三 외, 『중국사상문화사전』, 김석근 외옮김, 민족문화문고, 2003

이 책은 우주·인류, 정치·사회, 종교·민속, 학문, 예술, 과학의 6개 분야 총 66개 항목을 다루고 있다. 그중에서 첫 번째 '우주·인류'에서 천天, 도道, 기氣, 이理를 비롯한 동아시아 철학의 주요 개념들이 설명되는데, 일본인 학자 특유의 세밀함과 역사적 고찰이 돋보인다.

⊙오하마아키라大濱皓, 『범주로 보는 주자학』, 이형성옮김, 예문서원, 1997

주희 사상의 논리체계를 해명하려는 의도에서 이루어진 책이다. 필자는 주희 사상을 구성하는 주요개념들의 성격과 그것들 간의 상호 연관성을 논리적으로 체계화하고자 노력했다. 주희의 사상뿐만 아니라, 더 나아가서 성리학의 도론을 이해하기 위한 필독서라 할 수 있다.

⊙히하라도시쿠니日原利國, 『中國思想辭典』, 東京: 硏文出版社, 1984

중국 사상에 관한 기본적인 개념 사전이다. 도학道學, 도기론道器論, 도통道統의 항목들은 비록 짧게 기술되어 있지만 '도'의 개념적 이해에 상당한 도움을 준다.

'도'의 사상사적 전개서

⊙ 장리원張立文 주편, 『도道』, 권호옮김, 동문선, 1995

중국 철학 범주총서의 한 권으로서 『중국철학범주발전사中國哲學範疇發展史』(런민대출판사, 1988)를 더욱 구체화시킨 저작이다. 총 4부로 이루어져 있는데, '선진시대의 도道사상' '진·한에서 수·당까지의 도 사상' '송·원·명·청시대의 도 사상', '근대의 도 사상'으로 시대를 구분했다. '도' 개념을 전문으로 하여 간행된 가장 풍부하고 체계적인 저작으로서, 이 책의 집필 과정에서 많은 도움을 받았다.

'도'의 현대적 이해서

⊙ 펑유란馮友蘭, 『중국철학의정신─신원도新原道』, 곽신환옮김, 숭실대출판부, 1985

중국철학의 핵심 사상을 다룬 저작으로서, 어떤 의미에서 보면 압축된 형태의 중국철학사라 할 수 있다. 제목을 『신원도新原道』라 한 것은 도가와 불가 사상이 성행하는 시대조류 속에서 유가의 도를 진작시키고자 했던 한유의 『원도』의 정신을 따랐기 때문이다. 저자는 이 책의 주된 흐름을 고명高明과 중용中庸이라는 그 나름의 두 가지 기준에서 파악했다. '서론'과 제9장 '도학道學' 부분을 특히 주목해보아야 한다.

⊙ 진웨린金岳霖, 『論道』, 北京: 中國人民大學出版社, 2010

이 책은 중국 현대철학의 본체론 방면에서 체계가 완비되고 창조성이 가장 풍부한 저작으로 평가받고 있다. 도道, 식式, 능能을 기본 범주로 하고 있는데, 논리적 추리를 통해 독특한 본체론을 구축했다. 내용이 어렵고 번역서가 없는 것이 단점이기는 하지만, 도론과 관련하여 참고할 만한 자료이며 특히 제1장 '도道, 식式-능能'과 제8장 '무극이태극無極而太極' 부분을 꼼꼼하게 읽어볼 필요가 있다.

⊙ 박이문, 『사유의열쇠─철학』, 산처럼, 2004

일종의 철학 개념 사전으로 분류할 수 있지만, 단독 저자에 의해 이루어졌기 때문에 어느 정도의 일관성을 지니고 있고 많은 개념의 정의에 필자 자신의 철학적 입장이 반영되어 있다. 이중에서 제5부 인식의 문제, 그중에서도 '도통道通' 부분을 유의해서 읽어볼 필요가 있다. 서양철학 전공자의 시각에서 동아시아 도론을 논한 '차별적' 특징을 확인할 수 있다.

'도'의 체험적 이해서

⊙ 레이먼드 M. 스멀리언, 『道란 무엇인가』, 조성을 옮김, 동국출판사, 1987

이 책은 중국철학, 그중에서도 특히 도가사상으로부터 받은 여러 가지 영감을 통해 '도'의 인생론을 전개했다. 도를 주제로 하여 총 4개의 장으로 이루어져 있는데, 어느 부분을 먼저 읽어보아도 무방하다. 제1장 '도란 무엇인가', 제2장 '도는 선하되 도덕이 아니다', 제3장 '도는 한가롭다', 제4장 '도는 즐거운 역설이다'로 이뤄진다.

⊙ 아디야샨티, 『완전한 깨달음』, 심성일 옮김, 침묵의향기, 2015

저자의 법문과 대화에서 발췌한 가르침을 모아 총 12개의 장으로 구성한 책이다. 내용은 마치 선사상의 심우도尋牛圖를 연상시키듯 영원한 자유와 해방을 지향하는 깨달음의 과정을 총체적으로 제시한다. 참된 나는 누구인가? 참된 나를 찾기 위한 완전한 깨달음은 어떻게 얻을 수 있는가? 이 두 가지 물음이 전체의 책 내용을 일관하고 있다.

⊙ 에크하르트 톨레, 『NOW─행성의 미래를 상상하는 사람들에게』, 류시화 옮김, 조화로운 삶, 2008

현재의 자아로부터 벗어나 진실한 존재 의미를 깨닫고, 자유롭게 숨 쉬며 살아가는 방법을 가르쳐준다. '가짜의 나'를 '참된 나'로 믿게 되는 것이 어떻게 인간을 고통에 이르게 하는지, 그리고 이러한 잘못된 믿음이 어떻게 인류의 생존까지 위협하는지를 생동감 있게 설명한다. 깨어남에 있어서 가장 중요한 것은 깨어있지 않은 자신을 자각하는 일이라고 역설하는데, 도가와 불가사상의 기본 가르침을 듣고 있는 듯한 기시감이 강하게 든다.

동·서양의 사유 양식 비교서

⊙리처드니스벳, 『생각의지도』, 최인철옮김, 김영사, 2004

동양인과 서양인 사이에 존재하는 사고의 차이점에 대해 실감나게 설명하는 책이다. 동양과 서양은 생각하는 방법에 있어서 상당한 차이점이 있다는 점은 학계에서도 이미 자주 지적되어왔지만 구체적으로 무엇이 다른지, 그 원인은 무엇인지에 대해 본격적으로 언급한 저술은 크게 주목되지 않는다. 바로 이 점에서 이 책은 읽어볼 만한 가치가 있다. 특히 '도'에 관한 동아시아적 사유형식이 갖는 특징을 서구적 사유와 비교해보려는 이들에게는 많은 도움을 줄 수 있다.

제1장 풀이하는 글

1) 이정우, 『개념-뿌리들』, 그린비, 2012, 51쪽 참조.

2) 최경호, 『존재에서 규명한 禪』, 경서원, 2004, 377~378쪽 참조.

3) 許愼, 『說文解字』, '辵'部.

4) 段玉裁, 『說文解字注』, 二篇下, '辵'部.

5) 『老子』, 제4장.

6) 『老子』, 제1장.

7) 하영삼, 『한자어원사전』, 도서출판3, 2014, 150쪽 참조.

8) 전광진, 『뿌리를 찾는 한자 2350-기초편』, 조선일보사, 2000, 54쪽 참조.

9) 『老子』, 제1장 : "道可道, 非常道, 名可名, 非常名."

10) 『管子』 「四時」 : "道生天地, 德出賢人."

11) 『孟子』 「盡心下」 : "仁也者, 人也. 合而言之, 道也."

12) 『荀子』 「正名」 : "道也者, 治之經理也."

13) 강신주, 『철학 vs. 철학』, 그린비, 2010, 477~479쪽 참조.

14) 『老子』, 제1장 : "道可道, 非常道." 참조.

15) 니스벳, 『생각의 지도』, 최인철 역, 김영사, 2004, 34쪽 참조.

16) 금장태, 『유교의 사상과 의례』, 예문서원, 2000, 192~193쪽 참조.

17) 니스벳, 『생각의 지도』, 최인철 옮김, 김영사, 2004, 54~55쪽 참조.

18) F. W. Mote, *Intellectual Foundations of China*, New York: A.A. Knopf, 1971, 19쪽.

19) 『左傳』, 昭公18년 : "天道遠, 人道邇, 非所及也. 何以知之."

20) 『論語』 「里仁」 : "朝聞道, 夕死可矣."

21)『論語』「里仁」: "吾道一以貫之."

22)『孟子』「滕文公下」: "於此有人焉, 入則孝, 出則悌, 守先王之道, 以待後之學者, 而不得食於子." 참조.

23)『荀子』「禮論」: "禮者, 人道之極也."

24) 溝口雄三 외,『中國思想文化事典』, 김석근 외 옮김, 민족문화문고, 2003, 43~45쪽 참조.

25)『老子』, 제42장: "道生一, 一生二, 二生三, 三生萬物."

26)『老子』, 제40장: "反者, 道之動."

27)『原道』: "仁與義爲定名, 道與德爲虛位."

28) 蒙培元,『성리학의 개념들』, 홍원식(외) 옮김, 예문서원, 2008, 82쪽 참조.

29) 서울대 동양사연구실,『講座中國史Ⅲ』, 지식산업사, 1989, 193쪽 참조.

30) 張載,『正蒙』「太和」: "陰陽合一存乎道."

31) 張載,『正蒙』「太和」: "有氣化, 有道之名."

32) 張載,『橫渠易說』, '乾': "道, 行也, 所以卽是道."

33) 강신주,『철학 vs. 철학』, 그린비, 2010, 667~668쪽 참조.

34)『陸象山全集』, 卷19, '敬齋記': "道未有外乎其心者."

35)『傳習錄』, 卷上, 陸澄本文, 67조: "諸君要實見此道."

36) 우리사상연구소 엮음,『우리말 철학사전4』, 지식산업사, 2005, 138~139쪽 참조.

37)『陸象山全集』, 卷34, '語錄': "六經皆我註脚."

38) 陳淳,『北溪字義』, '道': "聖賢與人說道, 多是就人事上說."

39) 戴震,『孟子字義疏證』, '天道': "氣化流行, 生生不息, 是故謂之道."

40) 戴震,『孟子字義疏證』, '天道': "一陰一陽, 流行不已, 夫是之謂道而已."

41) 蒙培元,『성리학의 개념들』, 홍원식 외 옮김, 예문서원, 2008, 122쪽 참조.

42) 張之洞,『勸學篇』: "天不變, 地不變, 道亦不變."

43) 康有爲,『进呈俄罗斯大彼得变政记』,'序':"蓋変者, 天道也."

44)「原強」:"動植如此, 民人亦然."

45) 張立文,『道』, 권호 옮김, 동문선, 1995, 463~477쪽 참조.

46)『周易』「繫辭傳上」:"顯諸仁, 藏諸用, 鼓萬物而不與聖人同憂."

47) 程頤,『周易傳』「繫辭傳上」:"天地無心而成化, 聖人有心而無爲."

48) 이진우,「하이데거의 동양적 사유: 도와 로고스의 철학적 대화」,『철학』 제61집, 한국철학회, 1999, 311쪽 ; M. Heidegger, *Unterwegs zur Sprache*, S.187 참조.

49)『老子』, 제10장 :"生而不有."

50)『老子』, 제37장 :"道常無爲, 而無不爲."

51) 'Gelassenheit'는 '초연함' '초연한 태도로 내맡기는 것' '자유방임' 등으로 풀이되는데, 신오현 교수는 이 말의 의미를 가장 제대로 살려낸 번역어로 '無爲自然'을 추천한 바 있다.(필자가 수업 중에 직접 들은 내용임)

52) 朱熹,『論語集註』「公冶長」:"性者, 人所受之天理, 天道者, 天理自然之 本體, 其實一理也."

53) 오하마 아키라,『범주로 보는 주자학』, 이형성 옮김, 예문서원, 1997, 382~384쪽 참조.

54) 朱熹,『朱子語類』「論語」, '里仁上'(賀孫錄) :"道, 只是眼前分明底道理."

55) 朱熹,『朱子語類』「論語」, '述而'(時擧錄) :"道者, 只是日用當然之理."

56) 馮友蘭,『중국철학의 정신: 新原道』, 곽신환 옮김, 숭실대학교출판부, 1985, 9~15쪽 참조.

57) 한국 하이데거학회 편,『하이데거 철학과 동양사상』, (철학과 현실사, 2001), 106~111쪽 참조.

58)『老子』, 제40장 :"反者, 道之動."

59) M. Heidegger, *Was heißt Denken*, Bd.8, Tübingen: Max Niemeyer Velag, 1971, S.72.

60) 배상식,「하이데거 사유에서 '도Weg'의 의미」,『철학연구』제79집, 대한

철학회, 2001, 223~224쪽 참조.

61) I. Kant, *Kritik der reinen Vernunft*, Hamburg: Felix Meiner Verlag, 1974, S.752.(A837; B865)

62)『中庸』, 제20장 : "誠之者, 人之道也."

제2장 원전과 함께 읽는 도

1) 張立文 主編,『道』, 권호 옮김, 동문선, 1995, 37쪽 참조.

2)『老子』, 제4장 : "道沖, 而用之或不盈."

3)『老子』제41장 : "大方無隅, 大器晚成, 大音希聲, 大象無形."

4) 니스벳,『생각의 지도』, 최인철 옮김, 39~41쪽 참조.

5)『老子』제36장 : "將欲歙之, 必固張之. 將欲弱之, 必固強之. 將欲廢之, 必固興之. 將欲取之, 必固與之."

6)『老子』제30장 : "物壯則老."

7)『老子』, 제25장 : "吾不知其名, 字之曰道, 強爲之名曰大."

8)『老子』, 제40장 : "天下萬物生於有, 有生於無."

9)『老子』, 제1장 : "無名天地之始, 有名萬物之母."

10)『老子』, 제21장 : "其中有信."

11)『莊子』「大宗師」: "夫道, 有情有信, 無爲無形."

12)『老子』, 제25장 : "先天地生."

13)『莊子』「大宗師」: "自本自根, 未有天地, 自古以固存."

14)『莊子』「大宗師」: "先天地生而不爲久."

15) 張立文 主編,『道』, 권호 옮김, 73~74쪽 참조.

16) 김원갑,「孔子의 道에 대한 研究:『論語』를 중심으로」, 원광대 불교학과 박사학위논문, 2016, 66~67쪽 참조.

17) 강신주,『철학 vs. 철학』, 480쪽 참조.

18) 『孟子』「離婁上」: "孔子曰, 道二, 仁與不仁而已矣."

19) 켄트 케이스, 『그래도』, 문채원 옮김, 더난출판, 2003 참조.

20) 『中庸』, 제20장: "天下之達道五, 所以行之者三. (…) 所以行之者一也. (…) 凡爲天下國家有九經."

21) 『禮記』「檀弓」: "子張. (…) 曰, 君子曰終, 小人曰死." 참조.

22) 『論語』「泰伯」集註: "鳥畏死, 故鳴哀, 人窮反本, 故言善."

23) 『論語』「里仁」: "朝聞道, 夕死可矣."

24) 『論語』「里仁」集註: "道者, 事物當然之理, 苟得聞之, 則生順死安, 無復遺恨."

25) 『孟子』「盡心上」: "盡其道而死者, 正命也."

26) 김수길 옮김, 『集註完譯 中庸』, 대유학당, 2001, 111쪽.

27) 김수길 옮김, 『集註完譯 中庸』, 125쪽.

28) 『中庸集註』, '率性之謂道'에 대한 주석 참조.

29) 『中庸或問』, '率性之謂道'에 대한 주석 참조.

30) 『中庸集章句』, 제1장: "道者, 日用事物當行之理, 皆性之德而具於心, 無物不有, 無時不然, 所以不可須臾離也."

31) 朴世堂, 『思辨錄』「中庸」, 제1장: "日用之間, 莫不各有當行之路, 此之言道曰, 性之德而具於心, 是前與後之說異, 而不得其一也. (…) 夫道之所以爲名爲其循性, 以行猶大路也, 而若謂之性之德, 而具於心則卽非循也, 又非行也, 固不可以復有乎道之名也. (…) 且道旣爲性之德, 而具於心, 雖欲離之其可得乎."

32) 朴世堂, 『思辨錄』「中庸」, 제5장(中庸章句, 제12장) 참조.

33) 『中庸章句』: "不偏之謂中, 不易之謂庸, 中者天下之正道, 庸者天下之定理."

34) 『中庸章句』: "中者, 不偏不倚 無過不及之名. 庸, 平常也."

35) 『論語』「述而」: "甚矣吾衰也. 久矣吾不復夢見周公." 참조.

36) 『論語』「雍也」: "堯舜其猶病諸."

37) 『孟子』「滕文公章句上」: "成覸謂齊景公曰, 彼丈夫也, 我丈夫也, 吾何畏彼哉. 顏淵曰, 舜何人也, 予何人也, 有爲者亦若是. 公明儀曰, 文王我師也, 周公豈欺我哉." 참조.

38) 韓愈, 『原人』: "故天道亂而日月星辰不得其行, 地道亂而草木山川不得其平, 人道亂而夷狄禽獸不得其情."

39) 단락 구분과 소제목 설정은 필자에 의한 것임.

40) 『周易』「乾卦」, '象傳'.

41) 『周易』「乾卦」, '象傳'.

42) 『周易』「繫辭傳上」.

43) 『周易』「文言傳」: "閑邪存其誠."

44) 田中美知太郎, 『哲學初步』, 東京: 岩波書店, 1950, 1~59쪽 참조.

45) 『正蒙』「太和」: "陰陽合一存乎道."

46) 『正蒙』「太和」: "有氣化, 有道之名."

47) 『橫渠易說』「乾」: "道, 行也, 所以卽是道."

48) 『周易』「乾卦」'象傳': "乾道變化, 各正性命, 保合太和, 乃利貞."

49) 『橫渠易說』「繫辭上」: "一陰一陽, 不可以形器拘, 故謂之道. 乾坤成列而下, 皆易之器."

50) 蒙培元, 『성리학의 개념들』, 홍원식 외 옮김, 예문서원, 2008, 130~132쪽 참조.

51) 『莊子』「齊物論」: 天地與我竝生, 而萬物與我爲一.

52) 溝口雄三 외, 『中國思想文化事典』, 김석근 외 옮김, 209쪽 참조.

53) 장윤수, 『정주철학원론』, 이론과실천사, 1992, 35쪽 참조.

54) 강신주, 『철학 vs 철학』, 그린비, 2010, 667~668쪽 참조.

55) 溝口雄三 外, 『中國思想文化事典』, 김석근 외 옮김, 민족문화문고, 2003, 82쪽 참조.

56) 두웨이밍, 「朱子學에 대한 退溪의 독창적 해석」, 『퇴계학연구논총』제9권, 경북대 퇴계연구소, 1997, 91쪽 참조.

57)『論語集註』「理仁」: "道者, 事物當然之理."

58)『論語或問』「理仁」: "吾之所謂道者, 君臣父子夫婦昆弟朋友, 當然之實理也. (…) 人事當然之實理, 乃人之所以爲人."

59)『論語』「先進」: "季路問事鬼神, 子曰, 未能事人, 焉能事鬼. 敢問死, 曰, 未知生, 焉知死."

60)『孔子家語』, 卷2, 致思: "子貢問於孔子曰, 死者有知乎, 將無知乎. 子曰, 吾欲言死之有知, 將恐孝子順孫妨生以送死, 吾欲言死之無知, 將恐不孝之子棄其親而不葬. 賜不欲知死者有知與無知, 非今之急, 後自知之."

61)『論語集註』「先進」: "晝夜者, 死生之道也. 知生之道, 則知死之道. 盡事人之道, 則盡事鬼之道. 死生人鬼, 一而二, 二而一者也."

62)『論語集註』「先進」: "蓋幽明始終, 初無二理, 但學之有序, 不可躐等, 故夫子告之如此."

63)『朱子大全』, 卷41, 答程允夫: "死生鬼神之理, 非窮理之未易及." 참조.

64)『周易』「繫辭傳」: "原始反終, 故知死生之說."

65)『朱子語類』「易」, 上繫上: "人未死, 如何知得死之說. 只是原其始之理, 將後面摺轉來看, 便見得."

66)『論語語類』「性理」: "道無形, 行之則見于事矣."

67) 오하마 아키라,『범주로 보는 주자학』, 이형성 옮김, 88~89쪽 참조.

68)『中庸』, 제1장: "喜怒哀樂之未發, 謂之中, 發而皆中節, 謂之和. 中也者, 天下之大本也, 和也者, 天下之達道也."

69)『中庸章句』, 제1장: "大本者, 天命之性, 天下之理皆由此出, 道之體也. 達道者, 循性之謂, 天下古今之所共由, 道之用也."

70)『中庸』, 제12장: "詩云, 鳶飛戾天, 魚躍于淵. 言其上下察也."

71)『論語』「里仁」: "吾道一以貫之."

72) 오하마 아키라,『범주로 보는 주자학』, 이형성 옮김, 107~108쪽 참조.

73)『中庸』, 제20장: "誠者, 天之道也, 誠之者, 人之道也."

74)『朱子語類』「中庸」: "譬如十箇物事, 五箇善, 五箇惡. 須揀此是善, 此是惡, 方分明."

75) 『中庸章句』, 제20장: "學問思辨, 所以擇善而爲知."

76) 『中庸』, 제1장: "率性之謂道."

77) 『陸九淵集』, 卷33, 「象山語錄」: "宇宙便是吾心, 吾心便是宇宙."

78) 『朱熹集』, 「答陸子靜」, 다섯 번째 글: "伏羲作易, 自一劃以下, 文王演易, 自乾元以下, 皆未嘗言太極也. 而孔子言之, 孔子贊易, 自太極以下未嘗言無極也. 而周子言之, 夫先聖後聖, 豈不同條而共貫哉. 若於此有以灼然實見太極之眞體, 則知不言者不爲少, 而言之者不爲多矣. 何至若此之紛紛哉. (…) 且夫大傳之太極者, 何也. 卽兩儀, 四象, 八卦之理, 具於三者之先, 而縕於三者之內者也. 聖人之意, 正以其究竟至極, 無名可名, 故特謂之太極, 猶曰擧天下之至極, 無以加此云爾. 初不以其中而命之也. 至如北極之極, 屋極之極, 皇極之極, 民極之極, 諸儒雖有解爲中者, 蓋以此物之極, 常在此物之中, 非指極字, 而訓之以中也. 極者, 至極而已, 以有形者言之, 則其四方八面, 合輳將來. 到此築底, 更無去處. 從此推出, 四方八面都無向背, 一切停勻, 故謂至極耳. 後人以其居中, 而能應四外, 故指其處, 而以中言之, 非以其義, 爲可訓中也. 至於太極, 則又初無形象方所之可言, 但以此理至極, 而謂之極耳. 今乃以中名之, 則是所謂理有未明, 而不能盡乎人言之意者. (…) 若論無極二字, 乃是周子灼見道體, 迥出常情, 不顧旁人是非, 不計自己得失, 勇往直前, 說出人不敢說底道理. 令後之學者, 曉然見得太極之妙, 不屬有無, 不落方體, 若於此看得破, 方見得此老, 眞得千聖以來不傳之秘, 非但架屋下之屋, 疊牀上之牀而已也. (…) 至於大傳, 旣曰形而上者謂之道矣, 而又曰一陰一陽之謂道, 此豈眞以陰陽爲形而上者哉. 正所以見一陰一陽, 雖屬形器, 然其所以一陰而一陽者, 是乃道體之所爲也. 故語道體之至極, 則謂之太極, 語太極之流行, 則謂之道. 雖有二名, 初無兩體. 周子所以謂之無極, 正以其無方所, 無形狀. 以爲在無物之前, 而未嘗不立於有物之後. 以爲在陰陽之外, 而未嘗不行乎陰陽之中, 以爲通貫全體, 無乎不在, 則又初無聲臭影響之可言也. 今乃深詆無極之不然, 則是直以太極爲有形狀, 有方所矣. 直以陰陽爲形而上者, 則又昧於道

器之分矣. 又於形而上者之上, 復有況太極乎之語, 則是又以道上別有一物爲
太極矣. (…) 老子復歸於無極, 無極乃無窮之義. 如莊生入無窮之門, 以遊無
極之野云爾. 非若周子所言之意也. 今乃引之, 而謂周子之言, 實出乎彼, 此又
理有未明, 而不能盡乎人言之意者."

79)『朱熹集』「答陸子靜」, 여섯 번째 글: "熹詳, 老氏之言有無, 以有無爲二,
周子之言有無, 以有無爲一. 正如南北水火之相反, 更請子細著眼, 未可容易
譏評也. (…) 中者, 天下之大本, 乃以喜怒哀樂之未發, 此理渾然, 無所偏倚
而言. 太極固無偏倚, 而爲萬化之本. 然其得名, 自爲至極之極, 而兼有標準之
義, 初不以中而得名也. (…) 若以陰陽爲形而上者, 則形而下者復是何物, 更
請見教. 若熹愚見, 與其所聞, 則曰凡有形有象者, 皆器也. 其所以爲是器之理
者, 則道也. 如是則來書所謂始終晦明奇偶之屬, 皆陰陽所爲之器. 獨其所以
爲是器之理, 如目之明, 耳之聰, 父之慈, 子之孝, 乃爲道耳."

80)『通書』「理性命」: "二氣五行, 化生萬物, 五殊二實, 二本則一."

81)『太極圖說』: "五行一陰陽也, 陰陽一太極也, 太極本無極也."

82) 蒙培元,『성리학의 개념들』, 홍원식 외 옮김, 148쪽 참조.

83)『北溪字義』, 卷下, '道': "聖賢與人說道, 多是就人事上說."

84) 번역 과정에서 김영민 옮김,『북계자의』, 예문서원, 1993; 박완식 옮김,
『성리학이란 무엇인가』, 여강출판사, 1993를 참고했다.

85)『正蒙』「太和」: "由太虛有天之名, 由氣化有道之名."

86)『中庸』, 제1장: "率性之謂道."

87)『莊子』「大宗師」: "道在太極之先."

88)『二程遺書』, 卷1: "器亦道, 道亦器." 참조.

89)『禮記』「玉藻」: "足容重."

90)『禮記』「玉藻」: "手容恭."

91)『論語』「季氏」: "視思明, 聽思聰."

92)『禮記』「曲禮」: "坐如尸, 立如齋."

93)『太玄經』「養」에서 유래한 말.

94) 『楊侍郎集』「解嘲」: "爰淸爰淨, 遊神之庭, 惟寂惟寞, 守德之宅."

95) 『詩經』「旱麓」: "鳶飛魚躍."

96) 『中庸』, 제12장.

97) 『二程遺書』, 卷3: "此一段子思喫緊爲人處. (…) 活潑潑地."

98) 『論語』「子罕」 참조.

99) 『孟子』「盡心上」 참조.

100) 『周易』「繫辭傳」.

101) 韓愈,「原道」: "博愛之謂仁, 行而宜之之謂義."

102) 『老子』, 제38장: "失道而後德, 失德而後仁, 失仁而後義."

103) 揚雄, 『法言』: "老氏之言道德, 吾有取焉耳, 及搥提仁義, 吾無取焉耳."

104) 『北溪集』, 卷9, "故擧是道之全而言之, 合天地萬物人心萬事統是一無息之體."

105) 『北溪字義』, 卷下, '道': 道之大綱, 只是日用間人倫事物所當行之理. 衆人所共由底方謂之道.

106) 김학주 옮김, 『전습록』, 명문당, 2005의 번역을 참고했다.

107) 『傳習錄』, 卷上, '門人陸澄錄': "學者只從下學裏用功, 自然上達去. 不必別尋箇上達的工夫."

108) 『俟解』: "天下之物理無窮, 已精而又有其精者, 隨時以變, 而改不失於正. 但信諸己而卽執之, 云何得當. 況其所爲信諸己者, 又或因習氣或守一先生之言, 而漸漬以爲己心乎."

109) 『太和注』: "虛空者, 氣之量. (…) 凡虛空皆氣也."

110) 『太和注』: "陰陽具於太虛絪縕之中, 其一陰一陽, 或動或靜, 相與摩盪. (…) 五行萬物之融結流止, 飛潛動植, 各自成其條理而不妄." 참조.

111) 『張子正蒙注』, 卷3: "誠者神之實體, 氣之實用."

112) 『尙書引義』「說命上」: "夫誠者, 實有者也. 前有所始, 後有所終也. 實有者, 天下之公有也, 有目所共見, 有耳所共聞也."

113) 『周易外傳』, 卷5: "陰陽與道爲體, 道建陰陽以居."

道, 길을 가며 길을 묻다

114) 『孟子字義疏證』, 卷下, '道' : "儒合仁義禮而統謂之理, 視之如有物焉, 得於天而具於心, 因以此爲形而上, 爲沖漠無朕."

115) 『孟子字義疏證』, 卷上, '天道' : "氣化流行, 生生不息, 是故謂之道."

116) 『孟子字義疏證』, 卷上, '天道' : "一陰一陽, 流行不已, 夫是之謂道而已."

117) 蒙培元, 『성리학의 개념들』, 홍원식 외 옮김, 166쪽 참조.

118) 『二程遺書』, 卷11.

119) 『通書』, '誠上'에 나오는 "一陰一陽之謂道"라는 구절에 대한 朱熹의 註.

120) 『周易』「說卦傳」.

121) 『太極圖說』.

122) 朱熹, 『太極圖解』. (『性理精義』, 卷1에 수록됨)

123) 『周易』「繫辭上」.

124) 『周易』「繫辭上」.

125) 『韓愈集』, 卷20, 「送王塤秀才序」 : "學者必愼其所道, 道於楊墨老莊佛之學, 而欲之聖人之道, 猶航斷港絶潢, 以望至於海也."

126) 戴震, 『孟子字義疏證』, 卷上, '理' 참조.

127) 『周易』「繫辭下」.

128) 『周易』「說卦傳」.

129) 『中庸』, 제20장.

130) 『中庸』, 제20장.

131) 『中庸』, 제1장 참조.

132) 『周易』「說卦傳」.

133) 『中庸』, 제1장 참조.

134) 『周易』「繫辭上」.

135) 『周易』「繫辭上」.

136) 『中庸』, 제1장, "率性之謂道"에 대한 朱熹의 註.

137) 『中庸』, 제1장에 대한 朱熹의 註.

138) 『中庸』, 제20장.

139)『中庸』, 제20장에 대한 朱熹의 註.

140)『中庸』, 제20장에 대한 朱熹의 註.

141)『王陽明全集』, 卷5, '與陸原靜書'.

142)『傳習錄』, 卷中, '答陸原靜書'.

143)『朱子語類』, 卷12, '持守'.

144)『朱子大全』, 卷60, '答潘子善'.

145)『中庸』, 제1장.

146)『中庸』, 제16장.

147)『中庸』, 제20장.

148)『中庸』, 제20장.

149)『中庸』, 제20장.

150)『朱子語類』, 卷98 : "性便是許多道理, 得之于天而具于心者."

151)『朱子大全』, 卷48, '答呂子約' 참조.

152)『中庸』, 제4장.

153)『中庸』, 제20장.

154)『論語』「子罕」.

155)『孟子』「盡心上」.

156)『孟子』「告子下」.

157)『中庸』, 제27장.

158)『論語』「子罕」.

159)『中庸』, 제20장.

160)『論語』「子罕」.

161) 번역은 임종진·장윤수 옮김,『대진의 맹자읽기』, 소강출판사, 1996를 참고했다.

162)『孟子私淑錄』, 卷上 : "一陰一陽, 流行不已, 生生不息. 主其流行言, 則曰 道, 主其生生言, 則曰德. 道其實體也, 德卽於道見之者也."

163)『原善』, 卷上 : "人道有生則有養也, 仁以生萬物, 禮以定萬品, 義以正萬

도道, 길을 가며 길을 묻다

物, 求其故, 天地之德也, 人道所由立也."

164) 『孟子字義疏證』, 卷下, '道' : "人道本於性, 而性原於天道."

165) 『緖言』, 卷上 : "凡日用事爲, 皆性爲之本, 而所謂人道也."

166) 『緖言』, 卷上 : "故在天爲天道, 在人爲性, 而見於日用事爲爲人道."

167) 馮友蘭, 『중국철학의 정신 : 新原道』, 곽신환 옮김, 숭실대출판부, 1985, 11~22쪽 참조.

168) 『旅軒集續集』, 卷5, 雜著, 「宇宙要括帖」, '反躬帖' : "能做天下第一事業, 方爲天下第一人物."

169) 『旅軒集』, 卷7, 雜著, 「道統說」 : "故夫旣爲人而有是身, 則自不得無其道焉. 身以道爲身, 道得身爲道, 合道與身爲之人."

170) 『旅軒集』, 卷6, 雜著, 「學部名目會通旨訣」 : "學者, 學是道也, 故曰道學. 道是本然當然之理, 故曰理學. 道理之學, 不出於心, 故曰心學. 明此理, 體此道, 治此心之學, 學莫正焉, 故曰正學. 所謂學者, 學而至乎聖者也, 故曰聖學."

171) 『旅軒性理說』, 卷8, 「宇宙說」 : "夫所謂道, 乃是合理氣兼體用, 而常一常存者也."

172) 『孟子』 「騰文公上」 참조.

173) 『蘆沙集』, 附錄, 卷1, 年譜, 선생 79세 : "吾七十以後有病不服藥, 蓋老病死常事耳."

174) 『牧隱文藁』, 卷1, 「遁村記」 : "子於鄒國之書, 誠味而樂之矣, 其求觀聖人之道, 殆庶幾乎. 予故不徵他書, 就孟子以畢其說."

175) 『浦渚集』, 卷26, 「學孟編序」 : "善乎, 韓子之論曰, 求觀聖人之道者, 必自孟子始."

176) 『栢潭集』, 卷9, 「求觀聖人之道, 必自孟子始」.

177) 『韓愈集』, 卷20, 「送王塤秀才序」 : "學者必愼其所道, 道於楊墨老莊佛之學, 而欲之聖人之道, 猶航斷港絶潢, 以望至於海也."

178) 『論語』 「衛靈公」 : "子曰, 人能弘道, 非道弘人."

179) 『詩經』 「大雅」 '皇矣'에 나오는 말이다.

180) 子産은 전국시대 정나라의 대부 公孫僑의 字다.

181)『周易』「繫辭傳」:"知幾其神."

도道, 길을 가며 길을 묻다

『管子』『孔子家語』『老子』『孟子』『荀子』『詩經』『禮記』『莊子』『左傳』『周易』『中庸』『太玄經』

『論語集註』(朱熹),『孟子私淑錄』(戴震),『孟子字義疏證』(戴震),『法言』(揚雄),『北溪字義』(陳淳),『北溪集』(陳淳),『俟海』(王夫之),『尚書引義』(王夫之),『緖言』(戴震),『說文解字』(許愼),『說文解字注』(段玉裁),『揚侍郎集』(揚雄),『王陽明全集』(王守仁),『原道』(韓愈),『原善』(戴震),『原人』(韓愈),『陸象山全集』(陸九淵),『二程遺書』(程顥, 程頤),『張子正蒙注』(王夫之),『傳習錄』(王守仁),『正蒙』(張載),『周易外傳』(王夫之),『周易傳』(程頤),『朱子語類』(朱熹),『朱子大全』(朱熹),『太極圖說』(周敦頤),『太極圖解』(朱熹),『太和注』(王夫之),『通書』(周敦頤),『鶴林玉露』(羅大經),『韓愈集』(韓愈),『橫渠易說』(張載)

『勸學篇』(張之洞),『原強』(嚴復),『進呈俄羅斯大彼得變政記』(康有爲),

『敬堂集』(張興孝),『高峰集』(奇大升),『蘆沙集』(奇正鎭),『牧隱文藁』(李穡),『柏潭集』(具鳳齡),『思辨錄』(朴世堂),『松堂集』(朴英),『旅軒性理說』(張顯光),『旅軒集』(張顯光),『熱河日記』(朴趾源),『栗谷全書』(李珥),『貞夫人安東張氏實紀』(張桂香),『退溪集』(李滉),『浦渚集』(趙翼),『晦軒實記』(安珦)

강신주,『철학vs철학』, 그린비, 2010
溝口雄三(외),『中國思想文化事典』, 김석근 외 옮김, 민족문화문고, 2003

김수길 옮김,『集註完譯 中庸』, 대유학당, 2001

김영민 옮김,『북계자의』, 예문서원, 1993

김학주 옮김,『전습록』, 명문당, 2005

금장태,『유교의 사상과 의례』, 예문서원, 2000

니스벳,『생각의 지도』, 최인철 옮김, 김영사, 2004

蒙培元,『성리학의 개념들』, 홍원식(외) 옮김, 예문서원, 2008

박완식 옮김,『성리학이란 무엇인가』, 여강출판사, 1993

서울대 동양사연구실,『講座中國史3』, 지식산업사, 1989

오하마 아키라,『범주로 보는 주자학』, 이형성 옮김, 예문서원, 1997

우리사상연구소 엮음,『우리말 철학사전4』, 지식산업사, 2005

이정우,『개념—뿌리들』, 그린비, 2012

임종진·장윤수 공역,『대진의 맹자 읽기』, 소강출판사, 1996

장윤수,『정주철학원론』, 이론과실천사, 1992

張立文,『道』, 권호 옮김, 동문선, 1995

전광진,『뿌리를 찾는 한자 2350—기초편』, 조선일보사, 2000

최경호,『존재에서 규명한 禪』, 경서원, 2004

켄트 케이스,『그래도』, 문채원 옮김, 더난출판, 2003

馮友蘭,『중국철학의 정신—新原道』, 곽신환 옮김, 숭실대학교출판부, 1985

하영삼,『한자어원사전』, 도서출판3, 2014

한국 하이데거학회 편,『하이데거 철학과 동양사상』, 철학과현실사, 2001

김원갑,「孔子의 道에 대한 硏究:『論語』를 중심으로」, 원광대학교 불교학과 박사학위논문, 2016

두웨이밍,「朱子學에 대한 退溪의 독창적 해석」,『퇴계학연구논총』제9권, 경북대학교 퇴계연구소, 1997

배상식,「하이데거 사유에서 '도Weg'의 의미」,『철학연구』제79집, 대한철학회, 2001

이진우, 「하이데거의 동양적 사유: 도와 로고스의 철학적 대화」, 『철학』 제61집, 한국철학회, 1999

田中美知太郎, 『哲學初步』, 東京: 巖波書店, 1950

F. W. Mote, *Intellectual Foundations of China*, New York: A. A. Knopf, 1971

I. Kant, *Kritik der reinen Vernunft*, Hamburg: Felix Meiner Verlag, 1974

M. Heidegger, *Unterwegs zur Sprache*, Bd.12, Frankfurt am Main: Vittorio Klostermann, 1985

M. Heidegger, *Was heißt Denken*, Bd.8, Tübingen: Max Niemeyer Velag, 1971

'오래된 질문을 다시 던지다' 시리즈의 원고를 부탁받았다. 그런데 그 주제가 '도道'라니, 도대체 가당키나 한 일인가? 다른 주제였으면 좋겠다고 애교 섞인(?) 부탁까지 해보았지만 김미영 선생의 고집과 설득을 이길 재간이 없었다.

아니나 다를까, '도'와 관련한 책을 쓴다고 했을 때 친하게 지내는 송 교수님은 "과연 어떻게 쓰나 두고 봅시다"라고 했다. 그 말이 지닌 복합적 의미를 찬찬히 새겨볼 여유도 없이 우선 가슴 깊숙이로부터 밀려오는 무게감을 느낄 수 있었다. 어쨌든 이제 결과물을 내놓게 되었다. 염려하시던 송교수님의 반응이 어떨지 자못 궁금하다.

'도란 무엇인가'라는 질문이 희화화되는 시대 분위기에서 이 불편한 질문을 통해 우선 나는 무엇을 얻을 수 있었던가? 무엇보다 도와 관련한 유가인들의 견결한 문제의식과 일관된 전통을 확인할 수 있었다. 그들의 문제의식을 나 자신의 온전한 삶의 고백으로 담아낼 자신은 없지만, 적어도 유가사상의 본령을 더듬어보았다는 자부심을 얻게 되었다. 그리고 차이점을 발견하기 힘든 비슷한 언론들이 반복되는 가운데서 '도'의 실천적 관건이 '현재'에 있다는 유가인들의 관념을 다시 한번 확인할 수 있었다.

초고를 완성하고 난 후 얼마 되지 않아 몇 사람이 함께 담소하던 중 '도'에 관한 이야기를 나누었다. 교육학 전공자 이 교수님 왈, "그런데 도가 무엇이에요?" 또다시 가슴 한편이 답답해왔다. 답을 못하고 자리를 떴는데, 이제 이태백의 시 한 수를 소개하며 내가 못한 대답에 대신하고자 한다.

왜 푸른 산에 사느냐 묻는데
대답 없이 웃기만 해도 마음 한가롭네

지금 이 길을 걷게 해주신 어머니, 30년 동안 함께 반려자가 되어준 아내, 그리고 삶의 노정에서 애정 어린 눈길로 지켜보며 든든한 길동무가 되어주신 모든 분께 감사하고 감사할 따름이다.

도道, 길을 가며 길을 묻다

ⓒ 장윤수

초판 인쇄	2018년 9월 3일
초판 발행	2018년 9월 10일

지은이	장윤수
기획	한국국학진흥원
펴낸이	강성민
편집장	이은혜
편집	곽우정
마케팅	정민호 이숙재 정현민 김도윤 안남영
홍보	김희숙 김상만 이천희
독자모니터링	황치영

펴낸곳	(주)글항아리	출판등록 2009년 1월 19일 제406-2009-000002호
주소	10881 경기도 파주시 회동길 210
전자우편	bookpot@hanmail.net
전화번호	031-955-1936(편집부) 031-955-8891(마케팅)
팩스	031-955-2557

ISBN	978-89-6735-546-3 03100

이 도서의 국립중앙도서관 출판시도서목록(CIP)은 서지정보유통지원시스템 홈페이지
(http://seoji.nl.go.kr)와 국가자료공동목록시스템(http://www.nl.go.kr/kolisnet)에서
이용하실 수 있습니다. (CIP제어번호 : CIP2018026667)